女性の学びと意識変容

山澤和子 ■ 著

学文社

まえがき

　男性も女性も共に豊かに生きるため，男女平等な社会をめざして男女共同参画社会基本法（以下，基本法）が施行されたのは1999年である。筆者が子育てをはじめた1970年代の主婦たちは，固有名詞でなく「〇〇さんの奥さん・△△ちゃんのママ」と代名詞で呼ばれることに疑問や不満を抱いていたが，基本法成立の頃，筆者は主婦たちから同様の言葉を聞き，社会は変わっていないことを実感した。女性たちは，性別役割分業観「男は仕事，女は家庭」という構図が色濃い男性社会のなかで，子育て・社会活動・仕事への復帰・老親の介護・夫との関係や将来の年金制度などさまざまな悩みと問題意識をかかえていたのだ。

　そのような女性たちの問題意識の解決のために社会教育の場では，1990年代からジェンダーに関する女性問題講座が全国各地で開講された。女性たちは，「自分らしく生きるため」にはどうしたらよいかと混沌とした状況のなかで，迷い悩み居場所を求めて学習を深め，学びにより意識変容し，社会へと羽ばたき活動を広めていった。他方で，女性の問題は男性の問題でもあるという観点から，男性対象のジェンダー問題・料理教室・介護教室などの男性問題講座も各地で開校されるようになった。このように基本法成立に向けて女性問題講座も男性問題講座も活発化した時期であった。

　本書は，基本法の成立直後の2000年に社会教育施設で開講された，女性問題講座の受講生を対象に，受講後に学びによって意識が変容し活動に結びついたプロセスを，ライフストーリー調査法を用いて分析した研究成果である。30代から50代までの12名の主婦にインタビュー調査を行った。12名の問題意識は，子育て後どのように生きていくかを模索，夫婦・親子関係に悩む，地域社会で活動の場を広げたい，経済的自立をめざす，ジェンダーについて話せる仲間づくりを望むなど多様であり，同時代を生きる筆者の問題意識と重なり共感を呼ぶものであった。受講生たちは女性問題講座を修了後に学びを生かして活動を

i

始めた。

　本書の構成は，第一部で12名のライフストーリーを紹介し，第二部で終戦直後から2000年頃までの女性の意識変容の学習の通史研究を行い，第三部では，講座終了後から 6 年経過したインタビュー時期までの受講生のライフストーリー調査をもとに，女性の学びによる意識変容の可能性と必要性を追求した。調査協力者たちは，真摯にインタビューに応じ，個人的なことまで踏み込んで語っている。それらは，当時の女性の生き方の事例として他に類が少なく貴重な資料だと考えられる。協力者12名には感謝と畏敬の念が堪えない。

　基本法の成立は，女性たちにとって，光明がさしたかのように思われた。しかし，船出はしたものの「男女平等社会大陸」という目的地への航路は長く，施行から15年以上経過した現在でも，大きな改革がなされたとはいいがたい。2000年代からワーク・ライフ・バランスが推奨され男女の働き方が見直され，育児・介護休業法が改訂したが男性の育児休業取得率は低いのが現状である。働く女性は家事・育児と仕事の両立が難しく，退職し専業主婦になる女性も多い。そのような社会現象の影響か2012年の内閣府の男女共同参画社会に関する世論調査「男は外で働き，女は家庭を守るべき」という考え方の支持率が前回調査時2009年より約10％逆転上昇した。20代の賛成派が急増し，若い世代に性別役割分業観を肯定する傾向がみられたが，一時的なものと信じたい。

　自分らしく生きるために，子育て支援，少子高齢化，晩婚化，介護などにおける問題点を解決し，男女ともに生きやすい社会にするには，人々の意識改革が必須である。意識が変われば法律改正や組織改革も進みやすい。その方策の一つに気づきを促す意識変容の学習機会の充実があげられる。今後もさらに社会教育施設，NPO，学校など多様な場面で，女性と男性の意識変容の学びの機会の増加，拡大，継続が必要である。本書がその役割の一端を担えれば幸いである。女性の悩みや問題理解のために男性にもぜひ読んでほしいと願っている。

2015年 8 月

目　次

　　まえがき　　i

序　論 ……………………………………………………………… 1

　第1節　問題の所在　　1
　　1．ジェンダーと男女共同参画社会　　2．社会教育における「意識変容を促す女性の学び」
　第2節　女性問題学習の歴史に関する研究　　5
　第3節　「意識変容を促す女性の学び」に関する研究　　6
　　1．学習者側からみた意識変容研究の欠如　　2．気づきとライフストーリーへの着目
　第4節　研究の目的と構成　　8
　　1．「意識変容を促す女性の学び」の歴史の検討（研究目的1）　　2．「意識変容を促す女性の学び」のプロセスの分析（研究目的2）

第一部　女性の学びとライフストーリー

　第1節　12のライフストーリー　―インタビュー調査と本人の記述から―　　15
　第2節　まとめ　―ライフストーリーからみえる学習―　　51

第二部　「意識変容を促す女性の学び」の歴史

第1章　分析の枠組み ……………………………………………… 54
　第1節　時期区分と用語の定義　　54
　　1．時期区分　　2．用語の表記と定義
　第2節　本書における主婦の概念と定義　　56
　第3節　意識変容を促す女性の学習機会の事例について　　60

第2章　第1期：戦後の婦人学級と話し合い学習（1945～1960年頃）… 61
　第1節　意識変容にかかわる婦人政策と婦人学級　　61

1．戦後の婦人政策　　2．戦後の婦人教育政策と婦人学級　　3．小集団による話し合い学習と共同学習
　第2節　意識変容を促す女性の学習機会の事例　69
　　1．文部省委嘱実験社会学級―稲取婦人学級―　　2．婦人学級―東京都足立区の婦人学級―　　3．婦人学級―滋賀県の婦人学級―
　第3節　第1期の婦人学級の特徴　74

第3章　第2期：高度経済成長期と保育つき婦人学級（1960～1975年頃）
　　……………………………………………………………………… 77
　第1節　意識変容にかかわる婦人政策と婦人教育　77
　　1．高度経済成長期の婦人政策　　2．高度経済成長期の婦人教育政策
　第2節　家庭教育学級の普及と婦人学級　79
　第3節　意識変容を促す女性の学習機会の事例　83
　　1．市民大学セミナー―国立市公民館の市民大学セミナー―　　2．婦人学級―東京都世田谷区の夜間婦人学級―
　第4節　第2期の婦人学級の特徴　87

第4章　第3期：「婦人学級」から「女性学級」へ（1975～1990年頃）　… 90
　第1節　意識変容にかかわる女性政策と女性教育政策　90
　　1．国際婦人年から1990年頃までの女性政策　　2．国際婦人年から1990年頃までの女性教育政策　　3．女性センターの普及
　第2節　意識変容を促す女性の学習機会の事例　95
　　1．婦人学級―東京都葛飾区の婦人学級―　　2．ウィメンズ・ライフロング・カレッジ―日本女子大学と神奈川県川崎市による連携講座―
　第3節　第3期の女性学級の特徴　102

第5章　第4期：男女共同参画社会と女性の学習機会の拡大（1990～2000年頃）　……………………………………………………………… 105

第1節　意識変容にかかわる政策と女性教育政策　　105
　　1．男女共同参画社会基本法の成立にむけての政策　　2．男女共同参画社会基本法にむけての女性教育政策
　第2節　男女共同参画社会にむけての学習機会の拡大　　109
　第3節　意識変容を促す女性の学習機会の事例　　110
　　1．NPO法人「WE21ジャパン」　　2．NPO法人「SKIP」
　第4節　第4期の女性学級の特徴　　115

第6章　第二部のまとめ …………………………………………… 116
　第1節　第1期から第4期までのまとめ　　116
　第2節　第1期から第4期までの講座における、男女共同参画社会の形成
　　　　と意識変容の関係　　118
　第3節　第4期以降の女性問題と女性政策　　121

第三部　ライフストーリーからみえる女性の学びと意識変容

第1章　分析の枠組み ……………………………………………… 131
　第1節　意識変容に関連する諸理論　　131
　　1．自己決定型学習の理論　　2．フレイレの意識化理論　　3．メジローの意識変容理論　　4．ショーンによる省察的実践の理論　　5．クラントンによる自己決定型学習の理論と意識変容理論の統合　　6．クラントンの「意識変容の学習」と〈意識変容の学習のプロセス〉　　7．クラントンの〈意識変容の学習のプロセス〉と諸理論との関係　　8．クラントンの意識変容理論と諸理論との関係
　第2節　分析の視点と課題　　145
　　1．ライフストーリーと意識変容の学習　　2．基本用語の定義と表記　　3．意識変容の判断基準　　4．学習支援者としての位置づけ　　5．分析の課題
　第3節　調査の概要　　150

v

1．男女共同参画社会をめざす女性学級―「A市　女性問題と話し合い学級『私が私であるために』」講座の概要―　2．調査の期間と方法　3．調査対象者

第2章　意識変容を促すライフストーリーの分析方法の検討 ………… 164
　第1節　本章の目的と研究の方法　164
　　1．ライフストーリーを総合的に用いる意義　2．本章の目的　3．研究の方法
　第2節　気づきからみた調査結果の分析　168
　　1．調査結果による学習者の変容過程のタイプ　2．各タイプの事例分析　3．3通りの調査によるジェンダーに関する気づきの表出　4．調査後に生じた気づき　5．ライフストーリー法に関する学習者の意見や感想
　第3節　まとめ　180

第3章　気づきの類型と意識変容のプロセスのタイプ ………………… 184
　第1節　調査結果に基づく気づきの分析　184
　　1．気づきの類型化　2．気づきからみたライフストーリーの類型　3．類型別にみた気づきの事例　4．抑圧に対する気づき　5．顕在化の気づき　6．「発見の気づき」「確認の気づき」と「顕在化の気づき」の関係　7．類型化することにより明らかになった気づきの傾向
　第2節　タイプ別にみた意識変容プロセスの分析　199
　　1．タイプ別による意識変容のプロセス　2．気づきの類型とタイプ別意識変容のプロセスの事例　3．気づきと意識変容のプロセスの関係
　第3節　まとめ　216

第4章　気づきからみた意識変容の学習のプロセス ………………… 219
　第1節　「気づきからみた意識変容の学習のプロセス」モデルを構築するための検討課題　219

1．クラントンの〈意識変容の学習のプロセス〉モデルをめぐって　　2．意識変容の学習のプロセスと気づきの関係
第2節　3種類の気づきと「意識変容の学習のプロセス」の関係についての事例分析　　224
第3節　「気づきからみた意識変容の学習のプロセス」モデル　　232
第4節　まとめ　　237
　　1．クラントンの〈意識変容の学習のプロセス〉に関する新たな知見　　2．女性の学びと「意識変容のプロセス」　　3．「気づきからみた意識変容の学習のプロセス」の3パターン

結　論　……………………………………………………………………　244
第1節　分析結果の総括　　244
　　1．「意識変容を促す女性の学び」の歴史（研究目的1）　　2．「意識変容を促す女性の学び」のプロセスの分析（研究目的2）　　3．まとめ
第2節　本研究の政策的含意　　249
第3節　今後の研究課題　　250

引用文献一覧　　252
資料　「女性の学習関連の年表」　　263
あとがき　　271
索　引　　275

<凡　例>

1．引用した参考文献は，巻末に引用文献一覧として掲載する。
（1）日本語の文献は二重括弧，英語の文献は英語でイタリック表記とする。
（2）同一の著者が1年間に複数の文献を発表している場合は，出版年の後にアルファベット（a，b…）を付記して区別する。
（3）外国語で書かれた文献のうち，日本語訳が刊行されている場合は，括弧（　）に入れて，翻訳名も付記する。外国語本と翻訳本の出版年は（＝）で示す。
　　　例（1999＝2000）
（4）引用文献はアルファベット順とする。

2．本文中で参考文献を引用する場合は，次の表記とする。
（1）執筆者名（日本語の場合は姓，外国語の文献は Family Name のみ），出版年を明記する。　　例：……（斎藤　2000）。
　　または，そのあとに（：）をつけて頁数を表記する。……（鈴木　2000a：32－35），……（Cranton　1992：207）
（2）具体的は箇所を特定して引用する場合は，そのあとに（：）をつけて頁数を表記する。　　例：中村智子（1980：25－30）「……」，Cranton（1992：207）「……」
（3）翻訳した日本語の文献は外国語文献の出版年と（＝）で結び示す。
　　　例：Cranton（1992＝1999：207），（Cranton　1992＝1999：207）
（4）引用中の漢数字は算用数字に置き換える。

3．外国人の名前を本文で用いる場合は Family Name をカタカナで表記し，その外国人の執筆文献は上記2の様式に従って表記する。

4．第一部のインタビューのなかに，現在では不適切と思われる表現がみられるが，時代背景及び社会環境を受けた証言として原文のまま記載した。

序　論

第1節　問題の所在

1．ジェンダーと男女共同参画社会

　日本国憲法[1]に女性の人権と男女平等の文言が加えられたのは，当時22歳のアメリカ人女性ベアテ・シロタ・ゴードン[2]の尽力によるものであった。ピアニストであった父親とともに日本で10年間暮らした彼女は，日本の女性には人権がなく，抑圧を受けていることを知り憂えていたという（Gordon 1995）。日本国憲法に男女平等が謳われ，教育基本法[3]においても，男女の教育の機会均等が明記された。その後，日本では男女平等な社会をめざし，戦後から様々な教育活動が行われるようになった。しかし，男女平等社会の実現には長い期間を要している。戦後から半世紀を経た1999年になって，男女平等社会を目指すための男女共同参画社会基本法（以下，基本法と略す）がようやく施行されたのである。

　だがその施行以来16年もの月日が経過した2015年現在においてもその道のりは遠い。男女共同参画社会の実現には，男女ともに性別役割分業観の縛りから解放されることが重要であるが，日常生活の中で人の価値観を変えるのは容易ではない。家父長制の性別役割分業が根強い日本社会では，男性女性異なっていても対等だという考え方ではなく，タテ型社会の階層性そのものが影響力をもち，いうまでもなく男が標準，普遍，主であり，女は差異をもつ者，特殊，従であると考えられているからである（大沢　2000：14）。都市部においては核家族化が進み，若い世代では家父長制的考え方が薄らいではいるものの，未だ日本社会に性別役割分業観は浸透しているといえよう。

　性別役割分業観が根強い社会ではあるが，女性の高学歴化に伴いキャリア志向も上昇し，女性が出産後も就労する傾向は強くなっている。しかし，男性たちの育児休暇取得率は低く，多くの場合，子育てを担うのは母親である女性だ。

介護に関しても同様のことがいえる。介護保険制度が整備されてはいるものの，まだまだ女性への負担は軽減されず，「老老介護」といわれるように，中高年女性が高齢者を介護する状況である。このようなジェンダー格差をなくす社会の実現のためには，社会的制度改革や構造改革と同時に，家父長制をすり込まれている男性，女性の両者にとってジェンダー意識の変容を促す学びが必要である。

　男女共同参画社会をめざすには，社会構造の改革とともに学習機会の拡充を進めていかなければならない。しかも，幼児教育から社会教育までを対象に，幅広いジェンダー問題の学習機会を設けることが必要である。幼児教育や学校教育は必要であるが，室俊司（1982：11）は，「すべての人びとが人間らしく生きていく社会の創造のために，職場における男女平等の実現だけでなく新しい家庭と新しい地域を，さらには，自由な想像力を伸ばして世界中の女性との連帯を創造することが求められ，婦人問題の解決にたいして社会教育が果たす役割は大きい」と，社会教育の場での成人女性の学習が重要であるとの見解を述べている。山手茂（1969：4）は婦人問題について，「女性に対する差別と抑圧の問題であると同時に，女性も人間として男性と同等の権利を保障されるべきである，という立場からとりくまれる実践的な婦人解放の課題である」と述べる。つまり問題として捉えるだけではなく，学びそれらを実践することによって，ジェンダーの縛りから女性が解放されるという取り組みも必要なのである。

　それでは，女性問題に関して，具体的にはどのような学習が必要なのであろうか。神田道子は，女性問題を構築する際に欠かせない点として，性別役割分業制度と女性の問題的状況との関連性をあげている（神田　1977：19）。渡邊洋子も，社会教育におけるジェンダーにかかわる問題の三つの方向性を述べているが，その一つに男女の権力関係と性別役割分業観をあげている[4]（渡邊 2002：256）。神田と渡邊が述べるように，女性の問題の底辺にあるのは性別役割分業観である。

　家事や子育てをしながら就労する女性が増加している現代社会では，男性の

家事や育児参加が必須であるが，性別役割分業観が根強く残存する社会状況を変えるには，人々の性別役割分業観を払拭するための意識変容の学習が重要な課題であると考える。

2．社会教育における「意識変容を促す女性の学び」

　性別役割分業観を払拭するためには，まず女性の意識変容を促すことが重要であると述べた。しかし，意識変容はそう簡単に生じるものではない。篠塚英子は，男女平等，個人中心の時代になって半世紀を迎えようとしている現在でも，人々の意識は簡単に変わることはないようだと苦言を呈している（篠塚 1993：133）。

　カナダの成人教育学者クラントン（Cranton, P. 1992）は，フレイレ（Freire, P. 1970b）の意識化理論やノールズ（Knowles, M. 1980）の自己決定型学習理論（self-directed learning），アメリカの成人教育学者であるメジロー（Mezirow, J. 1981）の意識変容理論を基に，成人学習者の意識変容の学習の重要性と，意識変容の研究の必要性を説いている。日本においても，意識変容の学習の重要性は強調されている。例えば，西村由美子は，婦人問題の学習過程を①婦人問題の認識主体の形成，②認識主体から実践主体への移行，③実践主体としての力量形成，の3段階に分け，②の段階では特に価値形成や意識変革が課題となると述べている（西村　1988：112）。

　意識変容の具体的な学習方法として，1960年代にアメリカでウーマン・リブ運動がおこった際にコンシャスネス・レイジングという意識改革の教育プログラムが開発された。コンシャスネス・レイジングとは，グループによる話し合いの相互学習である。女性たちは自尊感情，母娘関係，男性との関係，セクシャリティなど自分を縛っているさまざまなテーマについて思考や感情を掘り下げ，意識化し正直にそれに向かい合った（井上輝子他編『岩波女性学辞典』2002：150）。

　では，日本ではいつ頃から意識変容の学習が行われてきたのであろうか。日本における「意識変容を促す女性の学び」の変遷を簡潔に辿ってみると，戦後

の婦人学級では「話し合い学習」が行われ,主なテーマは子どもの教育,嫁姑,夫婦問題などであった。なかには性別役割分業観に関する学習も行われ,女性の意識変容の学習と考えられるテーマも見られた。戦後初期において女性の意識改革は,婦人教育の中心的課題であったのである（神田　1980：279）。その後,高度成長期に入ると,婦人学級は減少するが家庭教育学級が増加し,前述のように,家庭における母親役割の重要性を再確認する学習が行われる。しかし,1970年以降になると,「男は仕事,女は家庭」という考え方に疑問を抱く女性のために,託児つき婦人学級も増え,夫や子どものために家庭に労力をつぎ込む自分自身やその環境について,批判的に問い直すための学習も行われるようになった。

つまり,1970年代以降から第二派フェミニズムの影響を受け,ようやく性別役割分業意識の変容を主題とする学習が行われるようになったのである。神田（1980：279-280）が「1970年代以降意識改革は,性別役割分業意識の変革を含み,しかもそれが中心的な位置を占めているところに大きな特徴があり,従って,徹底した意識改革を必要としており,そこに戦後初期との違いがみられる。」と述べているように,第二次世界大戦後の初期においても意識変容の講座が行われてはいたが,1970年代に入り本格的な意識改革の学びが行われるようになったのである。

1975年以降は,意識変容を促すジェンダーに関する啓発講座も各地で開講され,1990年代はジェンダー[5]という用語も社会に普及し,意識変容の学習活動が行われた。しかし,1998年当時の文部省生涯学習局社会教育課長（前婦人教育課長）である大西珠枝は,ジェンダーに関する講座が少ないことを指摘している[6]（大西　1998：6）。さらに,2000年代になるとジェンダーに関するバックラッシュが生じ,ジェンダーに関わる講座は,減少傾向を辿る。このような社会状況において,ジェンダー問題の学習[7]の機会を増加させることを通して,女性の意識変容の学習を推進することが必要だと考える。

第2節　女性問題学習の歴史に関する研究

　社会教育では女性の問題をテーマとする学びを女性問題学習という呼称を使用している。女性問題学習の歴史研究について，野々村恵子と上村千賀子（2004：237）は「50年以上にわたる戦後女性の学習のあゆみは，政策的にも，学習実践としても，通史研究としてまとめられるべきとき」と述べ，女性問題学習に関する通史研究の必要性を示唆している。中藤洋子もジェンダーの視点を組みこみ，女性や女性問題を正当に位置づけた社会教育史の研究の重要性を指摘している（中藤　2001：76-88）。しかし，社会教育の分野においては，女性問題やジェンダーに関する多くの研究はあるものの，女性の意識変容を促す学習の通史研究はされていないのが現状である。たとえば，深井燿子（1982）は，性別役割分業観からの解放のために，女性の自己形成の必要性と婦人問題学習の位置づけを行い，天田邦子（1994）は「国連婦人の10年」以降の女性政策と教育・学習について，講座数や内容，テーマのデータを示して分析した。中藤洋子（1990）は，1960年代から1990年代にかけ，主に，1980年代を中心に生涯学習政策との関係を検証した。神田道子・木村敬子・野口眞代（1982）は，戦後から1980年頃までの女性のライフサイクルの変化と学習課題を分析し，神田道子・木村敬子・野口眞代（1992）は，十数年間に及ぶ女性の意識調査を分析した。相沢文絵・佐直昭芳（1990）は，働く主婦のために夜間の保育つき講座における保育室の役割との関係を述べた。入江直子（1992）は，5年間にわたる講座づくりを学習支援者と受講生の側面から分析した。神田道子（1990）は話し合い学習及び共同学習を取り入れ，講座を進める学習支援者の役割を取り入れたプログラムに関する研究を行った。さらに「主体的力量形成」に視点をおき，女性の学習・教育の編成とあり方と分析視点を検討した千葉悦子（1996）の研究などがある。ただし，どの研究も特定の短期間を対象としている。

　野々村や中藤が述べるように，戦後の数十年に渡る女性の通史研究がまだ行われていないことから，本書の第二部では，女性の意識変容を促す学習に焦点をあて通史研究[8]を行うこととする。

第3節 「意識変容を促す女性の学び」に関する研究

1．学習者側からみた意識変容研究の欠如

　意識変容の学習の研究は，近年になってようやく行われるようになった。主な研究として，次のようなものがある。野口眞代・荒井俊子（1979）はライフサイクル第三期の家庭内役割と，社会活動や学習活動に関する女性の意識を実証した。米田禮子（1990）は，フェミニズムの視点からメディアに関する講座を分析した。神田道子・菊池靖子（1996）は，女性問題講座の参加者の問題を意識化し，意識と行動を詳細に分析した先駆者的な研究を行った。入江直子（1992）は，女性会館における学習者の主体形成を分析し，熊谷真弓・小林繁・三輪建二・村田晶子・柳沢昌一・山田正行（1992）は，国立市公民館のセミナー記録を詳細にわたって分析した。2000年代に入っての代表的な研究を示すと，小池源吾・志々田まなみ（2004）は，アンケート調査により意識変容をパターン化した。池田和嘉子（2004）は，女性のエンパワーメントに着目し意識変容の学習過程を分析した。南澤由香里（2006）はギデンズのアイデンティティ変容理論に着目し，女性のアイデンティティ変容を検討した。佐藤恵子（1997）は大学における女性学に関する意識変容の研究を行い，戸田まり・笹谷春美（1992）はアンケート調査により一年間の意識変化を分析した。医療の場面において，女性に気づきをもたらす他者との関係に焦点をあてて，語りを記述した日比野由利（2007）の研究がある。

　上記で示した研究の多くは，学習支援者の立場から分析したものであり，学習者側からの分析は少ない。テイラーが，「学生（学習者）の意識変容は，教室での仲間，教師，教育機関，学生の人生に重要な役割を果たす他者にどのような影響を与えるのか。さらに，学習者のアウトカムについて意識変容の学習を促す影響力についてほとんどわかっていない」（Taylor　2008＝2010：28）と述べているように，学習者からみた意識変容の研究が進んでいない事を示唆している。学校教育や社会教育において教師や学習支援者の研究はあるものの，テイラーが指摘するように，これからは学習者側からみた意識変容の研究を進めることが必要である。

2．気づきとライフストーリーへの着目

　意識変容の学習のもとになる理論としては，ブラジルの農民を抑圧から解放するためにFreire（1970a＝1979）が提言した意識化理論や，フレイレの影響を受けパースペクティブ変容を提示したMezirow（1998）の変容理論などが代表的である。これらの理論をもとに，Cranton（1992）は意識変容の学習を「自己を批判的にふり返るプロセスであり，私たちの前提や価値観を問い直すプロセスである」と，その重要性を述べている。

　学習者の意識変容を分析するうえで，重要な視点を二つあげることができる。第一の視点は，学習の中で発生する「気づき」である。メジローやクラントンの指摘を引用すると，次の通りである。メジローは，「夜間コースに通う女性の学習者が，夫の夕食を作るために，急いで家に帰らない女性たちの存在に気づく」という事例を挙げて，意識変容における気づきの必要性を述べている（Mezirow　1990：13）。Cranton（1992＝1999：207）も「ふり返りのプロセスは，前提がまさに問い直されているのに気づくことから始まる…（略）…前提に気づくと，続いてそれらを検討していく，あるいは明らかにしようとしたり，考えたり，じっくり思案したりする」と気づきの重要性を述べている。

　ただし，両者とも気づきの重要性を指摘するにとどまり，その内容についての具体的な分析は行っていない。前項で示した意識変容の先行研究においても，気づきの重要性を指摘するものはあるものの，その内容に及び分析したものは見当たらない。そのため，気づきの内容を分析することは，意識変容の学習を解明するために必須の研究課題と考える。意識変容は抽象的な概念であることから，気づきを言葉によって具体化することで，変容内容を分析することに役立つと考える。

　なお気づきの重要性については，学習者のみならず指導者の研究においても指摘されている。澤本和子（1999：30）は，教師の授業リフレクションの立場から，「リフレクションを実施する教師自身の『気づき　self awareness』を大切にする」と，指導者にとっての気づきがもつ重要性を述べており，気づきは指導や学びに大きな役割を果たすのである。

第二の視点は，学習者のライフストーリーである。ブルックスは，メジローの意識変容の学習の理論を例に挙げるとともに，ナラティブの方法を用い気づきが促された事例を，「女性達は，＜声＞を出すことによって親密性がもたらされ，初めてほかの人の物語を通して，自分の経験を確認したのである」と紹介し，女性の発達と意識変容の学習の関連性を分析している（Brooks 2002：139-153）。この事例研究は，女性が自分自身の物語（ストーリー）を語ること，そして他者と互いの物語を共有することによって気づきが生じ，意識が変容することを示している。このように，気づきに焦点化したライフストーリー分析が，意識変容の研究には必要である。

　しかし，これまでの日本のライフストーリー研究には，荒井容子（1988），難波淳子（2000），小林多寿子（2003），西倉実季（2003），安藤耕己（2004）などがあるものの，気づきに焦点を当て詳細に分析を試みたものはない。そのうえ，語りや記述のみという単一の方法や，対象期間が短期間でしかない研究が主である。ライフストーリーは，多様な方法（語り，記述，グループインタビュー形式など）で分析すること，しかも長期のスパンを対象とすることが重要と考える。安藤耕己（2004：46）は，「短期のスパンで『意識変容』をみようとすることは，表面的な理解に終わる可能性がある」と示唆している。

　以上のように，気づきおよび長期スパンで多様な方法に基づくライフストーリーを用いた意識変容の研究はほとんどない。このような背景から第三部では，女性問題講座の修了生を対象にライフストーリー調査を行い，気づきに着目し意識変容を分析する。

第4節　研究の目的と構成

　以上を踏まえ，本書では，次の二つの分析を行う。第一に，「意識変容を促す女性の学び」の歴史を検討する。第二に，基本法の施行によって男女共同参画社会に向かって歩み始めた時期に焦点を当て，女性の意識変容の学習を詳細に分析する。具体的にはA市の女性問題講座修了生のその後6年間の足跡をライフストーリー法で追い，そこで表出された気づきに着目し，学習者の意識変容

を分析することを試みる。図0-1に本書の全体構成を提示する。

```
序論：研究の目的
研究目的1：「意識変容を促す女性の学び」
          の歴史の検討
研究目的2：「意識変容を促す女性の学び」
          のプロセスの分析
            ↓
第一部： 女性の学びとライフストーリー
            ↓
第二部：「意識変容を促す女性の学び」
       の歴史（研究目的1）
            ↓
┌──────────────────────────────────────┐
│ 第三部：ライフストーリーからみえる女性の学習と意識変容 │
│                        （研究目的2）              │
│                                                │
│           第1章 分析の枠組み                     │
│            ┌──────┼──────┐                    │
│  第2章 意識変容   第3章 気づきの類型と  第4章「気づきからみ  │
│  を促すライフストー  意識変容のプロセスのタ  た意識変容の学習のプ │
│  リーの分析方法の   イプの検討           ロセス」の検討     │
│  検討            （研究目的2-2）      （研究目的2-3）    │
│  （研究目的2-1）                                  │
└──────────────────────────────────────┘
            ↓
          結　論
```

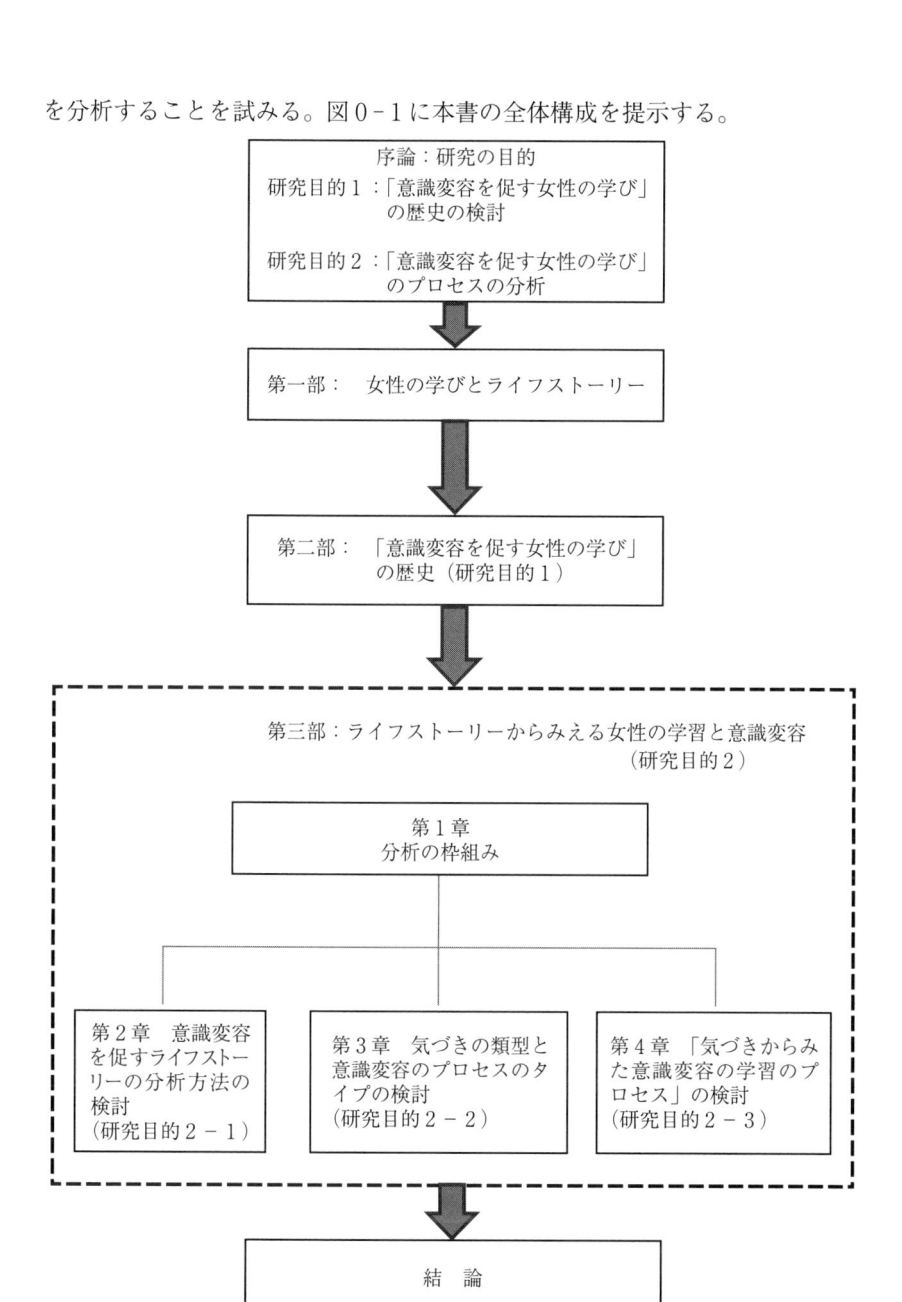

図0-1　本書の全体構成

1．「意識変容を促す女性の学び」の歴史の検討（研究目的1）

　本書の第二部は，主婦に焦点を当てて「意識変容を促す女性の学び」の歴史を検討するものである。第2節～第3節で，女性問題学習と意識変容の学習に関する先行研究を提示したが，どれも短期間を基準とした分析であり，「意識変容を促す女性の学び」の歴史に関する研究は見当たらない。本書では，戦後から男女共同参画基本法施行頃まで，すなわち，女性学級での学習が活発だった期間の分析を行い，「意識変容を促す女性の学び」の必要性と可能性を検討する。

2．「意識変容を促す女性の学び」のプロセスの分析（研究目的2）

　本書の第三部（ライフストーリーからみえる女性の学びと意識変容）では，ライフストーリーによる分析方法を検討し，さらに気づきに焦点を当てて意識変容を分析し，女性の意識変容の可能性を探る。

（1）意識変容を促すライフストーリーの分析方法の検討（研究目的2-1）

　第3節で提示した意識変容の先行研究は，南澤由加里（2006）を除くと，どれも講座開講中及び学習者の意識変容を短期のスパンで分析したものであり，講座修了後，学習者側から長期のスパンで気づきに着目し意識変容を詳細に分析した研究は見当たらない。南澤（2006）も気づきには着目していない。そこで本書は，女性学級の修了生が辿った6年間の意識変容の変遷に着目し，その変遷を「気づき」という観点から総合的にライフストーリーとして把握することが，どの程度女性における「意識変容のプロセス」の分析に貢献できるのかを検討する。

（2）気づきの類型と意識変容のプロセスのタイプの検討（研究目的2-2）

　「意識変容のプロセス」を分析するときに，「気づき」は意識変容の要となる重要な役割を果たす。しかし，意識変容の学習における気づきの詳細な研究は行われてはいない。本書では，ライフストーリーの語りの部分から気づきを抽出し，気づきの類型化を通して女性の学びと「意識変容のプロセス」を分析する。

気づきはプロセスを分断化するものではなく，プロセスの一部であり，その中核をなすものといえる。鉄道に例えれば，意識変容というプロセスの線路上にある重要な駅の役割を果たすと言い換えることもできよう。

　なお，気づきを詳細に類型化することの意義は，①類型化することで，学習者の意識変容のプロセスを明示化でき学習の効果がみられること，②学習支援者と学習者が講座の効果や学習の効果を客観的に捉えられること，③今後の女性問題講座のプログラム作成や開発に役立つことなどにある。

（3）「気づきからみた意識変容の学習のプロセス」の検討（研究目的2-3）

　類型化した気づきを基に，メジローやクラントンの意識変容の理論を検討し，女性における意識変容の学習のプロセスを分析するとともに，その中核的な要因を摘出し，気づきに焦点を当てた新たな「意識変容の学習のプロセス」のモデルを提供する。

　このような方法で，「意識変容を促す女性の学び」の可能性を探ることで新たな知見を提供できるものと考える。

注
1）日本国憲法第14条（昭和21.11.3公布）には，法の下の男女平等が次のように記されている。「すべて国民は，法の下に平等であつて，人権，信条，性別，社会的身分又は門地により，政治的，経済的又は社会関係において，差別されない」
2）1923年生まれ。ピアニストの父の仕事で幼少期を日本で過したゴードン・ベアテ・シロタ（1995）は，第二次世界大戦終了後22歳のときGHQメンバーの一員となり，日本国憲法の草案の人権条項作成に着手する。幼いころから日本女性の人権の現状を目の当たりにし，日本女性を抑圧から救いたいと心を砕いていたベアテは，第14条に人権を第24条に男女平等の内容を記す。この条項が戦後，女性の地位向上のための後ろ盾，指針となる。筆者は1996年秋にゴードン氏と会見する機会があり，「女性が経済力をつけることは自由を得ること」と氏が語られたのが印象的であった。
3）教育基本法，第3条（教育の機会均等）【昭和22.3.31】において次のように記されている。「すべて国民は，ひとしく，その能力に応ずる教育を受ける機会を与えられなければならないものであって，人種，信条，性別，社会的身分，経済的地位又は門地によって，教育上差別されない。」

4）渡邊洋子は，ジェンダーに関する問題の方向性の一つに，男女が，男女の権力関係と性別役割分業を背景とするあらゆる性差別・性抑圧に敏感な感覚をみがき，それらの原因を探り，それらの解決・改善に取り組むなかで，男女平等（男女共同参画）社会への展望と実践力を獲得し，相互の関係性を作り上げていく，ということをあげている（渡邊　2002：256）。
5）ジェンダーの用語を本書では，男女の生物学的性とは区別し，「男は仕事，女は家庭」という性別役割分業に関して文化的・社会的に作られた性別，性差と定義する。
6）1997年度の現代的課題は，全国で3510講座が開講されているにもかかわらず，そのうち男女共同参画社会の形成に関する講座は，159講座であり全体の4.5％であるということである（大西　1998：6）。1975年の国際婦人年から，国際的にも国内においても，女性の人権に関する法律が制定されるようになり女性たちのジェンダーに関する意識も高まりつつある時期ではあったが，全体の4.5％は少ないと考える。
7）第二派フェミニズムの到来により1960年代以降ジェンダーという用語が広く社会で使用されるようになった。本書では「ジェンダー問題の学習」は男性問題も含み，ジェンダーに関する学習と定義する。
8）「意識変容の学習」という用語が日本で使用されるようになったのは，2000年前後以降であると考えられる。しかし，本書では，戦後から現在までの女性の学習を検討した結果，当時は意識変容の学習という表現は用いられていないが，女性問題講座で学習者の感想から意識変容がみられた場合には「意識変容の学習」とみなし「意識変容の学習」の用語を使用している。

第一部

女性の学びとライフストーリー

　本書では，女性の学びにおける意識変容過程を分析するため，12名にライフストーリー法による調査を行った（第三部第1章第3節参照）。調査対象者は，2000年A市で開催された女性問題講座「A市　女性問題と話し合い学級『私が私であるために』」の受講生である。その講座は，ジェンダーに敏感な視点を養うための啓発講座であった。

　調査対象者には，気づきに関する研究であるとは知らせずに，自由に語れるよう「ジェンダーの視点で，生育時期からの学習歴を語って欲しい」とだけ伝えた。

　調査期間は，2006年5月から2007年2月である。ライフストーリー法による調査方法は，次の①〜③の3通りの方法をとり，この順に行った。①はじめに，個人インタビューを2006年5月〜7月に行い，ライフストーリーを語っても

らった。②次に，上記のインタビューのトランスクリプトをもとに，学習者が自分のライフストーリーを記述した（2006年8月～9月）。③最後に，グループインタビューを行った（2007年1月～3月）。

調査対象者の居住地域は，東京近郊のサラリーマン世帯が多い住宅街である。専業主婦が多く学習意欲の高い女性が多い地域といえよう。

第一部のライフストーリーは，インタビュー調査と本人の記述から，本書に関係する部分を中心に筆者が作成したものである。このライフストーリーを基に，第三部の第2章～4章で12名のライフストーリー分析を提示する。

第1節　12のライフストーリー　―インタビュー調査と本人の記述から―

1．ボランティア団体代表　Aさん

　Aさんがジェンダーに関心をもつようになった理由は，夫がパターナリズムの旧家で生育し，良妻賢母の古い考えの持ち主だったことである。Aさんの生育家庭も，同様の古い体質であり，親族も含め周囲の伝統的な体質で成育した女性が，男性性とパターナリズムを混同し，自分の家庭以上に古い体質の夫を選んでしまったという。父親は母親に対して，社会的・経済的に優位に振舞っていたが，女性としての母親の器量，例えば，容姿や家事能力に対する評価は高く人前でもよく誉めていた。父親は，Aさんが小学3年生のときにアメリカに留学し，Aさんにはブレーンストーミングなどの民主主義的な合意形成法を伝えるなど，新しい時代の女性として教育していた。しかし，Aさんの大学受験には，「職業婦人になるのであれば，官立の大学に進むだけの能力がなければいけない。浪人はさせない。」と，枷をかすほど厳しい面もあった。Aさんは，親の薦めた短大受験を拒み，国立大学の受験に失敗して行く末に迷い，結局，専門学校に進学する。

　お見合い結婚後，Aさんは，容姿端麗でないことや家事能力がないことを理由として，夫に人格を否定され，文化的背景の異なる舅姑からもさまざまに試され，結婚に対する夢が破れ精神的に落ち込み，離婚を考えた。暴言を吐きつつも，それを「冗談だ」とからかう夫に対し，優等生を自認していたがゆえにいたく心を傷つけられ自信喪失していたAさんは，子どもも授かり経済的に自立できないと思いこみ行動に移せなかった。だが，そのような状況でAさんの一番の理解者はリベラルな考えをもつ父親であったとも述べ，その後の人生でも父親の影響を強く受けている。父親は「お前は男に産まれたらよかったのに」と述懐しつつも，私大受験を認めなかった負い目を感じていた。夫は娘を擁護する義父を嫌ったため，さらに夫婦の関係性は悪化した。

　学生時代は，クラス委員や生徒会委員などを経験し，社会人になっても，職場は活き活きとした「人」の働きを大切にする開放的な風土であったため，大

事にされ「水を得た魚」のように順応し，ジェンダー意識を感じることはなく過ごしている。結婚後，男尊女卑で価値観の違う夫から暴力を受けることが一度あった。「子どもが夜中に泣いたってたたかれちゃうんだもの，泣かすんじゃないって」と語っている。結婚後，夫の仕事の関係でシンガポールに滞在する。そこでホスピスに関するボランティア活動を創始し，後年，その成果は大統領に認められ表彰された。帰国後も，1999年に，ＩＴを使用して障害者，高齢者の情報交換と交流を進める福祉ボランティア団体を立ち上げ，活動を続けている。

　以前からジェンダーについては学んでいたが，父権主義の古い体質をもつ夫の精神的な暴力に悩んでいたことが，女性学級の受講動機だというＡさんは，インタビューで，「女性なので私は思うように生きられなかった。親が大学進学については経済的条件（国立じゃなきゃだめだ）をつけたし，夫は，学問をするにしても，勤めに出るにしても，家の中をきちんとしてからでなければいけないって言ったのよ」と答えている。講座修了の感想文では，「この機会に私の半生をふり返ることができました。その経緯のなかで，私という人間は一人しかいないということを確認しました」と書いている。インタビューでは，「一人しかいないということを確認したことは，逆にいろいろな人がいるということを知ったのだ」と語っている。その気づきが，その後のＡさんの夫に対する発言や態度へのゆとりをもたらしてくる。

　講座では，ほかの受講者とジェンダー意識レベルの相違を感じていたという。Ａさんは，1997年に，東京ウィメンズプラザでジェンダー講習会を受講し，ジェンダーの基礎知識があり，講座受講時は，Ａ市市民活動支援センターの運営協議会委員や福祉関係の活動の代表を務めている。そんなＡさんが，なぜ受講しているのか疑問にもつ人が多かったのである。受講仲間からは，なぜ今さら「私が私であるために」なのか，すでにＡさんは，（自分らしく）伸び伸びと活動しているのではないか，といぶかしがられたようだ。

　しかし，Ａさんは「私は，観念的で意識的なことと実践の間に，かなり隔たりがあると感じていたのだ。この段階に来るまでに，人の３倍くらい突っ走っ

て行動し，ここまできたからといって，意識改革が急速に進んでいるわけではない。頭でわかっても行動が伴わないのだ」と記述しており，行動に及ぶまで時間がかかることを強調している。そして，ジェンダー講座参加者一人ひとり求めているものも，レベルも違うと示唆している。社会的には，ほかの受講生より先行しているようであるが，家庭内，親族内では解決できないことが山のようにあり，「私が私でなかった」のだと書いている。

　それは，講座中，ほかの受講者と家事についての話し合いをし，そのときの様子を次のように書いていることからうかがえるのである。

　　家事を手伝ってもらっている夫の妻たちでさえ，（夫に対し）文句を言っていることがわかった。私は，家事を手抜きしているのではなく，生来のまじめさゆえ，かなり基本的に完璧なのにも関わらず，夫が不満を言っていることがわかった。夫は，世間的に見て，経済的に十分な生活をさせているという自負があったし，性別役割分業制から，文句を言われる筋合いではないと思っている。しかし，他所の（家庭）状況の比較ができ，やりすぎている私が見えたことから，精神的に強くなれたことが，収穫だといえる。私だって，もっと（夫に不満を）言って良いんだと，主張する勇気を与えられた。夫が現職の間は，機嫌を損ねたくないのが先に立ち，文句を言うのを押さえていたのだが，今から４年前，夫の退職を機会に，私は，「言う」ことに決めた。夫には，言葉の暴力があった。言葉で人を傷つけることに配慮がなかった。明らかにイジメだ。言葉に私が反応して，私がいじけるのが楽しくて，どんどんからかって，エスカレートして行った。「お前は冗談が分からない，性格がクソ真面目だから嫌いだ」と言われた。すぐに「離婚だ！」と言って脅かした。「離婚すれば，いくらでも若い人と再婚する」と威張った。私が脅かしに乗ってしまったこと自体，なんと私は自立していなかったのだろうと，今になって思う。

　夫は，講座受講２年後に定年退職し，そのときからＡさんは，それまでできなかった自己主張をしながら夫育てを始めた。しかし，同時にその反発として，夫から暴言を受けることもあった。「退職金をもらって，熟年離婚というパターンが多いようだが，私は最後の試みとして，夫をしつけなおすことにした。ＤＶ（ドメスティックバイオレンス）に関する本を読んでみると，類似していることがわかった。この30年間，私が無知だったがために誹謗中傷され，精神的

に追い詰められてきたのだ。学習することによって、泣かずに感情的にではなく、理論的に主張できるようになり、ゆとりが出てきた。ジェンダーの勉強を重ねて、『これは精神的な暴力だ』『暴言だ』と指摘して、徐々に立ち向かうことができるようになったのだ」と、意識変容から行動変容への過程を述べている。Aさんは、講座での学びを次のように述べる。

> 父が亡くなったのが、女性学級総仕上げのグループ発表日の直前だった。私が、この学習で得たことは、「私が私であるように」努力することは、「わがままではない」ということだった。夫の人生のサポート役に徹し、「子どもを鍵っ子にしない。家事をおろそかにしない」という夫の意向に縛られ、自分探しの時間は、鬼のいぬ間の洗濯程度だったが、長男の中学卒業後は、なるべく、自分のやりたいことを選択するよう努力してきた。傍から見れば、十分やりたいことをやっているように見えるのだろうが、本人にとっては、存分ではなかったということになる。周囲に対して、感じる引け目・負い目は、自分の側で生じさせている。自分のなかのもう一人の自分が課しているのだということを認識し、この世に生を受けた証を前向きに求めて、真摯に生きていこうと再確認できたことが、(講座での学習の)最大の収穫だった。

Aさんの夫育ての効果があったのか、夫は、退職後は、いくぶん家事を手伝うようになり、言葉も少々柔らかくなった。Aさんは、二人で向き合う和解の時期がきたと、夫婦関係を前向きに捉えるようになり、意識変容がうかがえる。

グループインタビューで、ほかの受講生から、講座での知らなかった情報を聞き、「講座時にそれを知っていたら、講座後の行動も違っていた」と語る。そして、「講座での話し合いは、お互いに影響を及ぼし合っていたということがわかった」という。講座修了後6年たち、当時を話し合うことで、新たな気づきがみられる。そして、ライフストーリーを書き、後日、「想いを言葉にして文章におこすことは大切だ」とインタビューを受け、その後さらに記述するという方法を評価している。

Aさんは、講座修了後、そこで出会った受講生仲間たちとグループを立ち上げ、リーダーとして、子育て支援活動を行っている。インタビュー当時は、通

信教育の大学院でボランティア活動に関する研究をすると同時に，福祉関係のボランティアを行うなど，多くの実践の場でリーダーとして活動を行っている。

2．民生委員　Bさん

　Bさんの生家は，祖母が酒店を経営，父が会社員である。母親が家業を継いだという。母親は家事も行いながら酒店を経営した。「（Bさんの地域では）法事や祭りのとき，男の人は飲み食べているのに，女の人は裏方の仕事や手伝いに追われます。商家では，経済的自立はできるかもしれないが，家事は女がするものだったので，女の人の負担が大きくその分子どもは，小さいときから手伝いをやりました」と商家の女性の忙しさを語っている。

　Bさんは，1979年，ゆったりとした家庭にあこがれ，サラリーマンの夫と結婚して専業主婦となり，子育てに専念した。子育てが終わったころの1985年，何か社会とのつながりを見いだしたいと思い書道やテニスを始めた。1999年，横浜に家を購入したのを契機に，何か人の役に立つことをしたいとボランティアの登録をする。

　そして2000年まで，ほとんど何もしないまま月日が経ち，何か生きがいや友人を見つけたいとの気持ちで，女性問題のワークショップに参加する。『私が私であるために』のワークショップに参加したのは，「結局，地域に知り合いがいないということ，引っ越してきたこと，それで書道を今まで教えてきたけれど，新築の家を買ったということもあったんで，書道を自宅ではちょっと教えられないということもあって，それで時間も空いているというのもあったし，地域にどんな方がいらっしゃるか，知りたかったということです」と，地域参加への意欲から受講を決めたという。Bさんは，講座での学びを次のように語る。

　　ワークショップに参加することによって，自分自身を見つめ直すきっかけになりました。グループに分かれたときに，主婦として家族を支えてきた人や市民活動にかかわってきた人などによる積極的な話し合いのなかから，テーマについての話が

まとまっていくのが面白かったし，すごいと感じました。自分で何かをしなくては!!力の無さはわかったけれど，自分しかできないことは何かを考えさせられました。"継続は力なり"書道の添削講師の試験を受け書道を始めました。ボランティアも続けていました。

2001年，女性学級の自主グループである子育て支援グループのメンバーとして活動する。グループは映画会を開催したり，「託児を引き受けるなかで，事故の心配はありましたので，消防員の人に来ていただき，救命講習会を子育て支援グループの会員向けに行いました」と，救命講習会も行った。2002年7月に行った普通救命講習会（中区より消防署員3名）では，30名が参加し，ビデオと人形（乳児と幼児）を使った心肺蘇生法の講習を行っている。受講者は修了証を得ている。

「子育て支援グループの会員のなかから，心肺蘇生法等の救命講習会は必要ないのではという意見も出たが，万が一に備えて継続することになりました」とBさんは，グループ活動（託児や体操の講習会など）のなかでも，とくに救命講習会の必要性を感じていた。

2003年7月の乳幼児救命講習会（参加者35名）では，託児希望者（20名）に初めてのリーチ・ハンズ・ママ独自のカリキュラムで，2時間の講習会を行った。定員30名のところ90名を超える応募があり，参加者のアンケートからも要望の大きさがうかがえたという。Bさんは，その企画した救命講習会を次のように語っている。

　普通，救命救急講習会というのは，B区のほうに出て行って，時間も3時間とか，結構時間かかるんですよね。乳幼児の救命救急の講習会を受けようと思うと，普通ではやっていないんですね。上級の3日間コースでないとそれは習えないんですね。実際に小さいお子さんをもっているお母さんが一番必要じゃないですか。そういうお母さんが結局，なかなか講習には（遠くて）出れないんです。託児のついたそういう講習会をすれば，本当に必要としている人が受けられるということもあったので，2時間にコンパクトにまとめたカリキュラムを，消防署の方と相談して作成したんです。その消防署の方とコンタクトを取って，担当の方が，ちょうど小さいお

子さんをおもちの若い方で,「僕もこういうのがやりたかったんです」と, ある程度頭のなかに描いていらしたので, ちょうど, 私たちがお願いに行ったのとそれがうまく合致して, 結局, 独自のカリキュラムというのか, 今までそういうのはなかったのです。ほとんどその消防士の方がある程度, カリキュラムをつくってくださったのですけれど, それを開催するような運びになって, 託児もそのときは受けるということということで, 好評でした。

　その後, 年に2～3回講習会を開催している。「2005年度は, 消防署員の担当の方が転勤されたので, 内容を変更して, 日本赤十字の方に講師をお願いして続けています。以後, 救命講習会は, 乳幼児安全法と名前を変えて行っています」と語っている。「書道も2001年から始めた体操『自彊』も, 2002年から始めた民生委員も続けています。子育て支援グループを立ち上げたメンバーで残っているのが私一人になりました。継続は力なり, やはり続けていくことが私のやり方なんだと, 再確認しました」と語り, 続けることが自分の力になればと, 継続の大切さを再確認している。そして, グループインタビューでは,「自然にでき得ること, それが大事だと納得できました」と述べ,「皆さんも私と同じように, 自分自身をなんとかしたい, 自分が生かされたいと思っていたのだと感じました」と感想を語っている。子育て支援グループを立ち上げたメンバーでグループ活動を継続するのは, Bさんが最後の一人である。それは, 活動のなかで, とくに救命救急講習会の必要性を強く感じていたからである。

3. 子育て支援カウンセラー　Cさん

　完全に役割分業をしていた両親のもとで育ち, 中学・高校と良妻賢母を育てる女子高で学んだCさんにとって, 男性はある種一段上にいる人という気持ちをもっていたという。専業主婦として二人の子どもを育て, 男性は外で働き, 女性は家事という考え方で暮らしていた。大学は共学で,「卒論は『戦後の親子関係』だったんですよね。やっぱりずーっとそういうのに興味があったんだなーと, 今思えばね」とふり返っており, 親子関係がCさんの現在の活動の原点になっているといえよう。

結婚後，夫の転勤のためアメリカで暮らすようになる。「海外ではずっと家族のため，客人のために毎日忙しく暮らしてきたのが，帰国してからは，子どもたちも成長しその後巣立ち，一人の時間が多くなると，主婦の仕事って何だろうと真剣に悩んだことがあります。家族の調整役，便利屋，食事係，運転手…。『いなければ家族も困るだろうな！これが私の仕事かな，しょうがないか！』と諦めてもいました」と語っている。専業主婦として生活するなかで，子どもが成長し，母親が子育てから解放されると，空の巣症候群に陥る女性も少なくはない。だが，Ｃさんはアメリカから帰国したあと（1992年），カウンセリングの学習を始める。学習を続けながらパートタイム（週２〜３日）で電話情報相談（ボランティア相談，1996〜1999年）の仕事をするなど積極的に活動を始めている。

　1995年にＢ区に転居し，老いるまで住むのだと決めている。その頃，電話相談の仕事も辞め，地域のなかでの居場所探しのため，区報で生涯学級のコミュニケーション講座に参加した。２年目からは運営委員になり，「この運営委員のなかでＢ区で区役所と対等に市民活動をしている女性に出会い，こういう風に地域で活動していくことができるのだと大きな刺激を受けました」という。

　同時に，女性学級に参加する。Ｃさんは，「子育ても終わり仕事もしていない私は，これからどうしようというのが課題です。この生涯学級のテーマ（私が私であるために）はまさに私のテーマです」と書いている。「『私が私であるために』というカウンセリングの命題みたいなテーマに惹かれたのと，生涯学級そのものが想像していた以上に実りあるものであることがわかり，９回という長い講座でしたが，受講してみました。取り立てて女性を考えるということに，初めは何だかしっくりしない気持ちがありましたが，結果的には，子育ても終わり，自分の居場所，今後の生き方を考えていくには，ちょうどよい機会となりました」と参加動機を語る。

　講座では，アンペイドワークを調べるグループに入っている。主婦って何だろうと思っていたこと，今まで仕事をしながら家庭を切り盛りするのは，Ｃさんにとっては考えられなかったこと，今まで住んでいたアメリカの中流家庭で

は，ほとんどの主婦が働いていたことから「女性の仕事と家庭」に関心があったという。Cさんは，以下のように意識変容の難しさを書いている。

　　主婦の仕事をお金に換算してもいいのだと感じながらも，なかなかそういう意識になるには難しいと感じました。女性の生き方，自立などを勉強しながらも，やっぱり娘には理解のあるご主人とめぐり会えて，彼女の仕事が続けたれたらいいと思い，息子にはお料理の上手な家事・育児をしっかりやってくれるお嬢さんがいいなと，都合のいい考えをしたのを覚えています。その後，世の中も変わり私もいろいろ見聞を広めましたが，残念ながら母親としては，今でも根本的には同じ考え方だなと思います。

　母親の立場になった場合，娘に対しては学習効果がみられるが，息子に対しては，Cさんの意識は変わっていないのがうかがえる。このように，意識変容過程においては，アンビバレンス（両義的）な考えが生じるといえる。
　しかし，Cさんの講座での体験や気づきは，その後の活動につながっているものである。

　　講座で赤ちゃんをだっこしながら，先生の講義を聞いているのをみて，すっごく驚きました。先生の話よりもこっちが気になって，何か（赤ちゃんが）ヒクヒク言ったり，ミルクを飲んでいる音が聞こえたりしてね。それでは，こういう講座に来ているお母さん方のお子さんを預かろうと思いました。私ができることといったら，主婦でやってきたこと，子育てでやってきたことぐらいだから，それを使ってといったら，お子さんをみることだったのかと思いますね。

　Cさんは，講座修了後に，子育て支援グループのメンバーとなり，子育て支援活動に参加する。「この女性学級ですばらしい出会いがあり，その後，市民活動へと私は居場所を求めていきました。修了生で集まり，私たちに何ができるかを話し合い，主婦や母親の経験を活かし保育をしよう，こういう女性学級の運営委員会の会議や学習などのときに，お子さんがいる運営委員のお子さんを預かろう，将来的には，市民活動をする子連れのママのお手伝いをしようと

いうことになりました。Aさん，Eさんという強力な推進者がいて，子育て支援グループができ上がりました」と成立過程を語る。この活動が，Cさんのその後の活動の土台となっていくのである。Cさんは，ゼロからグループを立ち上げる大変さと楽しさを存分に味わった。グループ名，規約，方針，利用料などありとあらゆることを，皆で智恵を絞り合ってつくり上げ多くの学びを得たのである。この経験は，その後の私の活動へ生かされていきます。子育て支援グループを立ち上げてすぐに，A市では，子育てサポートシステムが始まり，そのアドバイザーと地区リーダーを子育て支援グループから選びたいという社協からの申し出があった。時間的に余裕のあるCさんが，2001年10月にアドバイザー（B区社会福祉協議会非常勤職員）になったと語る。主な仕事内容は，サポートシステムの説明，活動報告書の集計であった。

しかし，それまでのカウンセリングの経験を生かして，子育てサポートシステムを説明したり，コーディネートの揉め事を聞いたり，若いお母さん方と話をしていて，ずっと続けているカウンセリングの勉強を，何とか地域で役立てることができないかなと考えるようになってきた。Cさんは2人の友人と，子育て支援の会「おせつ会」を立ち上げ，A市の市民企画講座に応募し，それが認められ活動することになった。

Cさんは，学習と活動の関係を，縦軸にカウンセリング学習があり，横軸に市民活動があると認識する。電話相談から始まり，子育て支援グループ，サポートシステム，「おせつ会」と，すべてカウンセリングの考えを基本としている。Cさんは，最後に学習や活動範囲を次のように語っている。

　　主人も言っていますが，カウンセリングも含めてすべてが中途半端です。私の趣味は「いろんなことに顔を突っ込む」ことなので，中途半端であることは納得できます。主婦が使えるお金と時間の範囲で興味のあることを学習して，やりたい活動をしている状況です。これも中途半端である理由の一つかもしれません。私にとって一番大事な家族を中心に考えながら，地域へと広がりをもつ活動を考え，行動していける場がB区にあり，そのきっかけとして女性学級があったことは大きな幸せでした。

グループ・インタビューでは，「出会った時点では，ついていけない考え方，ついていけない感覚もありましたが，今回は，個人的な話もでき，相手をすんなり受け入れられる気持ちになりました」と，6年後にほかの学習者と話し合いの機会を得たことで，相手への理解を深め考えも受容している。Cさんは，調査後もA市で子育て支援者として，カウンセリングや女性学級で，学びを生かして多くの活動を行っている。

4．バレエ教師　Dさん

　Dさんは，東京港区で生まれ育った。双子の兄とDさん，妹の3人兄弟である。小学校6年生までは，男と女の双子で生まれて，分け隔てなく育てられたと思っていたという。だが，大人になってから，そうではなく差別があったことを聞かされる。父親は，電話で1人目の男の子の誕生の知らせを受けたときに，「でかした男の双子だ。」と思って喜んだが，2人目の電話を受けたときに「お嬢さんでした」といわれ，がっくりしたという。そのほかにも「近所の方が，双子は犬畜生の腹だ，といって母をね（嘲笑した）。女の子はどっかにやっちゃいなさいといって，それこそ本当に，もらわれそうになったということがあったということ，それを母がすごく阻止して，『私の子ですから』と言ったというのを聞くと，もう50年前ですからね，昔のこと，でも東京港区なのにそういうこと（女性差別）があったんだなということですよね」と語っている。

　Dさんの父親は，祖父の時代から続く木工業を営んでいた。母親は，従業員の食事の支度や世話，経理で毎日忙しく，「（結婚したということについて）お手伝いみたいな感じで貰われてきた」といっていたという。残念なことに母親は，2002年に亡くなり，Dさんは1年くらい（その寂しさと悲しさで）何を見ても穴があいたようだったと語る。兄妹，姉妹の仲はよく1カ月に1度くらいは会っている。

　Dさんは，中学は共学であった。新設校であり，初代生徒会長になっている。「女性差別は感じなかったか」との筆者の質問に対して，「頭のいい男の子たち

よりも人気があって，人気投票でなってしまって，みんな助けてくれて，校長先生もね，『女性の会長はすごくいい，すごくよかった』と喜んでくださって，『福をもたらした』とか言ってくださって」と，女子の生徒会長が珍しい時代，校長は幸先がいいと喜んでくれたという。水泳が得意だったＤさんは，父親の「大学が付いている学校がいい」という一言で，私立大学の付属女子高校に推薦入学する。高校時代，水泳とバレエをしていたが，バレエが好きだったＤさんは，父親の反対を押し切り，高卒でバレエの道に進む。その後，結婚し夫と子どもの3人家族となり，バレエ教師をしながら子育てをする。

女性学級の受講動機は，「安いから飛びついた部分もあったんですけども，勉強するにしたがって，男と女の不平等さみたいなものをね，ジェンダーという言葉もまったく知らないで行きました。やっぱり自分で知らなかったとはいえ，何かあったんだろうなーと感じるんですよねー」と，ジェンダーに関心をもったのは，父親との関係から来るものだと示唆している。

Ｄさんも「私が私であるために」という言葉に惹かれたという。「なんかやっぱり自分って何だろうと考えたときに，なんか確立したものが欲しかったのかなー，何なのだろう，ダンサーでもなく，主婦でもなく，お母さんも中途半端だし，なんか自分は，どういう人なんだろうと思ったんですね」という。講座を受講して「いろいろな方が考え悩み，そして現在があるということを認識しました」と書いている。

Ｄさんは講座修了後，バレエ教師のほかに，ヨガ講師，子育て支援グループ，子どもとかかわる有償ボランティア，ＤＶの朗読など多くの活動をしている。ＤＶにかかわる活動については，次のように，父親との関係をふり返る。

　　ＤＶという言葉もあまり知らずに，舞台に無料で出演できるというので乗り込んで行きました。ですけれども，知れば知るほど重いテーマで，自分がぐちゃぐちゃになってしまったんです。もしかしたら，私は父親にそうされていたんじゃないかと，言葉の暴力とか無視とかあるいは，ときには手をあげられるとかね，昔の子どもだったら誰でもあると思っていたけれども，もしかしたら，兄との差別とかね，そういうことについても，相当こてんぱんにやられていたんじゃないかと思ったん

ですね。ＤＶの朗読劇なんかになぜ，自分がひっかかったんだろうと思うのは，やっぱり遡るのは，父だと思うんですよね。やっぱり歓迎されない誕生と，左ぎっちょだったことを責められたりとか，なんかやっぱりこう，男の子尊重，女の子は無視されやすいような状況にずっとあったような気がしますね。

　子ども時代から，Ｄさんの父親は，男尊女卑観が強く，父親との関係に悩んでいた。小学校のころから，役者になりたいと思っていたというＤさんは，舞台に出たいという気持ちで応募した。しかしその公演に出て，父親からＤＶを受けていたのではないかと気づき，悩むようになる。
　子どもとの関係にも悩む時期もあったと語る。「やっぱり，関係がうまくいかないのを，人を変えようとしていたと思うんですよね。自分が変わらずに，力でねじ伏せようとしたりして。それに気づくのに随分時間がかかりました私は」とインタビューで語り，他者を変えようとしていた自分に気づく。「自分が自分がってね，自分が前に出ている時期は一番だめだったと思うんです」と述べ，Ｄさんが変わることによって，家族との関係もよい方向に変化する。地域の子どもたちにバレエを教え，「サポートする側に回るというのがやっとこの年齢になってできたんです」と，子どもたちとのかかわりのなかでも意識変容が起こる。そして，Ｄさんを豊かにする根底にあるものは，「地域の人間として地域の子どもたちを育てる，ということなんですね」と，地域とのかかわりの大切さを語っている。
　他者の意識変容を期待するのではなく，自分自身を変えるというポジティブな気づきが，逆に周囲の人々の意識変容をもたらしている。Ｄさんは，学習により家族問題を克服しながら，それを地域や社会に還元するという発展的な活動を行っている。

5．英語翻訳業　Ｅさん
　Ｅさんは，父親は仕事で家を留守にすることが多く，母親が子育て，家庭のことすべてを行っていたという家庭に育った。母親は，女性の経済力の必要性

を感じていたという。「女だから，男だからという甘えは家には一切ありませんでした。『自分（母親が）が戦争で満足にできなかったので，今しかできない勉強をしておきなさい』といわれて，それ以外の家事手伝いなどは，あまりさせられた覚えがありません」と記述している。

　大学では，女性学を学んでいる。「1981年頃，学生時代に女性学のゼミに参加し，ミレットの『性の政治学』，フリーダンの『新しい女性の創造』，マズローの『達成動機』などの本や概念について知りました。その後，社会に出てからは，実体験としてジェンダーを意識しない日は一日とてありませんでした」と書いている。さらに，「下手すると，自分の能力の欠如も性差別のせいにして，『ガラスの天井』を見上げていました」と当時をふり返る。

　卒業後は，A銀行に就職するが，3年半後にロンドン大学に留学する。その留学先で，現在の夫と知り合い結婚する。結婚後は海外駐在し，帰国後フルタイムの仕事に充実感も感じていた。しかし，最初の子どもを思いがけずに亡くしてしまう，というでき事のあとで専業主婦となる。講座受講2年前の1998年には，長男が誕生する。専業主婦の生活に自分自身が定まらないものがあったという。子育て仲間には「やっぱり母親業や主婦業に違和感があるなんて話はできないじゃないですか」と本音はいえなかった。そのようなときに女性学級の存在を知る。

　受講動機は，地域での仲間づくりである。「そこでどういう方たちに出会えるか，次に自分に何かできるかという，期待をもっていました。地域活動にもつながっていけるような仲間に出会いたいと思い，それで行ったんです」と述べている。

　　期待と不安半分で仲間を探しに参加した講座で，思惑通り，以後，本来の自分を隠さずに長くお付き合いのできる女性たちと出会うことができました。親しい友人のいない地域で，子育て中心の生活を始めた私にとっては何よりも希望を感じた瞬間でしたし，その価値は，時間が経った今も褪せません。たぶん，わたしも仲間たちも，家庭以外の「自分の居場所」はまだ見つけ出せていないだろうけれど，主婦という立場にとらわれず，演技せずに話し合える関係には，十分に価値を見いだし

ていることと思います。日常的な仕事につながるような居場所づくりができれば最高ですが，互いに無理せず，今後の展開に希望をもって進みたいです。

　講座は，地域での仲間づくりの期待に役立ったようだ。Eさんにとって，講座での最大の収穫は，「それぞれの自己がありますよね，そういうものに出会いたいという気持ちがあったかな。講座に出たとき，仮面ではない個人としての出会いを求めている，うん，実際にやっぱりそうだったという，満足感というか収穫というものがあって」と述べ，「（収穫は）同じようなジェンダー意識をもつ『主婦』している女性たちが，この地域にこれだけたくさんいることを知ったことです。主婦という世間的に従属的な身分になったとしても，自分を諦めなくてよいという考え方が確認できました」という。
　キャリアウーマン志向から専業主婦に転じたが，専業主婦の生き方を肯定する考えを確認している。「それまでは（講座受講前まで），自分が『主婦』になじまないという自己意識がとにかくずっとあって，それでも，結局『主婦』に囲い込まれて子育ても始めてしまったので，もう『主婦』を演技していくしかないという心境でした」と語る。
　講座修了後，Eさんは，講座で知り合った受講生の紹介で英語翻訳の仕事をする。子育て支援グループの活動にもたずさわるなどの行動がみられる。しかし，Eさんは当時の状況と心境を，次のように語る。「子どもが生まれてから，結局，私は家庭にいられる生活パターンにしましたが，チャンスがあれば仕事もしたいと思って，インターネットを使ってできる在宅の仕事をいくつかやりました。今もしています。お金をもらう仕事はやはり重要です。できれば以前のように，社会保険や税金も払うほど収入を得たいけれど，最近は諦めムードです。もし，今の在宅ワーク＝外注作業でそれをしようとすると，確実に体を壊してしまうでしょう。社会全体のなかでは，しょせん縁辺労働力ですが，それでも，まったくないことを考えると，多少無理をしても続けていきたい，そんな心境です」。いったん家庭に入った女性が，フルタイムの仕事を得ることは，日本では難しい。しかし，Eさんからの発言には，継続意欲がみられる。

Eさんは，筆者とのインタビューで気づいたこととして，次のように記述しており，Eさんの心境がうかがえる。

　　人生前半の生き方のモットーは，興味あることにはとにかく挑戦してみること。ああ，あのときやっておけばよかった…と後悔しないように。結果，たいした展開はなかったが，それなりに自分で選択してきた人生をやっていると思えること。良いか／悪いか，損か／得かは別として，結果として流されるだけの生き方はしてきていない。中途半端な能力しかない女の私にとって，これは損なのかもしれないけれど，おかげさまで，型にはまりたくないたくさんのおもしろい女性たちと仲間になれました。若い頃から，人生において何ごとかを成すというような大上段から自分を見るクセがついていて，不惑も過ぎて耳順に届こうというのに，何も成していない自分をいつもダメだ，ダメだと思っていましたが，インタビューを通じて，たぶんこれからもこのまま悪あがきの人生だろうけど，それもまた楽しからずやと思っています。でも，これからは，ますます素直に楽しく，イデオロギーに振り回されず自然体で生きていきたい。

　地域での仲間づくりが動機だったEさんは「インタビューを受けたり，記述したことによって，同じ意識の人たちと会えたことが，大きな学習だったことを再確認できた」と述べている。Eさんは，講座修了後，受講生の紹介で英語翻訳の仕事をしはじめるという行動変容を起こしている。受講動機（ジェンダー意識をもつ主婦の仲間づくり）が講座での学びによって達成され，講座で培ったネットワークが，その後の仕事や人間関係に影響を及ぼしている。講座動機は達成され，Eさんが学習によりエンパワーしたと考えられる。

6．英会話講師　Fさん

　生育家族は，どちらかといえば男系優位家族だった。だが，同居していた明治生まれの祖父は，連れ合いを早くに亡くし，いざとなると家事一般をこなせ，孫の面倒をみる男性でもあった。父親は，「女の子は片親，とくに父親を亡くすと就職，縁談で不利になる」と，たびたび口に出していたという。母親は，芸能人の離婚報道のたびに，「女性に収入があるから離婚できるんだ」と断言

したという。Fさんは中学生のとき，父親の赴任先のインドで暮らした。そのときの日本人社会について，「大使館の総領事を頂点に，企業の支店長以下のはっきりとしたピラミッド社会。夫の地位で妻の立場が決定され，専業主婦の妻たちは，何の疑問もなくその社会に従っていた」と記述している。

　大学4年次に，就職活動をしたとき，「希望をもてなかった。企業だって，女の子は若くて使いやすい子がほしいに決まっている。結婚したら退職してほしいだろう。それが企業，男性社会の本音なはず。その本音に真っ向勝負したって虚しいだけ。父には，『働かざるものは食うべからず』とよくいわれたので，経済的に自立して，気兼ねなくお金を使いたかった」と語り，学生のときから経済的自立の必要性を感じていたという。

　卒業後，信販系企業に入社する。「同期男性社員より物理的にはるかに働いているのに，自分の給料の方が始めから少ないというのは納得がいかなかったが，それよりも何よりも極力時間内で仕事を終わらせて，アフターファイブを，自分の稼いだお金で楽しむ事に夢中だった。家にもいくらか入れ順風満帆だった。このわずかなOL時代の，ある意味，経済的に自立していた時期が，今となっても懐かしい」と述べる。

　その後，Fさんは見合い結婚した。夫は家事，育児にとても協力的だったが，おかれている状況がだんだん大学時代と同じ，父の存在が夫に代わっただけのようで，息苦しさを感じ始めていた。「自分で稼いで，自分で好きなようにお金を使う気楽さが忘れることができない。夫の給料は全て口座に振り込まれていたが，気兼ねしながら遠慮しながら使う気持ちは今も変わらない」と記述している。「結婚してからも，やっぱり経済的自立というのには，興味はありましたね」と語る。

　子どもが託児年齢に達すると，いろいろな講座に参加するようになる。「子どもと離れて，一人になれる時間がこんなに癒されると初めて知りました」と，自分だけに使える時間の必要性を述べている。

　Fさんは前年度（1999年度）の講座に参加し，「これまで延々と悩んできたことは，私個人の問題ではなく，多くの女性が抱える共通した社会的な問題で

あることに気づいた。私が身をおいている専業主婦という立場は，個人的に選んだようであり，かつまたどこか社会でそうさせられている流れが存在したという事実であった」と述べている。講座後は，女性問題学習の自主グループ『マイステップ』のメンバーとなり学習を続ける。

そして，1年後の2000年に，運営委員としてこの女性学級「私が私であるために」に参加した。当時のFさんは，経済的自立にこだわりながらも，専業主婦を続けているという矛盾をかかえて受講している。「私は，この講座で仕事には有償労働と無償労働があること，女性はその労働の多くを，無償労働に費やせざるを得ない状況にあることを知った。男性の無償労働に費やす時間が短かすぎること，自分のライフスタイルに合わせて無償労働，有償労働の比率を決めればいいことを知り，これまで仕事か家庭かという二者選択に悩んでいたことがまったく無意味に思えた」と語り，一つのことに絞らなくてよい，バランスよく選択してもよい，という気づきをみせている。

講座修了後，小学生の英会話講師のパート職を得ている。同時期に，次期講座の運営委員の子どもたちの託児をするという，有償ボランティア活動「子育て支援グループ」を始める。「ちょうど三女も小学校に入学し，有償ボランティアといっても，何かと物入りだろうと気軽に受けた最初の採用試験で幸運にも採用された」と語る。この仕事は週2日に増え，Fさんの大きな収入源になり，講座修了後，少しずつではあるが，経済力をつけるようになっている。「女性学級に参加して大きく変わったことは，有償労働を始めたことです」と，意識変容から行動変容に進んでいる。

子育て支援グループの活動は，発展するにつれて，託児の対象も女性学級の運営委員の子どもたちから，女性学級とかかわりのない母親の子どもの託児へと広がり，スタッフも増えていく。Fさんはそれに矛盾を感じはじめた。「女性問題を学ぶ運営委員のお子さんだから託児ができるんだけど，女性問題と関係の無い活動をしているお子さんたちまで，託児をすることにズレを感じていったのですよ。私は女性問題を学んでいるお母さんだから，お母さんを支援しているつもりで託児をやっていたんだというのに気がついたんですよ」とイ

ンタビューで述べる。

　これは，Ｆさんのボランティアの意識の根底には，「女性問題学習」が常にあるからである。当時は，前出の女性問題学習グループの「マイステップ」代表として活動を行っている。最後に，女性学級について次のように語っている。

　　３歳児神話の呪縛が解けない女性，介護をかかえ込んでしまう女性，そのような女性を思い込みから解放したい。その一つの方法が，まさに私が受講した女性問題学級なのではないかと思う。ある友人が，あの学級は集団カウセリングのようだったねといったのにもうなずける。生涯学級が，市の予算の都合か次々と消えていくなか，かろうじてＢ区では，子育てと女性問題学級だけは残っている。10余年続いた女性問題学級の火は灯しつづけてほしい。

　Ｆさんは，女性学級での学びを生かし，家庭生活とのバランスをとりながら，英語を教えるという能力を生かし，経済力もつけている。学習により，意識変容から行動変容まで進んだ例で，学生時代からの希望を叶えたといえよう。６年間をふり返って，「女性学級の火は灯しつづけてほしい」と，女性問題学習の講座の必要性を切に願っている。

７．放送大学学生　Ｇさん

　Ｇさんは1960年代，東京生まれ，その後，高校を卒業するまで北海道で育つ。父親は，結婚前は温厚な人だったようだが，結婚後は仕事がうまくいかず，Ｇさんが幼い頃から，家庭では父親の暴言と暴力を見聞きし，母親はいつも，子どもたちのためと暴力に耐えているという，いわゆるＤＶ家庭で育った。Ｇさんは，「ジェンダーなんて言葉も知らず，女として生まれたことにどこか罪悪感にも似た否定的な感情が，幼い頃から私をとりまいていたように思う」と語る。

　将来は，自立するために，大学に行き教師になりたいと思っていた。しかし，父親は「女は普通に結婚して子どもを産むのが幸せだ」といった。経済的にも，兄とＧさんが大学へ行けるような状態ではなかったという。進学をあきらめて

上京した。働いて学費をつくり，大学に進学するつもりだった。仕事はレジ係。事務を希望していたＧさんにとって，この仕事は大変なショックだったという。３年後，志願して衣料品売場勤務に異動。「当時，レジ係は女性の仕事なんです。売り場には男っていうのが，私にとっては我慢のできないことでした」と当時の感情を語り，仕事は完璧にこなしたという。

　25歳のときに，会社の同僚と最初の結婚をする。最初の夫から本を読むこと，勉強をすることを学ぶが，共働きをしながら家事をせず，子どもを欲しがらない夫との結婚生活は数年で終わりをつげる。「まるでお手伝いさんのようでした」と当時をふり返る。「当時の私は，夫にそんな不満をきちんと話せなかった。一度不満を漏らしたら，『プロのお手伝いさんなら，もっときちんと仕事をする』といわれ，ショックを受けた。今ならば，そんな暴言を放っておかないだろう」と，自己主張のできなかった自分をふり返り書いている。

　離婚後，Ｇさんは派遣会社に勤め，現在の夫と知り合い結婚する。再婚相手は５歳下である。共働きをしながら家事も手伝ってくれたという。退職し，出産する。仕事が忙しい夫の帰りが遅くなり，Ｇさんの描く，夫の目が家庭に向いているという理想の家族とは，ほど遠い現実になっていった。「出産して，夫との関係もぎくしゃくしてきて，いつの間にか，また不安で心が暗くなっていった。このままでは嫌だという気持ちが大きくなっていった。それとは逆に，年齢のこと，子育てのこと，再婚のこと，色んなことをマイナスに考えて，自分で自分を縛っていた。今度こそ，幸せになろうと，理想の結婚と思ってした再婚だったが，子育てに追われる日々，またしても私は何が自分の幸せなのか，見失っていた」と記述している。この頃から，夫が女性と遊び始める。このようなときに，講座「私が私であるために」に出会った。このキャッチフレーズを見て，Ｇさんは自分自身に「私って何？」と問い直し，区役所に申し込んだ。

　　夫の両親がそばに住んでいたんですが，子育てに協力を頼めなかったんです。出産後の手伝いもほとんどなく，友だちも周りにいなかったし，子育ては本当に一人でしました。お蔭さまで，子どもは健康で病気の心配はなかったんですが，孤独感

がありました。
　夫は，当時女の子とメールをやりだして。自分が再婚だっていう負い目があったんですよね。面と向かって言えない不満が溜まっていきました。（子どもの）おむつをはずすのも，よその子より遅いと焦ってしまうし悪循環でした。この講座に出たことで，いまの自分の立場を論理的に整理しなくてはと，気づくことができました。自分が変わらなくてはと思いました。主人に，何も言えない自分がいけないと。

　講座でＧさんは，夫や周りの人々を変えるのではなく，自分が変わることの必要性と，自己主張（会話）の大切さに気づく。そして，（解決の鍵は自分のなかにあり，それを実行していくことが問題解決の第一歩である）と，講座での感想文に書いている。夫に意見を言えなかった当時の自分をふり返り，「どうして，私は，夫にはっきりと意見を言えなかったのだろう，と考えてみた。私は，ずるくて弱かったのかもしれない。意見をいうことで，その場の雰囲気を悪くすることの怖さがあった。話しても話にならない夫の態度で，もう話す気がなくなっていた。先に展望のない話をしたくなかったのかもしれない。自分の意見がどれほどの効果をもたらすのか自信がなかった。相手を変えることはできない。自分が自分の価値を認める強さをもつことが，周りを変えていくことにもなるのかもしれない」と，書いている。

　さらに，講座を受講した感想を，次のように書いている。「２年間ジェンダーを学んだことは，私にとって大きな財産になったと思う。そこで出会った人々，皆，女性であるがためにかかえていた不満や悩みがあった。自分のせいだけではなく，社会の問題だってことに気づかせてもらった」Ｇさんにとって，ジェンダー問題を体系的に学んだことは大きな収穫であった。

　学習中，経済的自立をめざしさっそく行動を起す。講座で出会った友人に協力してもらい，下着の訪問販売を始めるのだが，経営が成り立たず中止する。その後パートの仕事を始めるが，それもＧさんが本当にしたい仕事ではなかったので，１年半で見切りをつけてやめた。

　そんなとき，夫の海外駐在の話がもち上がる。当時，夫は出社拒否になり，その対策として転勤だった。出社拒否の理由が，いまだにＧさんはわからない

という。海外で夫は，風俗に通うようになる。

　主人は海外でも出張が多かったので，いろいろ遊んでいたようなんです。そういうことがわかって，離婚も考えたのですが，もうやってられないと思って。でも，（日本に）帰って何をするの？　子どもを一人で育てていけるの？　と思ったときに，慰謝料をもらったってせいぜい多くて300万円とか。それじゃあ，子どもを育てていけないなと思って。それなら，生活費をもらってそれを慰謝料だと思っていけばいいじゃないと割り切って。全部割り切っているわけではないですけど，かなり割り切っていたんです。夫婦ではなく，一家族として，父や母として，立場を放棄するという気持ちはないんだとお互いにわかったので，自分が夫との関係を，夫婦という枠を超えて関係をつくっていければいいし，今すぐに別れなくてもいいかって，思うようになりました。

　このように，赴任地での夫との新しい関係づくりを語る。Gさんは診療内科にも通っている。

　人間は，自己主張しなければいけないんだと海外生活で学びました。主人にも，私はもっと自己主張すると（言いました）。主人にも，あなたは病気（女性遊び）だから心療内科に行って，と言ったんです（笑），治してきてと。何回かは行ったようですけど。彼は本気で行ったわけではありませんでした。何回か話し合う機会をもちましたが，家庭を壊したいとも思っていないようだし，家庭を壊すほどの相手もいないようだし，夫は誰よりも，自分（夫）を一番大事と思っている人なんです。幸せな人だなと思います。夫の遊びは病気だと思うんです。であれば，私もちょっと大人になって。前々から心理学的なこと，精神的なことに，もともと興味があったので，自分と同じような立場で悩んでいる女性を励ます立場になりたいと思ったんです。おばあさんになって死ぬまでできる仕事かなと思って。

　Gさんは，冷静になり，夫婦問題を自分の将来の活動に活かすと，気づくのである。「しなやかにたくましく生きる手段を身につけ，同じような思いを抱く女性たちとつながっていきたい。命と人権を守ることに微々たる力を注いでいきたいと思う。平和であることが，前提になければ自己実現もなくなってしまう。年齢を考えると，遅すぎる気づきだけれど，人生を折り返すちょうどよい

年齢と思って，これからは自分を応援していきたい」と書き，講座受講時のふり返りでは，自信のなさを指摘したが，現在は自分自身にエールを送る強さと，自信を身につけたようだ。

　Gさんは，2006年秋から，放送大学の学生になって，教育と心理学を学んでいる。個人インタビューの際に，心理学を学びたいと話しており，それが実現したのだ。グループインタビューを受けた感想を，Gさんは次のように書いている。「（講座を受けたとき）私は学歴もなければ，頭もよくないけど（笑），たくさんの有能な講座の参加者の皆さんが働かないでいるんだってことを実感しました。それで勉強をしたいって思って，今，やっと勉強しはじめたんです。やっぱり私は勉強したかったんだなって」，Gさんは個人インタビューを受け，ライフストーリーを書いた感想を次のように書いている。「夫との過去の関係に執着し，悩むことがきっかけで，自分自身の可能性や夢にも気づくことができた。インタビューによって，また文章にすることで，より具体的に行動を起す段階にまで進めた」と述べている。

　Gさんは，他者（夫）を変えるのではなく，自己を変えることが大切という気づきがあり，意識変容が生じている。この気づきは，諦めではなく，人間関係を潤滑にするための前進的な気づきであると考える。Gさんは，調査中に大学で学ぼうと決心し，当時すでに放送大学院で学んでいたAさんに状況を尋ね，インタビュー後の秋から，念願の放送大学生になる。長い間の希望を果たしたのだった。

8．幼児教育講師　Hさん

　Hさんの生育家庭は農業を営んでいた。「女性は当たり前のように，子育てをお年寄りに任せて働く地域だったので，（働くか専業主婦かという）選択肢はなかったです。母は今でもいいますけど，『一度も3人の子どもを抱いたことがなかった』」という。「男子厨房に入らず」「女性は三歩下がって」という地域慣習の所で，父親は，Hさんが小さい頃は家事，育児にはほとんど参加していなかった。家事に仕事に忙しい母親を見て育ったが，大学や職場でも，男女

差別はほとんど感じなかったという。

　しかし，大学卒業後ブラジルに研修留学をする。日系人の裕福な家庭にホームステイしたときに，文化の違いと女性の地位の低さを感じた。「日系二世の男性でしたが，表面的にはすごく女性にはやさしく，奥さんには何もさせない。だけど実際にはお金も，大切なこと，何か家のことを決めるとか，対外的なものは全部男の人が握っているんですよね。お財布のことを聞いたときにはびっくりしました，信用されていないんだと。日本の方が女の人が強いところがあるじゃないですか，母を見ても。だからどっちが（日本の女性とブラジルの女性）強い弱いがわからないと，そのとき思いましたね」。Hさんは，ブラジルに行って初めて，女性の地位の低さに気づいた。

　帰国後，大学での学びを生かして，児童福祉施設で幼児教育関係の仕事にたずさわっている。「職場は有資格者がそれぞれ自分のクラスをもつという仕事内容だったので，とくに男だから女だからということは，ほとんど感じたことはありませんでした。それよりも，いかに結果を出すかということが重要視されていたと思います。給与・処遇の面でも，男女差はほとんどなかったと思います。ですから，一般にいわれる，女性だからコピーやお茶くみという経験はしたことがありあませんでした」と，職場での差別を受けてはいない。仕事内容は，有資格者が自分のクラスを担当するという専門性を生かしたしたものであった。男性と対等の資格をもつことは，経済的自立もできるということである。

　その後，Hさんは，結婚し夫の仕事でアメリカに滞在する。帰国後，双子の母親となる。子育ては大変だったようで，夫に相談する。

　　やっぱり自分自身のなかで，もっと外に出たいとか，そんな中途半端なことだったのかなと思うんですよね。出たから何があるというわけでもないのですけれども。一つ覚えてるのが，夫に対して私が，試しではないですけれども，「私，働きたいから2人預けてもいい？」と言ったんですね。夫はわりと子煩悩だったんですね，生まれてわかったんですけども。だから絶対多分だめというのかなと思っていたら「いいよ」と一言で言われちゃって。逆にそう言われちゃうと，「預けてもいい，預

ける所を探せばいい，じゃぁー自分は何をするの？」と，考えたら，（何をしたらいいか）自分は自信がなかったですね。

　夫は，Hさんの立場を理解し，好意的であったが，Hさん自身が「私，外に出て何をどうするの？　まして，子どもを預けてまで。今，私は何で勝負できるの？　と最終的に自信がなかったですよね。今思うと」と語っている。そのようなとき，保育つきの親子講座を知り，外へ出るきっかけをつくる。
　女性学級は，「私が私であるために」の前の講座から受講している。その受講動機は，妻になり，母になり，「自分自身」はどこに？　と感じていたときだったので，その講座名はとても新鮮だったという。（当時の気持ちは）改めて今の自分を，学問的に見つめてみたいということであった。「私が私であるために」では運営委員をしている。
　「私が私であるために」を受講して，「あの方，60前くらいの方でしたかね，お子さんが二人巣立たれて，御主人と二人になられて，すごくエレガントでやさしくて綺麗で，それなりに教養があって，という方だったんですけど，その方が，『一生懸命，子どものために，家族のために良い妻，良い母，良い主婦を一生懸命にやってきたんだけど，子どもが巣立って，私って何だったんだろうと，このあと私はどうすればいいのだろう』とすごく切実におっしゃって，私はすごく，私は今このトンネルのなかにいるけれども，このトンネルを出ても，こーいう今度は別の思いが出てくるんだ」と思ったという。「子どもとか，夫や家族が理由ではないんだと，改めて思って，やっぱり，やりたいことがあったら，自分で自分のことは考えて，やっていかないといけないんだと思いました」と責任転嫁しないことが，自立であることに気づいている。
　さらに，「それまでは，女性だからというより，一人の人間としての存在が大事にされるべきであり，その意味での性差はないのではないかと思っていましたが，実際には，さまざまな差別等があることを具体的に知り，自分自身の考えをもち，自分自身で道を切り開いていかなければならないと改めて痛感しました」と，ほかの学習者の発言を聞き，自分自身の問題として捉えている。

講座後，Hさんにとってのライフワークは，「教育・こども」であるということが明確になった。「教育・こども」について深く学びたいと思い，子育てサークルを立ち上げ，子育て広場の開設，乳児健診時の子育て情報提供などのボランティア活動をしている。そして，子どもの入学と同時に，「一昨年ぐらいから，やっぱり何か自分の武器がないと，専門性や資格がないといけないと思いました。それで去年から，（結婚前と同じ）児童福祉施設で講師として働いています」と，専門性の必要を確認することで，不安定な心が定まり，週2回の親子講座の指導を始めた。「まだまだ満足のいく形には到達していませんが，この活動を大事に育て，経済的にも自立し，『80歳まで現役』を目標に積み上げて行きたいと思っています」と意欲的である。
　Hさんは，インタビュー時の心境を次のように語っている。

　　今回，講座から数年経ち，インタビューを受けながら講座以降の自分をふり返ってみると，不安定に揺れ動いていた自分は少し落ち着き，ゆっくりながらも歩きだしているのかなと思います。行き先，道順はある程度見えているので，今後は，さらに力強く，スピードを上げ，確実に進んでいかなければならないと思います。そのための体力・知識・情報・技術を蓄えるために，日々努力することが当面の課題だと思います。悩み，考える時期，そして，ひたすら邁進する時期，その両方が必要なのだと思いますが，今の私は，迷わず行動することが重要なのだと改めて思います。

　Hさんは，講座で，ほかの受講生の言葉により気づきが生じ，その後の数年間の間に，資格を活かすことが必要，というさらなる気づきが生じ，自分の方向性を確認しながら，前進しつづけている。Hさんのライフストーリーは，意識変容から行動変容へという流れを何度も繰り返しながら進んでいる例である。

9．パート勤務　Iさん

　共働きの両親のもとで育った，Iさんのジェンダー意識は，子ども時代に遡る。家事・育児・パートとして働く母親に対して，定時で帰宅し，自分の好き

なことだけをしている父親を見て，幼いころから釈然としない思いがあった。中学，高校と女子高で学び，リーダーとしても，力仕事も女子が担う環境で過ごし，その後，男尊女卑がまかりとおる会社に就職してからは，女らしさを前面に出したほうが居心地がいいと，ジェンダーに対する疑問や憤慨を心のなかに押し込めていくようになる。大学進学を希望していたが，家庭の経済的事情で，進学の夢をあきらめた。男の子は大学卒業が必要だからと，弟は進学させてもらえたという。

　結婚後の生活を次のように語っている。「結婚して良い妻を，出産して良い母を，同居して良い嫁を，まるで次々と課題を与えられ，それを克服するかのように生きてきました。私の母と，義母と夫が理想とする献身的な『母』が，私の目標でもありました」とＩさんは就職以前に抱いていたジェンダー意識を，職業生活と結婚後の家庭生活のなかで封印して良妻賢母の鏡のように，生きるようになる。

　講座参加の動機も，子どもの友だち探しのためだ。女性問題学習が目的ではなく，その講座が保育つきだったからである。講座受講前に記入依頼された自己紹介の用紙に，プロフィールに趣味を書く欄があったが，そのとき，「趣味としてプロフィールに書けるものが何もなかったんです」と，結婚後，家族のためにつくしてきて，趣味ももてなかった自分に気づき唖然とする。「子育てに一生懸命で，自分のことを後回しにしているうちに，かつて好きだったことから遠ざかっていたのです」と気づく。講座修了時の感想文には次のように記している。

　　自分の過去をふり返るなかで見えてきたことの一つに，"いかにたくさんのことを諦めてきたか"というのがあった。女だから，妻だから，母だからというのは悲しいし，ちょっぴり悔しい。女は結婚すれば一生安泰，働かないで食べられる主婦は幸せと，すり込んだのは社会だけど，うかうかと信じたのは私。その責任はしっかり背負いこれから挑もうと思った。

　講座修了後，Ｉさんは趣味をもちたいと思い，友人に誘われたのを契機に，

学生時代に楽しんでいたクラッシックバレエを始める。「働くために履歴書を書いたとき，趣味の欄に『バレエ』と書けてどんなに嬉しかったか」と，バレエという趣味を始めたことはＩさんにとって，自分自身を取り戻したことにつながる行動変容であった。

講座受講時をインタビューでふり返り，Ｉさんは自分のパソコンを買いたいと思っていたが，夫に反対されたことを語る。2～3万円の洋服は買えても10～30万円の金額のパソコンは買えない自分に愕然とする。「講座を受けて思ったのは，自立した一人前の大人になりたいと思ったこと」と涙ながらに話す。講座後，夫の許可なく自由にできるお金を得るために，アルバイトを始め，その収入で，夫が反対した子どものバレエの合宿の費用を出したときは嬉しかったという。

さらに今回の調査で，「今回改めてプロフィールを見て気づいたんですが，関心のあるテーマを選ぶ欄で，私が選んだのは『育児』『教育』『親子関係』，すべて子どもについて。夫にも自分にも関心がなかったんですね，驚きです。子どもにしか関心のなかった私が，講座の最後には『人生設計グループ』に入って，10年後の自分を発表している。我ながらすごい」と当時のＩさんの学習成果に気づく。

さらに，講座を，数年後のインタビューでふり返ってもらうと，「入ってみたら，勉強していくうちに目から鱗が落ちました。男はこういうものだ，女はこういうものだと思っていたのが，自分を犠牲にしなくてもよかったと。大学に進学したかったのに（涙）でもなぜ涙がでるかわからない，なぜ泣くんでしょうね…」と涙ながらに話した。Ｉさんは，この涙のわけを，2度目のインタビューで答えてくれた。

> 子どものころも含め，（今も）家庭内格差にずーっと傷ついてきたんだなって思って…。子どものころも結婚してからも，経済的なことも，主張も，2番目3番目とされてきたことに対して，私はずっと怒ってたんだなと思って。格差を乗り越えたつもりだったんですけど，現在，ぜんぜん変わって（乗り越えて）いないことに気づいて，今も続いている，ということの涙だったのかなと。

最後にⅠさんは，講座受講後からインタビュー時までをふり返って，次のように書いている。

　　女性学級を受けて，さまざまな意味で自立したい，大人になりたいと強く思いました。また，私が子を幸せにするのではなく，私は私の人生を生き，子は子の人生を生き，それぞれが幸せになればいいのだと考えるようになりました。講座後の数年は，少しずつ「自分」を再構築していく時間でした。紆余曲折を経て，『私が私になった』のです。講座を受ける前の年月が間違っていたというのではありません。それらもすべて取り込んで，『私になった』のです。

　夫との関係も，決定権をすべて夫が握っているというのは，とても不自由を感じていた。この調査で，「『女は結婚すれば安泰と』と刷り込んだのは社会だけれど，信じたのは私です。夫に対して溜め込んでいた怒りは，自分にも責任があります」と，夫婦関係に関する気づきが生じ，「あきらめていた夫との意思疎通をがんばってみようと思います。これから夫との関係をよくするよう努力したい」と建設的な考えを述べる。Ⅰさんは，趣味をもち，パートに出て少しずつ自分を取り戻し，夫との関係についても，積極的な意識変容が生じている。

10. 英語翻訳講座の受講生　Ｊさん

　Ｊさんは，1969年，長野県でサラリーマンの家庭に生まれた。家族は両親，3歳年上の兄，母方の祖父母の6人。父は婿養子であり，亭主関白で，仕事人間の典型的な日本の父親という感じではなく，家庭において，母が女であるがゆえに虐げられるようなことは，一度もなかったと語っている。

　　女の子だからというようなしつけを受けた記憶はありません。私が高学年か中学生ぐらいになったころ，母が働き始め，代わりに，それまで働いていた祖母が，家事全般をすることになりました。祖母がいたことも大きかったかもしれませんが，土地柄，共働きが多い環境だったこともあり，母親が働くということは，私たち家族にとって抵抗はまったくありませんでした。

高校卒業後，東京の短大の英文科に進学した。母親は，女性は絶対に将来手に職があったほうがいいので，薬剤師になることを薦めていたという。女子校を選んだというよりは，短大の授業のなかで初めて，「ジェンダー」という言葉に出会うまで，実生活では，ジェンダーを特別意識するようなことはほとんどなかったようだ。アメリカ人講師の授業のなかで，日本の男女雇用機会均等法のことなどを学び，「職場の花」「お茶くみ，コピー取り」「腰掛ＯＬ」「寿退社」「肩たたき」などのさまざまな女性を蔑視する言葉を知る。日本の社会では，能力，学歴など，男性以上であっても，女性は軽視されていることの現実を改めて認識した。

　　私は母から常々，女性も自立して生きていかなければならないということをいわれていたので，結婚後も，出産後も働き続けることができる会社を中心に就職活動し，Ａ社に職を得ることができました。まったく男女平等というわけではありませんが，給与などの面での待遇に格差はなく，その頃よく耳にした総合職，一般職という区別もありませんでした。上司も自分で資料つくったりし，女の子だから「お茶入れてくれ，コピーとってくれ」とか，「会議室の用意してくれ」とかはなかったです。結婚後も出産後も，働いている女性の方もたくさんいましたし，海外転勤した女性も，女性の管理職の方もいました。職場でも，女性だから…といって特別何かやらされることもほとんどありませんでした。

　Ｊさんは，母親の子育て観，短大での女性学などで女性の自立の必要性を学び，そして，女性が働きやすい職場を選び，ジェンダーの視点からみると，恵まれた人生を送っていた。Ｊさんが，ジェンダーの壁に突き当たるのは結婚後だという。会社の同僚と結婚し，海外生活を送る。夫は家事にも育児にも協力的である。それは，海外にいたため，日本の父親たちに比べると，時間に余裕があったのでできたのだと，ふり返っている。帰国後，Ｊさんはジェンダーに敏感になる。

　　1999年に帰国するまでは，育児は大変ではありましたが，私に多大なストレスを与えるほどではありませんでした。帰国してから，子どもも手がかかる時期になり，

主人の帰りも遅く，子どもと二人だけの時間が長くなりました。海外では感じることがなかった，専業主婦でいることに対する肩身の狭さ，社会からの疎外感も感じるようになりました。今まで，ファーストネームで呼ばれていたのが，「○○さんの奥さん」「△△ちゃんのママ」と呼ばれるようになり，ベビーカーで電車やバスに乗れば迷惑がられ，交番のおまわりさんにまで子どもが泣いていると「うるさい」と，怒鳴られました。

「このままでは私も子どももだめになる」そんな危機感のなかで出会ったのが，B区の女性学級「私が私であるために」だった。学級のタイトルに惹かれ，子どもと少し距離をおきたいと思い講座に応募した。講座に参加してみて，初めて自分と同じように悩み苦しんでいる人たちがいること，専業主婦と世間ではいわれている人たちの潜在的能力の高さ，パワーを感じている。さらに，同じように専業主婦であることに，違和感や，疎外感を感じている方々がいること，子育てがひと段落してからでも決して遅くないこと，今はあせらずに，今しかできないことをやっていくことの大切さを感じている。

講座受講時の感想には，「自分が何をしたいのか，自分がどう生きたいのか自分で考え，その選択に自信をもつことが大切。今まで，現状に不満をもつだけで，他人のせいにしてきたことに気づいた」と，書いている。講座修了後，Jさんは，子育て支援グループの活動や，自宅でできる添削の仕事を始めている。「経済的自立とは程遠いのですが，育児，家事以外に社会とのつながりがあることは，私に安心感と多少の満足感を与えてくれたように思います」と書いている。

しかし，この二つの活動も，第二子出産を機に休んでいる。「今年（2006年）4月次男が幼稚園に入園し，やっと一人の時間がもてるようになり，学生のころからやってみたかった翻訳の勉強をしてみたいと思いました。ちょうどその頃，このインタビューのお話があり，自分を見つめ直し，やりたことに挑戦していこうというきっかけをいただきました」と語る。

Jさんは，1回目のインタビュー時には，「経済的自立はすごく難しい，大変なことなんだなー」と経済的自立の難しさを語っていたが，2回目のインタ

ビューでは「やっぱり，経済的自立というのが，私の最終的な目標だったんだなーと思い起こしました」と，再度経済的自立の必要性を語っている

　　いくつか翻訳の学校を探し，体験授業などを受け現在準備をしているところです。私は，両親が熟年離婚していることもあり，女性の自立には経済的自立が欠かせないと常々感じています。完全な自立は厳しいとは思いますが，それを常においてやっていきたいと思っています。私は，女性が本当に男性と平等にやっていけるとは思っていません。結婚，出産，育児，介護など，さまざまな要因によって女性の人生は変化を余儀なくされるのです。しかし，その変化によって，男性以上に多くの経験を得ることができ，それを社会に還元できると思っています。私も含め女性たちは，もっと自信をもち，それを社会が認めていかなければならないのではないでしょうか。このことは，私の息子たちに伝えていきたいことの一つです。

　このように，Jさんは，産む性である女性性（sex）とつくられた女性性（gender）の違いを述べ，産む性としての女性の価値を認めながら，女性の経済的自立の必要性も述べている。グループインタビューでは，「過去に共有した情報を仲間と掘り下げることによって，前向きな気持ちになります」と語る。
　Jさんは，女性学級の最終回に，英語の勉強を続けたいと，筆者に話していたのを思い出す。そして，6年後のこの調査をきっかけに，以前から望んでいた翻訳家になるため英語翻訳講座の受講を始めたのである。

11．PTA活動　Kさん
　Kさんは，富山県出身である。富山県は，女性が，結婚後も仕事をするのが当然という環境である。それにもれず，Kさんは結婚後も共済関係の職についている。そのとき妊娠し，出産後も育児休暇を8週間取り，仕事に復帰した。それから2年後に，夫の転勤で関東に住み始める。子どもが1歳8カ月のときに，保育所付きのお弁当製造工場に勤めるが，仕事内容と人間関係が理由で辞めた，と語る。事務職の経験があるKさんにとって，流れ作業の弁当づくりは大変だったようだ。その後，保健所の育児サークルや，ほかの地域の育児サークルにも参加している。その理由は，子どもの友だちづくりと，Kさん自身の

友人づくりのためであった。「やっぱり（必要なのは）私のお友だちですよね，子どもはまだ1歳9カ月くらいだったので。自分がしゃべりたいというか，人とやっぱり，家にいると，夫も帰りが遅かったので。大人としゃべらなかったので，ストレスたまりました」と，富山に居るときは，母親や親せきは近くにおり，育児の相談もできたが，現在は，核家族の生活なので，他者とのコミュニケーションを望んだのである。

　女性学級は，子どもを預けられるし，子どもの成長を見て，自分も勉強したいと講座に参加した。「毎日育児していて，やっぱり，疎外感があって，『自分って何なのかな』と思った頃だったんだと思います。それまでは，お母さんは働いているのが当たり前だと思って育ってきたので，やっぱり家にいるのはおかしいし」と述べている。話し合い学習を体験して，Kさんは次のような感想を述べている。

　　（話し合い学習は）初めてです，こういう講座に参加したのも母親学級以来で，母親学級自体も，働いていたのでほとんど参加していなかったんです。（女性学級では）知り合いもいなかったので，後ろのほうにポツンと座っていたんですけども，ここだと，ポツンと座っているだけではなかったので，驚きました。自分の言葉でしゃべらないといけない，最初の自己紹介から，しゃべる事がなくてどうしましょう，という形で。

　講義形式の学習形態に慣れているKさんにとって，話し合いによる学習方法は，自分が自主的に学習に参加しなくてはならず，驚きと戸惑いがあったようだ。ワークショップは，「仕事グループ」を選んでいる。富山県という，女性が働く環境にあったからこそ仕事を選んだと語る。だが，B区の女性たちの（働かない）生き方を見て，富山とは違う環境だと認識する。「30，40，50代というのは，今まで育ってきた環境では，この年代のお母さんというのは，みんな働いていたんです。カルチャー主婦って本当にいるんだなと思いました。土地柄だなという感じと，なんか，なりたくないなとも思いました」と語る。

　講座の内容に関しては，「女性学とかそういうのをまったく知らなかったの

で，すごくびっくりした点があったんです。こんなことを勉強をしている人がいるんだ，という気持ちでした。そういう単純な発想しかなかったです。はい，そんなに差別って受けたこともなかったし，考えたこともなく育ってきたので。でも，ただ子どもには接し方，『男の子だから，泣いたらだめよ』とかはそういうことは一切言わなくなりましたね」とふり返って述べている。

さらに，講座での学びを，Kさんは次のように語る。「子どものせいにしたことが多くあったが，子どもがいるからは理由にならない。経済力は自由を得ることを念頭において，言い訳をせずに，いつでも働ける準備をしておきたい」と。

Kさんは，B区の生涯学級の冊子に「スカートをはきたくなった」と書いている。その理由を尋ねると，以下のように答えてくれた。

　　自転車に子どもを乗せて，いろいろ区役所なり地区センターになり公園なり，全部行っていたんですね，もうスカートなんてはいていなかったんです。それで，私が「スカートを久しぶりにはく気になった」って言って，それが私の意見です。そのときの，はい。なんでしょう，やっぱり，女なんですかね。これは，男の人には思いつかない感覚ですよね。やっぱり，何でだろう，何でだったんでしょうね。なんか自分に，やっぱり時間ができた，という感覚があったんでしょうかね。

スカートをはくことは，Kさんにとっては，「女性である」という意識と同時に，子育てで追われる毎日からの解放であったのであろう。修了後，次回講座の運営委員を引き受けている。そして，経済的自立をめざしてパートで働き始めている。「新聞は見るようになりました，毎日必ず，やっぱり気づきがないと，気づきと選ぶ力，選ぶ眼というのはやっぱりいるのだな」と，講座修了後も学びに対して，意識的なことが見受けられる。

Kさんは，講座修了後，次期運営委員として活動しパート就労も始めた。しかし，その後，日本でも数症例しかないという，原因不明の大病を患うが，奇跡的に回復する。「人との和のなかで人は育ち広がる」とインタビュー後書いており，死に直面して，人間関係の大切さを確認している。入院中に闘病記を

書いたが，1度目のインタビュー時点では，まだそれを読み返えす勇気をもてないでいた。2度目のインタビューのときに，Kさんは筆者に日記を見せ，退院後初めて，2年ぶりに日記を読む機会を自主的につくる。

　グループインタビューでは，「人の意見を聞き，考えさせられることもあり（講座で学んだことなど），数年後にふり返ることができ，よい体験をさせていただきました。（これから）前向きに何かをします」と，元気になったKさんは語る。「子どもが幼稚園にいってからも，栄養などの講演会にはちょくちょく行ってました」と，食に関心があり，「食生活アドバイザー」の勉強をしようと考え始めているという。大病を克服しながら，前向きに人生を歩んでいる。

12．PTA活動　Lさん

　Lさんは，祖父母・父・母・妹・弟の7人家族のなかで育った。家庭内で，姑が嫁をいじめるという現場を見ることも度々あり，祖父母は「女は家庭で家を守るのが仕事。嫁が働きに出るなんて，周囲から貧乏だと思われるのでやめてほしい」と，思っていたようだ。姑の嫁いびりが頻繁に行われるなかで，母親は働きに出る。Lさんが小学校に入る頃には，母親は毎日仕事に行っていた。60歳を過ぎた現在も，毎日ではないにしても，仕事に行っているので，Lさんは，無意識のうちに結婚しても，「私も一生働こう！」と，思っていた。大学までの学生生活のなかで，ジェンダーを意識したことはなく，結婚しても働きやすい会社という基準で職種を選んだ。

　Lさんの人生の転機は「結婚」である。夫は転勤の多い会社勤務で，転勤先の地で仕事をしていた。しかし，子育てと仕事の両立は難しかったようだ。

　　子どもができると，子育てと家事とで，仕事をする気力はすっかりなくなってしまいました。1人目のときは，思いのほか育児が楽しかったのです。でも，そのような生活のなかでも，社会との接点をもちたかったのか，育児雑誌のママ記者などをやって，レポートを書いたりしていました。でも，子どもがだんだん成長してくると，今まで子どもにばかりに視線がいっていたのが，少しずつ自分に向いてくるようになり，「自分はこの先どう生きていけばいいのだろうか？」という不安な気

持ちをもつようになりました。

　地方での転勤生活は，大変なことも多かったが，地方には，他人のことを気遣ってくれる「おせっかい精神」があって，孤独を感じることはあまりなかった。だが，関東に戻り，B区に住み始めたら，「おしゃれで一人ひとりはとてもきれいにしているのだけれど，どこかよそよそしくて，自分一人が取り残されているような孤独を感じることが多くなりました」と，都会生活の寂しさを感じている。そんなときに，B区の講座に出会った。

　　藁にもすがる思いで，なんかもう手紙を出していたんですよ。区役所の講座に，何でもいいからと。自分が変わらないと，ここの環境は変えられないのだからと思って。「何か行動を起こさなければ！」，ただその思いでした。週1回の講座がとても新鮮で，学生時代に戻ったような気持ちでした。私個人で参加したこの講座は，「○○さんの奥さん」「△△ちゃんのママ」ではない〈私〉というものが実感できました。〈私〉個人で参加している人たちとの話し合いは，とても楽しく勉強になりました。自分よりも年齢がかなり上の人もいて，その人たちの意見や考えは，私に元気を与えてくれました。

　自分のおかれている状況を正確に把握することの大切さ，そのうえで，自分自身何をしたらいのかを考えた講座だったという。講座で，「専業主婦である自分に劣等感を感じていた。主婦である以外に『自分』がなかったからだ。行動することの大切さを実感した」と述べている。専業主婦であることは，Lさんにとって劣等感を抱くほどの抑圧であった。だが，グループワーク修了後の感想では，「発表した成果を，未来へと進歩させていきたいと思っている。夫婦が，共に自立することの大切さを学び，夫に少しずつ自分の考えを言えるようになった。相手のことを考えて思いやれば，相手も自分のことを考えてくれるし，少しずつ自分も変わってくるのかなーと思うようになりました」と書いている。調査では講座をふり返り，「この講座で知り合いになった人たちとのネットワークは，自分に力を与えてくれたような感じがします。人とのつなが

りの大切さを感じた講座でした」と述べている。

　しかし，Lさんは，調査の数カ月前から，「自分さがし」のために悩んでいた。インタビューでは語られなかったが，記述してもらうと，「講座で何かが変わったはずなのに，また講座を受ける前のような気持ちになってジタバタともがいている自分を見ると，変わったような錯覚を起しただけではないかという思いになっています。最近は，下の子と一緒に体操など体を動かすものに参加して，あまり考え込まないようにして，自分らしい生き方を探っています」と書いている。グループインタビューのあとの感想では，「同じようなことを繰り返し自分は何も変わっていない」と述べている。

　Lさんは，変わったような錯覚を起しただけかもしれない，という思いを抱いていたが，講座で気づきが生じ，自己主張もできるようになっているので，講座当時には，Lさんに意識変容が生じていると考えられる。しかし，自身が述べるように，その後の6年間の意識変容はみられない。だが，Lさんは調査前から，「自分さがし」に悩みながら，PTA活動なども行っており，社会参加しながら自分を模索し，前提を再度問い直している段階である。「自分らしい生き方を探ってます」とあるように，Lさんは積極的で，前向きな模索をしていると考えられる。

第2節　まとめ　―ライフストーリーからみえる学習―

　調査対象者たちは，ライフストーリーから講座のみならず講座修了以後も学習を続けていることが明らかになった。本研究における「学習」とは，社会参加，趣味，仕事，人間関係，学校教育や社会教育における学習など，ジェンダー問題にかかわるすべての学習を意味する。

　Aさんは，子育て支援活動，福祉関係のボランティアなど，Bさんは子育て支援活動や民生委員など，Cさんは福祉関係の仕事や子育て支援活動など，Dさんは地域支援活動やバレエ教師など，Eさんは子育て支援活動や翻訳業など，Fさんは子育て支援活動や英語講師など，Gさんは子育て支援活動や放送大学学生など，Hさんは子育て支援活動や幼児教育講師など，Iさんはバレエレッ

スン受講やパート就労など，Ｊさんは子育て支援活動や翻訳講座受講など，Ｋさんは子育て支援活動や食生活アドバイザー講座受講など，Ｌさんは子育て支援活動やＰＴＡ活動などである。

　上記で述べたように12人の女性たちは，講座修了後も何らかの学習を継続していたことが浮き彫りになった。

　第一部は，「女性の学びと意識変容」の関係を分析するために，ライフストーリー調査を行い，筆者が本章に関係する部分をまとめたものであるが，第二部では，「意識変容を促す女性の学び」に関する歴史を追い，さらに，第三部の第2～4章では，第一部で筆者が記述できなかった部分も含めて，12名のライフストーリー分析を提示する。

第二部

「意識変容を促す女性の学び」の歴史

　第二部は，日本における「意識変容を促す女性の学び」の歴史をみていきたい。第二次世界大戦後（以下，戦後）から男女共同参画社会基本法（以下，基本法）が施行された2000年頃までの，女性の学びと意識変容の時系列的な変化をとおし，意識変容を促す女性の学びの必要性と可能性を検討する。

　まず第1章では，女性における意識変容の学習講座が行われた時代の特徴と意義を分析するために，時期区分と用語の定義を行う。

　第2章〜第5章では，第1章をふまえて，戦後から2000年頃までを中心に，各時期の女性の意識変容にかかわる国の女性政策，女性教育政策と意識変容の学習の事例を示し，意識変容を促す女性の学びの歴史を分析する。

　なお，第2章〜第5章に記述した女性政策，女性教育関連の歴史的経過については，資料『女性の学習関連の年表』を作成し巻末に掲載している。

第1章　分析の枠組み

第1節　時期区分と用語の定義

1．時期区分

　時期区分は，戦後から2000年頃までを範囲にとり，4つの時期に区分する。そのうえで各期について，女性の学びと意識変容の歴史を浮き彫りにする。

　戦後からと限定したのは，日本国憲法に「男女平等」がうたわれ，それを礎とした学習が男女平等社会に向けて始まったからである。戦後から高度経済成長期に入るころまでの，文部省が実験社会学級の取り組みを始め，それにつれて婦人学級が全国に普及した時期を第1期とする。高度経済成長期に入り，男性は企業戦士，女性は専業主婦という「男は仕事，女は家庭」の性別役割分業の構図ができ，保育付講座も各地で開講された時期を第2期とする。その後，国際的に女性の学習や活動が活発になり，婦人学級から女性学級へと名称も変化し始めた時期を第3期とする。1990年代に入ると，ジェンダー問題が多く取り上げられ男女共同参画社会の実現のための講座が開講されるようになった。1998年には特定非営利活動促進法（通称 NPO 法），そして1999年に男女共同参画社会基本法が施行され，NPO における学習機会も拡大した。本書の調査対象である講座は2000年に開講されているため，2000年頃までを第4期と区分した。

　以上の理由で本章では，戦後から男女共同参画社会基本法の施行前後までを次の4期に分けて検討する。

第1期（1945～1960年頃）戦後の婦人学級と話し合い学習
第2期（1960～1975年頃）高度経済成長期と保育所付き婦人学級
第3期（1975～1990年頃）「婦人学級」から「女性学級」へ
第4期（1990～2000年頃）男女共同参画社会と女性の学習機会の拡大

2．用語の表記と定義
（1）「婦人」と「女性」の表記について
　婦人と女性の表記は時代によっても異なるが明確な線引きは難しい。戦後は女性を表す言葉として，婦人が多く使用されていた。しかし，国際婦人年あたりから徐々に「婦人」から「女性」へと表現が推移してきた[1]。とくに「婦人問題」の「婦人」は「国際婦人の10年」以降1980年代あたりから「女性問題」という用語が使われるようになっていると考える。それにつれて「婦人」と称していたものが「女性」に変更されている施設や団体が多い。たとえば女性センター，女性会館，女性学級などである。1990年後半以降では，国や自治体のほとんどの行政分野で「婦人」から「女性」へと名称が変わっている。

　労働省婦人少年局が1948年に設立され1984年に婦人局と改称されるが，1997年には，婦人局が女性局と改称された。1988年に設置された文部省婦人教育課は，1998年に男女共同参画学習課と改称している。施設では，国立婦人教育会館[2]が国立女性教育会館（NWEC）と改称されたのは，2001年であり，女性団体では，大学婦人協会[3]が大学女性協会と改称したのは，2009年のことである。「女性学級」についても同様のことがいえる。大阪市は婦人学級を，1993年になって女性学級に改称した。

　以上をふまえて，本書では「婦人」と「女性」の用語は同意味とする。「女性」と「婦人」の表記は，個人を表す場合には「女性」を用いる。しかし，「婦人学級」と「女性学級」，「婦人会館」と「女性センター」などの固有名詞は，文献や実際に使用されている名称で表記する。時期区分において「女性」よりも「婦人」が主に使用されている場合は，「婦人」を優先する。引用文献は著者の使用する表記とする。婦人問題と女性問題，婦人会館と女性会館，婦人学級と女性学級など，逐次それらの用語を使用し，あえて統一はしていないこともある。それは年代で使用されている用語や，引用文献に示す著者が使用した用語を，そのまま使用しているためである。

（2）婦人（女性）学級の定義
　「婦人（女性）」学級」の定義については，1950年代当時からさまざまな考え

があり，三井為友は「二つあって一つは，婦人に自主的なグループを作っていく力を与えることを意図して，公民館や，教育委員会が開設するもの，もう一つは婦人が，自主的に集団をつくり，問題を解決するために，共同学習を行っていくもの」と定義し（三井・横山　1962：27），横山宏は「教育委員会が開設するもの」と提言している（三井・横山　1962：27）。また重松敬一は，「自主的グループではないが，自主的に学習する意欲やその方法，目安を獲得する学習の場である」と述べている（重松　1960：26）。

本書では，三井や重松の述べるように幅広く婦人学級を捉え「婦人（女性）が自主的に学習する力をつけ問題解決する場」と定義する。

1975年～80年代は「婦人問題」が「女性問題」へと移行した時期である。この時期に「婦人学級」の名称も「女性学級」へと変わっていくため，時代区分タイトルも「女性学級」とした。本章では，文献や団体の活動名称により両者を使い分けることにする。

（3）「婦人問題学習」と「女性問題学習」の定義

婦人問題学習は，婦人問題辞典刊行委員会編（1980：192）によれば，「女性であることを理由に，婦人が受けるあらゆる差別，不平等・不自由・不利益のこと」と定義している。女性問題学習を入江（2012：308）は「女性問題（性差別）克服の主体形成を目指す学習」と定義している。

以上の定義を受けて，本書では「婦人問題学習」と「女性問題学習」を同じ内容を意味する用語と考え，どちらも「女性が受けるあらゆる差別克服のために，あらゆる場面で主体形成をめざす学び」と定義する。

第2節　本書における主婦の概念と定義

本書で主婦に焦点を当てて論じる理由は，主婦のかかえる家庭や社会での問題が女性全体の問題に通じるからである。アン・オークレーは，英語で主婦をハッシーと表現することについては，ハウスワイフ[4]（主婦）の音が短化して「ハッシー」という名詞になっている（Oakley　1974a＝1986：10）と説明している。しかし，「ハッシー」とは，元来「つまらない女」という意味であり，

家事についての社会評価が低いのは，多少とも，それをする人，つまり女の地位の低さである（Oakley 1974a = 1986：10），と述べている。さらにオークレーは，家事労働調査を行い，主婦の抑圧からの解放を主張している（Oakley 1974b = 1980：216-225）。彼女は，女性の意識変容のために，「家事を糸口にしなければすべては始まらないのだ。女らしさと家内性は，社会に結びつけられているだけなのだという認識―同時に女がどれほど従属的な関係に我慢させられているかという認識―をもつことによって，性別の違い，その根拠，および意味を完全に理解できるのだ」と，性別役割分業観への気づきとそうした価値観の払拭の必要性を述べている。

女性に家事や子育て介護の負担がかかるのは，女性の地位が低いからであり，それらは専業主婦だけではなく，働きながら主婦の役割を担う女性や独身の女性にも同様な問題は生じてくる。伊藤雅子は主婦の問題を次のように述べる（伊藤　1973：215-216）。

　私は，主婦の問題は，女の問題を考える一つの基点であると考えている。現在主婦である女だけでなく，まだ主婦ではない女も，主婦にはならない女も，主婦になれない女も，主婦であった女も，主婦であることが女のあるべき姿・幸せの像であるとされている間は，良くも悪くも主婦であることから自由ではない。少くとも多くの女は，主婦であることとの距離で自分を測っていはしないだろうか。幸せだ，恵まれていると言われている都市の中間層の主婦自身が抱えている問題に目を向けようとするのは，「底辺」の女や働く女の問題とは別個に，主婦の問題を考えているからではない。主婦であることが女の生き方の正統であるとされている限り，主婦が負わされている歪みや痛みは，他の多くの女のそれと同心円を形づくっているのではないか，すべての女に投影しているものではないかと思うからだ。

伊藤も述べているように，主婦の問題，つまり「女は家事」という性別役割分業観は，既婚，未婚に関わらず女性全体の問題である。前出のOakley（1974a = 1986）は，アメリカの主婦の誕生を論じたが，日本における主婦の誕生について今井（1992：49-65）は江戸時代を起点として論じている。

性別役割分業観の基礎の一つとなる良妻賢母思想は，明治，大正時代の日本

の家父長制の核となり，良き妻，賢い母が女性の理想像として位置づけられていた。しかし，小山静子は，良妻賢母思想に対して，早くも明治時代後半には批判の声が上がっていた，と次のように述べる（小山　1991：95）。

　明治末年になると，単なる良妻賢母批判にとどまらず，女の置かれている状況が広範囲に「問題」として捉えられ，「婦人問題」が社会問題として意識されるようになる。すなわち…（略）…上杉慎吉『婦人問題』の発行，翌年の『青鞜』の発刊，大正2（1913）年の『青鞜』における「新しい女」特集，『太陽』『中央公論』『六合雑誌』における婦人問題特集号の刊行…（略）…これらをきっかけとして，女性の現状に疑問が発せられ，「婦人問題」の意識化が進んでいった。

小山が語るように，明治末期に「婦人問題」への意識化を進める雑誌が知識人により発刊され，良妻賢母批判の声も上がる。他方，大正期に石川武美によって発刊された一般大衆婦人向けの雑誌である『主婦之友』は性別役割分業を肯定していた，と金子幸子は以下のように指摘する（金子　1999：165）。

　石川は，それまで知識人からは見落とされていた女性大衆を対象に生活面と精神面とから「主婦としての自立」を説き，家庭内における女性の地位の向上を願った。それは変革からは最も遠いとされた人々であり，日本の後進地帯とも呼べるような場であった。
　彼女の女性論は，しかし，女性の生活の場をもっぱら家庭内に限定することとなり，男はソト・女はウチという性別役割分業を固定化する働きをもった。その一夫一婦の家庭観も究極的には夫先導型のものであった。

以上から，明治・大正期では「女性の自立」を唱えるのはごく一部の女性たちであり，一般の女性たちは大衆女性向け雑誌の影響をうけ，良妻賢母観を肯定していたと考えられる。

昭和期に入り，第二次世界大戦を経て1955～1970年頃にかけての高度経済成長期に，「核家族で妻が専業主婦」という近代家族が誕生する。政府が専業主婦に対してとった扶養家族手当という優遇措置は，男性を企業戦士へとより向

かわせ，性別役割分業観を強化することとなった。舩橋惠子（1995：64）はこれを「性別役割分業型核家族」と名づける。このような政府の政策の結果，女性が家事，育児，介護を担わされ，社会的，経済的自立への途が阻まれたといえよう。この頃，雑誌『婦人公論』『学習の友』『朝日ジャーナル』などで活発な主婦論争が行われている。

　1955（昭和30）年，石垣綾子は婦人公論に『主婦という第二職業論』を掲載し，そのなかで，社会での仕事を第一の職業，それに対して主婦は第二の職業であると述べ，女性が第一の職業を退いて専業主婦になり家庭に入ったときの女性たちの状況を次のように述べている（石垣　1955）。

　　女が職場を去って，つぎには主婦という第二の職業を得るのであるが，近代の女性は決してそこで満足はしていない。社会の中に出て働いた女は，閉ざされた家庭生活には，満たされない不満をいだく。職場の経験を持っていない中年の妻であっても，無風帯の家庭の中にあって，いらいらしている。…（略）…彼女が聡明であり，考える女，知的な女であればあるほど，主婦の退屈な変化のない生活に，飽き飽きしている。

　石垣や伊藤が語った当時の主婦の悩みは，解消されたのであろうか。主婦のはじめた会員制投稿誌で知られた『わいふ』の創設者である高木由利子は，1963（昭和38）年に「夫や子どものためだけに生きるだけでなく，自分自身を取り戻したい。これが私自身，といえる何かが欲しい」と，同誌の発刊をはじめている（わいふ編集部　1993：10）。『わいふ』が発刊されて50年近く経過した現在も母親，妻としてのみならず人間として，自分らしく人生を送りたいと願っている女性たちは多い。日本国憲法や教育基本法では男女平等がうたわれたにもかかわらず，「男は仕事，女は家庭」という良妻賢母思想が根底となっている性別役割分業観は，いまだに多くの女性たちを抑圧している。フリーダン[5]の悩みは日本の専業主婦たちにも共通するものであった。しかし，抑圧されていることにさえ気づかず，悩んでいる女性たちも少なくない。

　井上輝子編『岩波女性学辞典』（2002：193）では，主婦を「家事責任を負う

既婚女性。近代社会では，大部分の人間が結婚することが前提となっている。この意味ですべての女性が，主婦，もしくは主婦予備軍とみなされている」と定義している。上記の伊藤も述べているが主婦の問題はすべての女性の問題なのである。

　以上をうけて，本書における「主婦」の定義は，「男は仕事，女は家庭」という性別役割分業観における，家事労働を担う既婚女性とする。

第3節　意識変容を促す女性の学習機会の事例について

　それでは第1期から第4期まで事例を提示し検討していきたい。いずれの時期においても，女性問題の学習機会に関する事例は多いものの，そのなかで「女性の意識変容を促す学習機会」に関する事例は大変数少ない。そのうえ，各期のなかで各学習機会の事例の情報量は異なっている。しかし，情報量が少なくとも学習者の意識変容がうかがえる感想などが記述されている資料は貴重である。そこで，学習者の気づきがみられる事例は情報量の多少にかかわらず取り上げた。

第2章 第1期：戦後の婦人学級と話し合い学習（1945～1960年頃）

　第2章は戦後から1960年頃までの，文部省の実験社会学級で実践された話し合い学習が全国的に広がり，最も婦人学級が増加した時期を検討する。

第1節　意識変容にかかわる婦人政策と婦人学級

　本節では戦後の婦人政策と婦人学級の状況と，現在の参加型学習の前身ともいえる，戦後行われていた話し合い学習，共同学習の内容を述べる。

1．戦後の婦人政策

　念願の婦人の政治参加の一歩である婦人参政権が認められたのは，戦後の1945年である。当時の幣原内閣は10月10日に閣議決定し[6]，12月12日に衆議院議員選挙法が改正公布されたのである。1946年4月10日，第22回総選挙で初の婦人参政権が行使された。このときの投票率は男性78.5％，女性67.0％であった。女性立候補者79名中39名が当選するという画期的なものであり，39名の女性議員の所属政党は自由党5名，進歩党6名，社会党8名，共産党1名，諸派10名，無所属9名であった（婦人問題辞典刊行委員会編　1980：251）。同年には日本国憲法が公布され1948年に施行される。この憲法は，前述のベアテ・シロタ・ゴードンが男性に従属的であった日本女性の意識変容を願い，男女平等が明文化したという世界に類を見ない憲法であった。

　1947年には，教育基本法が公布され，学校教育においても男女共学，男女平等がうたわれている。同年に学校教育法も公布，学校教育に家庭科が誕生した。家庭科は，「各人が家庭の有能な一員となり，自分の能力にしたがって，家庭に，社会に貢献できるようにする全教育の一分野」という位置づけであった（真橋　2007：23）。しかし，中学校で家庭科が男女必修となるのは1993年，高等学校での家庭科の男女必修実施は1994年であり，カリキュラム上の男女平等教育が行われるには50年近くもの年月を必要とした。1947年に改正民法が公布

され家父長制が廃止となっている。新民法は憲法第24条の家族生活における個人の尊厳と両性の平等の規定に基づき，大幅に改正された。明治民法は家父長制を規定していたが，新民法は，夫婦の平等，父母の親権の平等，相続における子の平等権，配偶者の相続権などを確立した（婦人問題辞典刊行委員会 1980：171）。

　1948年には労働省が発足し，同時に婦人少年局が設置されている。婦人に関する主な内容は，労働条件の向上や婦人の地位の向上と婦人問題の調査などである。同年に優生保護法が公布，施行されている。日本社会が高度経済成長期に入る1956年に売春防止法が公布されている。

2．戦後の婦人教育政策と婦人学級

　戦後，婦人学級はどのような経緯で進展していったのであろうか。占領軍のGHQは，日本の民主化や女性の解放にとって，婦人の学習活動が重要であることを認識し，積極的な支援をした。政府も，敗戦後の精神的・経済的荒廃から脱却するため，社会教育に着目した（入江　1986：13）。戦後の婦人教育は「母親学級」の名称で始まった。三井為友によれば「当時の文部省によると，昭和20年及び，21年には，民主主義の精神に基づく公民教育を習得させ，次代の民主国家を背負って立つ幼い子女の家庭教育を徹底するため，母親を対象とした『母親学級』を各都道府県に郡市の数に応じて，1060学級を開設している」[7]という（三井　1963：17）。1946年秋，新憲法に女性の人権がうたわれ，男女平等の立場から父親の参加も促され，「母親学級」は「両親学級」または，「両親講座」に改名された。

　施設名称に関しては「母親学級」に特定する必要はなかったようである。1946年当時の社会教育局長は，各都道府県知事に宛てた文書『昭和21年度婦人教養施設「母親学級」委嘱実施について』において次のように示している。「施設の名称に関しては必ずしも『母親学級』（又は『婦人学級』）という名称を固執する必要はなく，『父兄学級』或は『成人講座』等と呼ぶほうが参加者の範囲やその教養内容から見て，より一層適切と考えられる場合は，それぞれ適

切な名称を用いて差支えないこと」と記している（三井編　1976：901）。

　さらに，1947年には「社会学級」と名称が変わり全国に普及した。学習内容には，「社会及び家庭の封建的制度への打破改善」が挙げられている。山本和代は，「戦後の婦人教育が婦人のみに対象を限定することなく，成人教育の体系の中で，男女平等の立場から，婦人の地位の向上，市民としての知識・能力の啓培が目ざされていた点は注目される」と述べている（山本　1982：38）。

　文部省は1954（昭和29）年秋，「新生活運動を如何に展開すべきか」の大臣諮問を出し，婦人を対象とした新生活のための実験社会学級を，1954（昭和29）年から1956（昭和31）年にかけて，静岡県稲取町で開催した。1955（昭和30）年には稲取のほか，山梨県岡部村，埼玉県川口市，神奈川県川崎市の計4学級，1956（昭和31）年には稲取町，川口市，東京都荒川区，長野県富士見町の計4学級が研究指定された（三井・田辺　1967：87）。では，文部省委嘱の実験社会学級のねらいはどのようなところにあったのだろうか。三井（1963：19）は，「身近な問題を普段着の気やすさで話し合い，お互いの生活体験を生かしあって，問題解決のいと口とするのが新しい婦人学級であり，これらの学習を通じて真の仲間をつくり，それらの協力によって，新しい村づくりまで発展すること」と述べている。三井のいう「新しい婦人学級」とは実験社会学級のことである。つまり，彼の考えをふまえると，実験社会学級とは，女性たちの横のつながりによって，社会発展をめざしたものといえる。

　これらの学級では，小集団の「話し合い学習」の方法を掘り下げることが試みられた。3年間にわたる稲取での文部省委嘱実験社会学級（後述）が成果を治め，それをモデルとして文部省は1956（昭和31）年から全国的に婦人学級の普及を始めている。従来の講義型の承り学習を脱して，グループで話し合い，考え合い，記録し合い，調査し合う，積極的な話し合い学習の形式は，遼原の火のように全国に広がった（三井　1960：14）。それまでの承り学習から，話し合い学習へと方法転換した学級は，家庭や仕事で悩みをかかえている女性たちにとって，重要な学習の場でもあり，悩みを共有し合える居場所でもあったと考えられる。

表 2-2-1　戦後の婦人学級数と婦人教育費

年度	文部省委嘱実験社会学級			婦人学級数			文部省婦人教育費
	学級数	学級生数	1学級平均学級生数	学級数	学級生数	1学級平均学級生数	
1956	230	40,880	178	18,340	2,771,459	151	322,000
1957	270	60,621	225	62,704	3,863,430	62	294,000
1958	241	55,833	232	23,203	2,123,004	91	4,792,000
1959	245	51,187	209	27,428	2,703,481	99	5,888,000
1960	1,413	164,923	117	27,007	2,301,279	85	6,647,000
1961	1,454	154,416	106	31,132	2,452,386	79	6,633,000
1962	1,437	138,841	97	26,826	1,877,882	70	93,275,000
1963	1,581	136,647	86	30,655	1,840,783	60	96,349,000
1964	1,581	119,139	75	31,342	1,805,937	58	93,593,000

出所：日本社会教育学会（1967：96-97）より筆者が作成

　では，当時どのくらいの文部省の委嘱実験社会学級があったのだろうか（表2-2-1参照）。1957年度は270学級，1958年度241学級，1959年度245学級であり，1960年度に関しては，1413学級と大幅に増加しており，前年度の約6倍である。1961年度については1454学級とさらに増加は続いている。全国の婦人学級数（委嘱実験社会学級を含む）はさらに多く，1961年度は3万1132学級である。文部省が計上している婦人教育費は1958年度が479万2000円であるのに対して，1961年度は663万3000円と年々増加の道をたどっている。このように1955（昭和30）年頃から，日本各地で婦人の学習が活発に行われていたといえる（江田1962：14）。ところが，1960年をみると，委嘱学級は増えても全国の婦人学級数は増加していない。これは，存在する婦人学級を単に委嘱学級に代えるだけであり，婦人学級の存在しない所に新たに委嘱学級をつくるようなことは，ほとんど行われていなかったことを意味する（三井・田辺　1967：96）。

　このように，男性と女性が参加する学級が開講されたことは，画期的であった。だが，男性の参加を促した学級が開講されていったにもかかわらず，利用者の多くは女性であり実質的には婦人学級であった（横山　1962：26）。

では，なぜ社会学級がその後，婦人学級の名称に移行したのであろうか。国立教育研究所（1974：1096-1097）によると，次のように述べている。

　　文部省は46年後半から，名目的には講和条約発効後の52年までの間，婦人教育関係の予算計上を断念していたが，一つには両親学級を解消した社会学級を発展させることにおいて，また，二つには第一次教育使節団も勧奨しているPTAの普及発達を促進することにおいて，文教行政としての婦人教育施策を展開していく方向に向かった。…（略）…社会学級は，やがて，49年6月10日に公布された社会教育法の『成人の一般的教養に関し，小学校又は中学校において開設する』（第48条3項）の規定によって，もっとも広範な学校開放の社会教育施設事業として法的基礎をもつことになり，55年前後から急速に普及する婦人学級へ継承されていくのである。ここに文部行政としての婦人教育施策の一つの経路が定着していくことになった。

　PTAの普及発達は一つの要因であるといえよう。さらに地域婦人会の活動が影響していることは否めない。1950年から長野県では，婦人学級の名称で「政治や経済その他広い分野にわたって，正しくものが判断できる婦人になってもらいたい」という目的で公民館の事業として推進され，社会学級は地域婦人会の組織を通じて，主として農村の婦人たちに民主主義の新知識を普及していったのである（国立教育研究所　1974：1104）。婦人学級は主に公民館で行われていたが，地方の社会教育行政は，地域婦人団体に依拠して婦人教育を行っていたため，婦人団体の拠点である「婦人会館」でも行われていた（志熊2000：4）。

　1952（昭和27）年には，「第1回全国婦人教育指導者会議」が開催され，各地の婦人教育に関する情報交換がなされたことは，婦人教育にとって大きな第一歩であり，このような時代の流れのなかで，婦人学級の態勢が次第に整えられ全国的に広がりをみせ，婦人学級の強化が要望された（鈴木　2002：210）。そして，国費による婦人教育予算の確立，文部省に婦人課や婦人教育局の設置などが要請された。

　山本（1986：69）は，「各地の婦人教育の実情が明らかにされていく中で，社会学級の一環として，また公民館講座の発展形態として，あるいは婦人団体

の学習計画の中で，『婦人学級』が次第に整えられ，全国的に広がりはじめてきたことが注目され，婦人学級の強化が要請されていく」と述べ，社会学級から婦人学級への継承理由を示唆している。

では，戦後の婦人学級の学習目的はどのようなものであったのだろうか。神田道子は次のように語っている。「女性であることが，さまざまな問題を抱える原因となっていたこの戦後の早い時期における女性の学習の中身は『性差別からの解放・平等の実現をもとめて』と『女性が抱えている生活の課題の解決を求めて』という2つであったと考えていいと思います。自立的女性の形成が大きな課題であり同時に賢い主婦・母親の形成という，この両者は何の矛盾もなく，学習の課題として取り上げられていました」（神田　2002：12）。つまり，性別役割分業観からの解放の学習テーマがあると同時に，良い主婦，賢い母親役割の学習テーマもあるというように，生活課題学習と性別役割分業観に対する学習が混在する時期であったといえる。以下では，第1期の婦人学級を具体的に検討する。

3．小集団による話し合い学習と共同学習

文部省が積極的に推奨した話し合い学習とは，どのような学習形態であったのであろうか。次に話し合い学習の特徴と，そのような学習方法を取り入れた学習活動としての共同学習との関連について述べる。

（1）小集団による話し合い学習

社会教育において，戦前には多くの講義形式の学習方法が用いられていた。それは別名「承り学習」とも呼ばれていた。しかし，1943～1952年まで文部省主催により9期にわたって開催された教育指導者講習会（The Institute For Educational Leadership：略称 IFEL）を契機に各地で「小集団学習」が行われるようになった（廣瀬・澤田・林・小野　2000：94）。

婦人学習においては，1954（昭和29）年に静岡の稲取で実験的に行われた講座が，「話し合い学習」講座の始まりであるといえよう。この講座も文部省が実施した実験社会学級と呼ばれる，話し合いによる小集団学習である。これが

先例となり，小集団による話し合い学習が全国の婦人学級に普及する。"生活をみつめ，生活を高めよう"をテーマに女性の「考える力」「話す力」「書く力」を高めることを目標とし，小集団による話し合い学習が行われた。当時のテーマは"近所づき合い""嫁姑関係""子どもの教育"など，家庭生活にかかわる疑問や悩みなどの問題が多くみられる（山澤　2007a）。

　小集団による話し合い学習とは，どのような学習方法であろうか。婦人学級の先駆者的指導者である三井為友は，話し合い学習の特色と価値を次のように述べている。「話し合い学習は，講師や助言者のことばよりも，一層高い価値のあることばを，仲間の者や自分自身のことばの中に発見する力でもある。真に価値あるものは，自分のからだで実践することなしには解決しない現実的な課題の把捉である。この課題をつかまえ得るものは，自分および協働者としての自分の同僚でしかない」（三井　1961：61）。つまり，この学習では教師は参加者自身であり，参加者が主体者となって，お互いがもっている課題を見いだし，これを考え合い，生活の現場で実践し，少しずつでも解決に近づけていく，そういう過程を繰り返していくことである（江田　1962：17）。

　そして，三井は当時の婦人たちの「話し合い学習」に関する疑問に以下のように答えている。「『話し合い学習』は，顔見知りのおたがいが，顔と顔をつきあわせた親しさの中で，身近な経験を交換しながら，一緒になって話し合う仲間の学習です」と説明している。さらに，「めいめいが先生と生徒の役割をはたしながら，くらしの中での問題をつかみ出し，それを解決してゆくやり方と態度とを，身につけることだ」（三井　2004：39）と指摘している。現在の女性問題学級で行われる「話し合い学習」も同様な意味合いをもっている。

　話し合い学習の重要性を，意識化の視点から宮原（1960：82）は次のように指摘している。

　　人間が自分を目的につくりかえることは，自分の生活を正しく認識することによってのみ可能である。そして，自分の生活を正しく認識することの第一歩は，自分の生活を客観化して見さだめること，いいかえれば生活を対象化することである。

では人間はどのようにして自分の生活を対象化することができるであろうか。それは自分の生活と真実を言葉にいいあらわし、はっきりと意識化することによってできる。

宮坂広作も、意識化の必要性を述べ、加えてグループによるSDL（self-directed learning）の学習形態の必要性も述べている（宮坂　1990：21）。

　既成の学問や科学の知識を系統的に教授するというコンベンショナルなやり方ではなく、学習者自身の日常世界認識から出発し、他者の認識とのつけあわせをおこない、問題の発見に努め、現象の背後にある本質をえぐり出そうとすることである。この間、集団のメンバーによる相互扶助・連帯を重視し、鬱屈している感情の解放をはかり、自恃のこころの回復をめざすのである。

　つまり、宮坂は学習者が他者とのかかわりのなかから問題発見や自己決定学習による問題解決の必要性を説いているのである。
　話し合い学習は、教育者ではなく、自分以外の対等な学習者から学びを得、意識変容するための方法として、大きな役割を担っているといえる。したがって話し合い学習は、村田が述べるように、人間関係を上下で捉えず、一方的に上から下へと価値を注入する社会形成のありさまを批判し、日常のなかで民主主義の担い手が形成され、そこでこそ発揮されなければならない力量形成を求めた学習方法である（村田　2006：46-47）。婦人学級で学ぶことで、家庭や地域や社会で活躍できるための力が身につき、学習者一人ひとりが意識化によって自分自身を認識し、個々の意識化が互いに影響を与えあい、話し合い学習が進み向上するのである。身近な問題を同じような環境にある地域の人々と一緒に、話し合いをすることで自分自身をふり返り、自分自身で決定し、解決していく方法を身につける学習方法は、自己決定型学習であり意識変容の学習といえるであろう。

（2）話し合い学習と共同学習
　三井為友は、共同学習を「共同学習は意図的、企画的な学習であり、そこで

人間変革を可能にするルツボである。そして、共同学習では、そこにいる学習者たちの相互の『共同性』が最も重要な問題でなければならない」（三井1958：8‐9）と捉えている。さらに話し合い学習と共同学習の関係について、三井は「共同学習は形態内実ともに、あたらしい学習のあり方を指し示しているが、話し合い学習というのは、継続的な共同学習の一時点を捉えてみたときの、学習の形態を示すことばである」と論じている（三井 1958：10）。「共同学習」と「話し合い学習」の違いについての質問にも三井（2004：42-43）は以下のように答える。

　わたしたちの目の前にあらわれてくる課題は、今までのように有名人か専門家の話をきくだけで解決するといったものでなくなってきています。同じようなくらしをしているものがみんなで考え、みんなで解決してゆかねばならないのです。これが共同学習なのです。共同学習にはいろんな方法がありますが、おもに話し合いによる学習を「話し合い学習」というのです。

　入江直子は、共同学習という学習のあり方は、女性たちが自分の暮らしについて自ら考える方法として有効であり、日々の暮らしのなかでの悩みや不安を、仲間と考えながら暮らしていく態度や、生き方を作りだすのに大きな役割を果たしたと、共同学習の重要性を語っている（入江　2006：4）。
　藤原千賀（2004：153）は「話し合いの中で自分自身の生活体験を検討し、それを普遍化していくという科学的思考法を学び、生活課題の解決に向けて主体的な行動に結びつけていく」と、主体的な取り組みの学習だと述べる。

第2節　意識変容を促す女性の学習機会の事例

　婦人学級で女性たちはどのような学習をし、意識変容が生じたのであろうか。数少ない資料から意識変容の学習のみを抜粋するには限界があるが、プログラム、感想、講座目標などから当時の女性たちの意識変容の学習について検討する。

1．文部省委嘱実験社会学級　―稲取婦人学級―

　稲取の委嘱実験社会学級で学習者がどのような意識変容の学びを得たかを，「稲取婦人学級のあゆみ」（三井・飯田　1959：26-30）から紹介する。

（1）講座の内容

　静岡県の稲取町が選ばれた理由は，「主として漁業を中心とする地域で，婦人を対象として生活改善，生活の合理化を目的とするもの」という条件からである。1954（昭和29）年から3年間にわたって開設され，週3回で計17回，農閑漁閑期である1，2月の毎回夜間7時から9時ごろまで実施され，夫や子どもたちの協力を得ていた。女性たちにとって，1，2月は「婦人学級の月」であった。特徴は，話し合いを重視し，学習記録を作成し，レクリエーションを取り入れたグループ学習である。参加者は30～40代の女性たちである。

　学習カリキュラムの全体目標は「生活をみつめ，生活を高める」である。具体的な目標は次の8項目である（千野　1970：201-202）。

①毎日のくらしをぼんやりと過してしまわずにふり返って見，考えて見てむだをはぶく習慣をつくる。
②くらしをよくするためには，自分や自分の家族だけの力で出来ることもあるが，近隣同士や町全体が力を合わせれば，もっとすばらしいことがどんどん出来ていくということを知ること。
③大勢の人の前では，口をきくことも出来なかったものが，思っていること，考えていることをはっきりと，どこでも言えるようになること。
④他人の意見に耳をかたむけ，その考え方がよくわかり，自分の考えとのちがいをはっきりさせることが出来ると共に，みんなが賛成し，協力するような共通の意見にまとめあげる技術をつかみとること。
⑤講演をきいても，ラジヲをきいても，新聞をよんでも心にとめておきたいことは，一行でも二行でも，書きとめておくような習慣をつくること。
⑥仕事をしながらでも頭に浮かんだ良い考えは，忘れてしまわないうちに書きとめておく習慣をつくること。
⑦生活の困難を打開するために，出来るだけ多くの者が力を合わせて，積極的に収入を増し，一層豊かな文化生活を高めていくよう努力すること。
⑧生活の中に計画性をだんだん濃くしていくこと。

講座の目標は,「話す・書く・考える」の3点で構成されている。内容は,①人前で正しくものが言える人間になろう（話す）,②折にふれて心おぼえを書きとめることのできる人間になろう（書く）,③仕事をしながらでも,もっとよい方法はないかと考える人間になろう（考える）である。学習からはなれていた女性でも理解できるように具体的に示している。

（2）学習者の意識変容

これらを目標に行われた話し合い学習によって,女性たちにどのような変化があったのであろうか。ここで学習者の感想を紹介する。「はじめておしゃべりから意見発表へと高められてきた」「(学習)経験で自信をもつと,農会などの集まりでも,男のひとを前に,堂々と意見発表ができるようになった」との感想がある。この二つの感想からもわかるように,女性たちは学習によって,自分の考えを理論的に発表することができるようになり,男性の前で女性が意見を述べる難しさなどを乗り越えることができるような能力が身につきはじめた。この講座にたずさわった塩ハマ子は,30年後に講座をふり返り,話し合い学習の効果を次のように述べている（塩　1985：47）。

　　人前でものも言えなかった婦人たちがお互いに話し合い,自主的に判断し行動する経験をしたことにより,表情が生き生きとなり,やれば何でもできる自信がつき生活に対する意欲が高まってきた。学習経験を重ねるにつれて,批判的態度,自主的動きが育ち,従来の講師の講義を聞くのみの学習では得られない,話し合いによる討議学習の注目すべき結果をえることができた。

このように塩ハマ子が述べているが,自信がつく,批判的態度や自主的動きが育成されるということは,女性たちが少しずつではあるが,自立のための意識変容が生じていると考えられるのではないであろうか。

2．婦人学級　―東京都足立区の婦人学級―

貞閑晴子の文献「大都市商店街の婦人学級」から,1959年ごろの東京都足立区の女性たちの学習を以下に紹介する（貞閑　1961：36-41）。

（1）講座の内容

足立区婦人学級[8]は，大都市における商店主婦を対象に開設された。はじめ，足立区教育委員会は，「いままでの婦人学級に商店主婦の参加者が少ない」「他の地区で開設をすすめているため手がたりない」という理由で難色を示したという。しかし，「一般対象の婦人学級に商店主婦が参加しにくいのは当然ゆえ」「商店主婦が参加しやすい講座をつくる」「成功を期待せず，失敗したらその理由を考える」「各方面からの協力を得る」という姿勢で開設に踏み切ったという。

テーマは，学習者から希望を聞き次の3つに絞られた。「商店主婦としての時間をつくるには」「お客を地元にひきとめるには」「店員と自分の子どものあつかいかた」である。主婦自身の問題，商店経営の問題，家族の問題まで商店主婦はいろいろな悩みをかかえていたことがわかる。

（2）学習者の意識変容

自分の時間を自由に取ることのできない商店主婦にとって，「主婦の時間」取得は課題であった。「主婦の時間」について，学習者の2人は次のような感想を述べている（貞閑　1961：40-41）。「商店の主婦にとって，（学級に参加したことで）注意しているが，主婦の時間は確かにある。しかしこれはあくまでも商店の主婦としての時間で，自分の時間ではない。いつも頭の中は店のこと，お客のことに気をつかっている。自分の時間といえば，この学級に出てくる時間だけだとおもう。だから，これはおもいきって自分でつくりだす」，「自分の時間は生みだせばできるという自信をえた」などである。これらの感想から，「商店主婦の時間はない→つくらなければならない→おもいきって自分でつくりだす」というように意識変容が生じ，時間づくりのためにも，学級参加の必要性を感じるようになってきたことがうかがえる。

ほかの学習者からも，自分をみつめ，ふり返ることによって，確信がもて「自分の意見がいえるようになった」との感想があり，意識変容の学習が進んでいたものと考えられる。

3．婦人学級　―滋賀県の婦人学級―
　つぎに，池内昭一（2004：171-179）が『新しい婦人学級の手引き』のなかで取り上げている，1957年頃の滋賀県の婦人学級[9]の例をあげる。
　学習計画を立てる際の参考に，できるだけ多くの「なま」の声や問題を取り上げる必要性を述べ，学習過程編成の資料にするようにと紹介している。そのなかから，とくにジェンダーに関する問題を抜粋し，婦人学級のグループ学習の場での問題を取り上げてみる。

(1) 学習者の意識変容
　資料からは，滋賀県の女性たちの悩みや問題の多くを知ることができる。家庭内の人間関係，女性が経済力をつけること，男女同権などさまざまなジェンダー問題をかかえていたということである。現在は核家族の増加に伴い，大家族における嫁としての悩みは少なくなっているが，そのほかの悩みに関しては，2015年現在の女性たちの悩みと相違はない。

子どもの教育問題
　①女らしさがなくなった
家庭内問題
　①夫と姑の間にはさまれて苦しむ妻
　②主婦の仕事をもっと軽減していくには
　③主婦の精神的な重荷を軽くしていくには
　④主婦は誰から小遣いをもらえばよいのか
　⑤嫁の地位をもっと認めてもらいたい，嫁も人間です
　⑥主人が勤めに出ている百姓家では，主婦に非常に負担がかかっている。しかも夫はきたなく働き疲れた妻をすてて外で浮気をしたりする
　⑦嫁いびりする姑にならないためには，今からどんな生き方をしたらよいか
　⑧忍従が主婦や嫁のあり方
　⑨夫や子どものために身を犠牲にするということは果たしてこれからの妻のいき方だろうか
　⑩男の心理を考えよう
　⑪男女同権ということの正しい意味
家庭の経済問題
　①主婦に財布がわたされないで，としよりや男が握っている

> ②主人や働き手に万一のことがあったとき，女手でどうしたらよいのか，今から対策を考えておかねばならぬと思うが

　この学級での学習過程，受講者の感想，成果の資料はないが，ジェンダー問題に関する意識変容の学習が行われていたと捉えることができる。

第3節　第1期の婦人学級の特徴

　戦後の婦人の学習は，家庭生活の場に焦点をおき「話し合い学習」という形式による意識変容の学習として全国に普及し，成果を上げてきたと考えられる。村田晶子は稲取町の「話し合い学習」について，「共同体や家に埋没させられてきた女性の，近代的自我を目覚めさせようとする営みをみることができることを，おさえておかねばならない」と指摘している（村田　2006：52）。さらに加えて，「当時のプログラム作成に関しても，ある一定の社会の関連に拘束されて暮らす人々が，その拘束を解くために可能な行為の方向を，共同の質を高めることによって，相互に意識的に明らかにすることをめざしている」（村田　2006：52）と，これらが意識変容の学習であることを示唆している。

　女性の地位の向上についても，学習が始まった時期であった。三井為友は，農村の主婦が「男女同権や婦人の地位の向上のために，どんなことから始めたらよいか」という質問に返答し，悩みを出し合う「共通のひろば」をもつ必要性を説いている（三井　2004：28）。「共通のひろば」の広場とは，同じ環境で悩みを持つ人びとの学習の場のことである。福尾武彦は小集団学習の役割の一つに「家や職場に社会の非人間的環境からの解放の場」を挙げている。さらに，戦後の新民法により，家庭生活では家長権の廃止や男女の平等均分相続が認められるようになり，女性たちにとっての新しい生活が始まったが，他方では農家の女性の地位の低さも述べている[10]（福尾　1958：25）。

　重松敬一は，婦人学級は共通の場であるにとどまらず，（女性の地位向上のために）働く女性も含めて主婦というあり方，『家庭生活』においての権利と要求が女性問題の底辺に横たわっていなければならないと述べている（重松

2004：287)。専業主婦も働く女性も主婦という立場は共通であり，女性全体の地位の向上をめざしたものと捉えている。

このように，女性の地位向上をめざした戦後の婦人学級は，1955～1956年をピークとして減少傾向をたどっていくことになるが，それはなぜであろうか。三井と田辺信一によれば，それを単に数的な問題だけでなく内容的にもいわゆる「豊かな暮らし」「明るい家庭」「住みよい社会」式のテーマが固定化したことを意味すると分析している（三井・田辺　1967：98）。社会学級と地域婦人会の関係は第2章2で述べたが，中野哲二が貞閑晴子の意見を引用し，「貞閑晴子も地域婦人会の問題として，婦人の地位の向上，生活改善というあいまいな目的ではっきりした目標がないと指摘している」と示唆している（中野　1967：165）。

さらに，婦人学級の受講生の自主性について次のような指摘もある。三井と飯田ひさ代は，以下のように述べている（三井・飯田　1959：30-31）。

　「学習は婦人学級で実践は婦人団体で」という考え方が強くなってしまい，婦人学級から自主性へと発展しなかったことへの危惧を，次のように述べている。多くのものを（稲取婦人学級で）学びとったにもかかわらず，学級生達が，学級の運営やグループの活動に関しては自分たちでやって行こうという気はくがついに生まれなかったのはどうしてか」との疑問を投げかけ，その答えとして①助言者がその役割を充分心得ていなかった為，いつか「教え導いて」しまい，学習者もそれを受ける姿勢ができてしまった，②あまりにも始めからおぜん立てが整い，指導者に恵まれて大切にされすぎたため，甘やかされた結果になった。そして，修了後の態度に関しても（自分は）婦人学級を卒業してしまったという感覚はおかしい。学級に残った人達も，今までの学習を生かして，新しい人達と一緒にグループを育てていくことができなかったということは，自主性が育たなかったという問題に繋がっているようである。

話し合い学習は「自ら考え学ぶ」という自主的，自発的な学習であり，意識変容を促す学習手法である。にもかかわらずこの時期は，多くの女性たちは講座のみの学習でとどまり，婦人学級修了後，自主グループにまで発展しなかったという。だが，承り方式での学習経験しかもたず，話し合い学習は初めての

学習方法であったこと，戦後女性が学習をする機会が少なかったことなどを考えると，講座内で意識が変容したということのみでも成果があった。ただし，性別役割分業観に関するプログラムは少なく，検討の余地があったと考える。

前項で紹介した婦人学級のプログラム内容を検討すると，静岡県の稲取婦人学級では，「生活」をテーマの中心におき，話し合いだけでなく書く・話す・考えることも重要視し，批判的態度や自主性を養っている。東京都の足立区婦人学級では，「主婦の時間を作り出す」ことに視点をあて，自分の意見がいえるようにと意識変容を促している。

理想を掲げてはいるものの，抽象的な内容で，憲法で男女平等がうたわれ，婦人参政権が実現したにもかかわらず，女性の地位向上の根源にある性別役割分業については，まだ学習が始まったばかりであった。西村由美子は，稲取実験学校での実践は，婦人教育において共同学習を確立したと評価されたが，婦人問題解決を理念に掲げる婦人教育の成果は十分に生かされなかったと述べており（西村　1982：151），講座が婦人問題の解決まで及んでいないことが推測できる。

だが，この時期に平井潔は，婦人の自主性をつくるのは自分自身であり，経済的従属が心の従属の根源となるため，女性の自主性の発揮のためには，経済的に独立する必要性がある（平井　1959：32-35）と述べ，経済的自立を主張していることに注目したい。女性の経済的自立への啓発はこの時期からもうすでに始まっていたが，現在でもなお女性たちの問題となっている。

第1期は，憲法で保障された男女平等の考えのもとで，社会教育の分野での学習活動が一気に増加した時期である。そして，婦人学級においては，性別役割分業観からの解放や男女平等を実現するための学習が始まった。

第1期の特徴をまとめると，①母親学級から社会学級そして婦人学級への移行，②文部省委嘱実験社会学級と婦人学級の普及，③話し合い学習・共同学習・小集団学習，④学習の方法：話す・書く・考える，⑤学習テーマは，生活課題を考える，男女平等，性差別からの解放に向けて，⑥自主グループへの発展などがあげられる。

第3章　第2期：高度経済成長期と保育つき婦人学級（1960〜1975年頃）

　第3章は，高度経済成長期に入り，婦人学級の減少に伴い家庭教育学級が普及し，保育つき婦人学級が増加する時期を検討する。

第1節　意識変容にかかわる婦人政策と婦人教育

1．高度経済成長期の婦人政策

　高度経済成長期は，核家族化，少子化が進み近代家族という専業主婦が恩恵をうける家族形態ができ上がる。

　1961年に所得税法が改正され，配偶者控除制度が新設されている。女性のなかで，とくに専業主婦が優遇される措置である。これにより男性たちは企業戦士となり社会で働き，女性は企業戦士である夫を専業主婦として支え，家を守るという構図「男は仕事，女は家庭」ができた。高度経済成長期は，上野千鶴子によれば，「『サラリーマンの夫に家事・育児専業の妻，子どもは二人まで』の都市雇用者核家族が成立し，『近代家族』の実質が日本の大衆の中にようやく現実化したのがこの時期」という（上野　1994：133）。落合恵美子は近代家族の特徴を8つ挙げている。それらは，①家内領域と公共領域の分離，②家族成員相互の強い情緒的関係，③子ども中心主義，④男は公共領域・女は家内領域という性別分業，⑤家族の集団性の強化，⑥社交の衰退，⑦非親族の排除，⑧核家族である（落合　1989：18）。

　高度経済成長期における近代家族の誕生は，新憲法の男女平等の理念とは相反し，性別役割分業観を増長するものであり，この女性の社会進出を制限する制度は，2015年現在においてもなお継続している。

2．高度経済成長期の婦人教育政策

　巷では，戦後強くなったのは「女性と靴下（ストッキング）」ともいわれるようになってきた頃だが，田中美智子は，長い間に培われた古い男女観や家庭観

は，家庭生活，職業生活，社会生活のなかに，今なお根強く残されていると指摘し，女性の地位向上の困難さを指摘している（田中　1970：116）。

　それでは，戦後の混乱期から抜け出て，日本社会が経済発展するなかで，婦人学級にはどのような進展があったのであろうか。教育の受け手であった女性たちは，1955（昭和30）年前後に生じた婦人学級などの小集団学習の経験を通して，自発的な学習活動を行い，発展させたのである（志熊　1990：13）。さらに志熊敦子は，「高度経済成長期に多発した生活課題と結び，家庭変動に伴う家庭教育，消費者，教育，ボランティア学習など，婦人の学習は，もはや遅れた婦人にたいする教育ではなく，自ら学ぶ学習になったのだ」と述べる（志熊　1990：13-14）。婦人学級における女性たちの学びは自発的で能動的な学習へと変化を遂げていった。

　このような状況下の1961（昭和36）年に文部省社会教育局，婦人教育課が創設された。その重要課題は，①学習内容・学習方法の啓蒙的段階からの脱却，②婦人の生活の多様化に即した学習形態の創出，③専門別学習内容（家庭教育・消費者教育・職業教育など）の確立，④婦人教育施設の整備充実などであった。

　1960～1970年にかけては，地域や家庭などにおける具体的な日常生活のなかにおいて，女性たちが感じる不自由さをなんとか解決しようと自主的な学習が活発に行われ，家制度からの解放だけでなく，地域づくりを目的にした学習活動が行われた時期である（神田　2002：12）。女性たちの学習が家制度のみならず，地域社会や職業社会へと展開していった時期でもある。しかし，性別役割分業観については，まだ根強く家庭のなかに残っており，表面上は女性の地位が向上したようにみえても，根底ではさまざまな問題が存在していた。働く女性たちにとっても，職場での男女の労働条件の格差などに象徴されるように，女性の地位の向上にはまだ時間を要する状況であった。

　しかし，これまでの婦人教育（主として婦人学級による教育）は，家庭婦人教育の発想で考えられてきたが，これからは家庭婦人と労働婦人を統一して把握する発想，すなわち婦人問題としての発想が要請されるのではないか（室

1967：192-193）との問題提起もなされた。

　1971（昭和46）年の社会教育審議会の答申「急激な社会構造の変化に対処する社会教育のあり方」では，生涯教育の観点から，婦人教育については，変動社会で特に婦人に起こっている生活課題（主としてライフサイクルの変化）に対応する自己学習と相互学習の必要性が提起された（志熊　1990：19）。このように，高度経済成長期は婦人教育に関しても，社会変動に見合う学習内容が求められたのである。

　この時期，婦人たちの教育水準[11]も上がり，それも学習活動に積極的，自主的になっている要因の一つとなっているといえよう。

　1960～1970年にかけては，結婚後も働き続ける女性より，専業主婦になり家庭に入る女性のほうが多い時期である。第1章第2節の伊藤の指摘のように，主婦の問題は女性全体の問題であり，婦人問題は働く女性も専業主婦も区別なく，全女性の問題と捉えることが必要である。そして立場に相違はあっても，両者の相互理解が女性の地位向上のために求められたのである。

第2節　家庭教育学級の普及と婦人学級

　第1期に普及した婦人学級は，家庭教育学級の増加により減少の道をたどる。1961（昭和36）年に「文部省家庭教育と専門研究会」が発足し，父親，母親対象の家庭教育学級の普及に努める。その根底には，やはり核家族化，進学率の向上による学歴社会への突入，青少年の非行化などにより，家庭教育の重要性が認識されたということがある。家庭教育の振興をはかる基本は，家庭の意義，家庭の機能，その教育的役割についての親の自覚を促し，健全な子どもを育て上げることである。加えての農業人口の減少などにより，それまで生活課題が中心であった婦人学級が家庭教育学級へと移行する。入江宏は，その理由を次のように述べている（入江　1986：16）。

　　昭和36（1961）年，37（1962）年は農業形態が「主婦農業」へと変化し，それまで農業の担い手となっていた主婦は，労働量の増加，労働の質の高度化（機械や新

しい栽培法の導入などによる），さらに村づきあいの重荷を一身に背負わされることになった。さらに38（1963）年，39（1964）年には都市的生活用式の浸透や農業機械導入などによる現金支払増に追われて，農家の主婦自身が他産業へパートタイムへの就労がはじまり，消費生活問題，健康問題，育児・教育問題など新しい学習課題が提起された。

　当時，婦人学級の70％前後が農村婦人学級だったため，文部省は家庭教育の振興に視点をあて，婦人教育の内容の再検討，組織の再編成を行っていく。1964（昭和39）年から市町村において，家庭教育学級を開設することを奨励しはじめる。家庭教育学級は，両親，そのほか両親に代わる年長者などが，家庭で子どもの教育をする場合の心構えや，子どもの扱い方，教育上の留意点など家庭教育上の共通の問題を両親などが勉強する場（藤原・塩　1996：44）であった。表2-3-1の1964〜1967年度までの家庭教育学級数と学級生数の推移をみると，4年間で学級数が8323学級から1万2834学級へと，学級生数も59万7023人から77万9032人へと急激に増加していることがわかる。

　国庫補助学級とは，国が家庭教育学級の開設を奨励するために1964年度から1学級当たりの経費3万円の3分の1（1万円の定額）の補助を行ってきた学級のことである。

　自主開設学級とは，国の補助を受けずに，県費あるいは市町村費により自主開設している学級のことである。

　学習内容は主に「家庭の機能と教育的役割」「親の教育上の責任と態度」「子どもの発達段階と性格形成」「よい習慣の形成」など（迫田　1986：34）があげ

表2-3-1　年度別家庭教育学級数と学級生数

年度	計	国庫補助学級	自主開設学級	男女計	男	女
1964	8,323	7,380	943	597,023	143,999	453,024
1965	10,016	8,097	1,919	696,940	141,593	555,347
1966	11,158	8,441	2,717	722,894	126,393	596,501
1967	12,834	9,795	3,039	779,032	122,050	656,982

出所：文部省社会教育局（1968：110-112）より筆者が作成

表2-3-2　家庭教育学級の事例

	課題	テーマ	家庭教育学級名
1	家庭の教育的機能に関する課題	期待される家庭教育	福島県二本松市大平
2	親の教育上の責任と役割	親の権威，教師の権威	宮城県塩釜市
3	こどもの心身と成長発達に関する課題	こどもの未来像	岐阜県各務市敬恪
4	こどもの性格形成に関する課題	幼児の知能と食物	鹿児島県伊集院町
5	こどもの情操教育に関する課題	読書による人間形成	京都府宮津栗田
6	こどもの純潔教育に関する課題	結婚と夫婦のコミュニケーション	豊島区第1中央
7	文化伝承と家庭に関する課題	米百俵と長岡の教育	新潟県長岡市文化
8	こどもの習慣形成に関する課題	自由と放任	長崎県大島町幼児
9	家庭と学校教育に関する課題	小・中学校教育と家庭教育	福岡県久留米市
10	社会環境とこどもの福祉に関する課題	青少年の非行化について	岩手県水沢市羽田

出所：文部省社会教育局（1967：3-4）より筆者が作成

られる。表2-3-2は，文部省の家庭教育学級の参考事例である（文部省社会教育局　1967：3-4）。

　1970（昭和45）年からは，家庭教育の振興を図るため，各家庭で，具体的に，子どもの教育を進めるうえの問題について，両親などに対する個別相談事業の研究を委嘱（昭和45〜47年）し，その波及効果を測ることを目的として，家庭教育相談事業の委嘱が始められている（迫田　1986：34）。

　以上のように，家庭教育学級が普及した背景には，核家族化，家事の短縮化，人口の都市集中化，学歴社会化など高度経済成長という社会状況の変化が存在した。ところで，家庭教育学級に女性問題の視点は盛り込まれていたのであろうか。昭和42年度に開催された，文部省主催の全国家庭教育研修会のシンポジウムで田村喜代は，家事分担について次のように述べている（田村　1967：20）。

　　母親の就労の問題と関連し，だれもが役割分担をすることができる家事と主婦だけの仕事である「家政」について，もっとそのあるべき姿を描きだしていかなければならない。

母親が働いている家庭では，心身の健康維持，家事についての役割分担，食生活について，それぞれのルールを家庭で確立することが大切である。

内容は，性別役割分業観の払拭のようであるが，子どもに対しての教育であるため，役割分担は「子どもに手伝いをさせる」ということにとどまり，父親の家事分担の必要性まではプログラムに組まれていない。

なかには，東京都豊島区の第一中央家庭教育学級の場合のように，「共働きする場合の夫婦のあり方」との質問に対して，「家事について夫と妻が分担すべきであると思う。家事を妻がすべてやらなければならないとなると，たいへんな負担になる。夫ができるだけ家事を分担して妻が過労にならないよう，いたわることが大切である」と返答をしている女性もいる（文部省社会教育局 1967：140）。だが，「結婚後の共働きはやめるべきか」との質問に対して「女のしあわせは，家庭の主婦業にあると思う。経済的な問題がなければ（主人の収入で十分やっていけるならば）結婚後は家庭に戻るのがよいと思う」との返答もある（文部省社会教育局　1967：139）。夫の収入が少ない場合は共働きし，夫が家事負担をすることがよいと推奨しているのである。しかし，基本的には女性は働かずに，専業主婦になることを奨励しているという矛盾がある。高度経済成長期は政府の政策により女性が専業主婦化させられた時期でもあり，第1期の婦人学級の目的と家庭教育学級の目的には相違がみられる。

真橋美智子は，社会教育における家庭教育学級について次のように指摘している（真橋　2002：203-204）。

1960年代に家庭教育学級開設が奨励され，その後の女性の社会教育の重要な柱となり，家庭の担い手としての女性重視の方向が明確化された。つまり学校教育の段階から，女性は家庭を担う存在であることが強調され，そのための教育が実施されているのである。
　さらに社会進出が避けられない状況の中で，女性の特性を生かす進路が準備され，結婚後も家庭と女性を結び付ける教育に重点が置かれている。

家庭教育学級は，女性たちのライフスタイルが多様化し，女性の地位が向上してきたとはいえ，女性の本来の目的とは離れ，それまでの女性の地位向上のための婦人教育学級とは逆行する学級づくりであった。真橋の指摘からもわかるように，男性社会という枠組みのなかで学校教育の段階から男性によって組み込まれた学習機会であったと考えられる。

第3節　意識変容を促す女性の学習機会の事例

　第2期の学習の特徴は，保育つきの講座に象徴的に表れている。そのため，ここでは託児つきの講座に焦点を当てる。女性のライフスタイルやライフサイクルが多様化し，主婦の職業進出が顕著になった時期である。その理由は，前述のように，経済の変化に伴い産業界の要請で主婦のパート就労が増加したこと，専業主婦が子育て後にパート就労するという，M字曲線型[12]のライフサイクルをたどるようになったことなどである。社会では，家庭責任・育児責任を有する主婦労働者の増加により，家事・育児と職業の調和という課題が論議されるようになる（真橋　2002：196）。社会教育においても，同様の学習課題が提供されるようになり，託児つき講座という形式をとって，女性たちに夜間でも学習参加が可能な講座を開講している。

　上記のような事情から，子どもからの自立に悩む専業主婦や，働く女性のための夜間婦人学級の講座を検討する。

1．市民大学セミナー　—国立市公民館の市民大学セミナー—

　国立市公民館市民大学セミナー（1973）の文献『主婦と女』から，国立市公民館の事例（1971年12月～1972年3月）を紹介する。

　国立市公民館では，婦人問題を見極めていく基点を「育児（母子関係），労働，老い，性」と捉え，この4本柱のもとに，さまざまなかたちで共同学習を続けてきた（伊藤　1981：26）。この市民大学セミナー「私にとっての婦人問題」は保育つきで開講された。メンバー25人は既婚女性で，22～39歳まで，30歳前後の乳幼児をもつ母親であった。子どもたちは公民館の保育室で託児する

という，幼児をもつ母親にとっては学びやすい環境づくりがされている。公民館保育室はただの施設ではなく，母と子がともに成長する権利のシンボルであり，母と子がともに自立を志向する拠点でもあった（伊藤　2001：149）。

（1）講座の内容

学習方法は，あらかじめ用意された詳細なプログラムを設定せず，講義中心でもなく，テキストも定めず，メンバーが自分のことを話し，そのなかから問題をみつけ，自ら問題提起し，互いに受け止め合おうということであった。4つのテーマ，①主婦と老後　②主婦と職業　③夫との関係　④子どもを生むこと，から構成され，各メンバーが1～2のテーマを選びグループで討論した。討論後はレポーターが発表するが，その方法はあくまでもレポーター自身の問題として発表する方法をとった。セミナーでは，毎回録音テープをとり記録し，学習者に配布するなど，各グループでの学習も共有するようにしている。1，2回目の「自己紹介」と「セミナーのすすめ方」で学習者から出たテーマにそって15回で組み立てられている。

（2）学習者の意識変容

学習者はどのような意識変容を生じたのであろうか。以下に4つの分科会での話し合いのなかから主婦と職業，夫との関係について意識変容に関する学習者の感想を抽出し検討することとする。

① 分科会「主婦と職業」

感想のなかには，「働くにしろ，働かないにしろ，母親も自分の世界をもつことが大切」「家事を仕事だとは思っていない，自分の仕事は他にあるはず」，「家事は社会的にもっと評価されてもいい，そうすることが，主婦の自覚を促し意識向上をすすめることになる」「働くことは人間が等しく与えられている基本的な権利。誰もがもてる能力を十分生かし，社会の一員として生きられたら」などがあげられている。

家事はアンペイドワークかペイドワークなのか，議論の焦点の一つであるが，共通しているのは，女性に経済的自立が必要であるということだ。分業と考える女性は主婦業によって収入を得ていると考えており，主婦業は分業と考えて

いない女性も，社会で働くことによって経済的自立を望んでいる。

② 分科会「夫との関係」

感想としては，「どんな相手（夫を含めて）でも，こちらの対応の仕方によって不思議にかわってくるものであるし，それが人間関係であるというふうにも考えました」「男と女がそれぞれ，自分をもったとき，初めて関係ができる」「自分自身にはっきりした主張や要求があるときは，相手もはっきりみえる」「（主婦が職業をもつとき）家事はできるだけ分担したほうがよいと思いますが，家事は分担することを目的にするのではないことを，ふまえておく必要を感じます」「家事の意識と思考過程に及ぼす影響は，分担する方向では問題を解消できるが，解決はできない」などである。

夫との関係については，お互いに精神的に自立したときに良好な関係が成立し，相手も理解できる。家事分担は問題解消になっても根本的な解決にはならないという指摘をしている。なぜ家事分担するのか，そこにはお互いへの深い思いやりと理解ができてこそ家事分担の意味が生きてくる。

講座のねらいは「自立」である。「保育つき」がそれを象徴している。女性たちは，保育室に子どもを預け，子どもと離れることで母子関係をふり返り，子どもからの自立の必要性を自覚するのである。講座修了後に自主グループが生まれている。伊藤（1981：28）は「働く暮らしを支え合う地域のつながりが大事にされ，暮らしのうえの実質的な互助関係を結んでいくとともに互いに働きのあり方，暮らしのあり方について相談したり，批判しあったり，励まし合える間柄が丹念に継がれているようです」と，学習者がその後も学習を継続していることを述べている。

2．婦人学級 ―東京都世田谷区の夜間婦人学級―
（1）講座の内容

木村泰子の文献から夜間婦人学級を紹介する（木村　1988：147-150）。1974（昭和49）年，「働いている主婦の問題について」というテーマで，世田谷区奥沢で初めて開講された。受講生は20人で全員が仕事をもっていた。テーマは

「働いている主婦の問題について」であり，13回のプログラムであった。学習内容は表2-3-3のようである。プログラムから，女性が就労するときの家事についての話し合いが主となっていることがわかる。

受講生の一人は，「『夜に開催されるということでシメタ！と思いながら』も『参加する日は2～3日前からそのつもりで食事のことなどを準備した』り，『職場から息せき切ってかけつけ』，『疲れと自己嫌悪で途中何度もやめようと思った』りしながらがんばって13回の学習に通った」と述べている。

学習者の胸躍る気持ちと，仕事と学習の両立の困難さ，言葉からは見えないが，夜間に学習することについての家族への思いが伝わってくる。

表2-3-3 「働いている主婦の問題」について

回数	学 習 内 容
1回	自己紹介：参加の動機と学習への期待―参加するについての抵抗や壁は何か（自分自身・夫・子ども・他）
2回	職業と，家事・育児・子どもの教育との両立についての不安・疑問を出し合う
3回	「私が働いていることの意義」を中心に労働の意味を考え合う，職業における男女平等について
4回	仕事をもっているためのプラス面・マイナス面について，仕事と生きがいについて考える
5回	いやな仕事，楽しい仕事は何か。女がよろこんで働けないことの内的・外的条件とは
6回	私にとって「しあわせとは」について考え合う。女性の自立，主体性について，家庭・家事について
7回	家事の社会化の賛否について，生きがいはいつ，どんな時にあるか
8回	家事の社会化について，なぜ必要か再び話し合う
9回	今までの話し合いから私は何がしたいか，何ができるか具体的に出し合い，その場の自分自身と周囲の抵抗について話す
10回	「新しい家庭の創造」を読んで，勤労婦人の社会保障，母性保護などについて，ソ連との比較を話し合う
11回	10回の話し合いから得たこと，もの足りなかった点など出し合う
12回	グループの今後について―学習したいテーマ，続けていくことの可能性・役割など
13回	閉級と懇談

出所：木村（1988：147-150）より筆者が作成

（2）学習者の意識変容

　講座における学習者の意識変容を次に示す。学習者の感想に「1週間に1回とはいえ，夜の講座に参加することは大変なことです，主人の帰宅時間が7時半ですから，今までの夕食のペースをかえなくてはなりません」とある。講座は7時に開講された。感想からは，夫の家事支援があったかどうかは見えないが，学習者が，夕食の支度に負担を感じていたことはうかがえる。「家事の社会化」という学習によって，家族の応援が得られたかどうかは定かではないが，「見ず知らずの人々が，各々の生活を話し合い，意見を聞き，何らかの連帯感が結ばれたのではないでしょうか」という感想もあり，話し合い学習によって，女性の問題を互いに確認し共感し合い，共有できたことは第2部で述べるように，学習によって意識変容したと考えられる。それは「確認の気づき」[13]が作用し，前提を根づかせるという作用が働くと考えるからである。

　この夜間の婦人学級は，保育所つきで始められたが，「夜間」であるため反対意見もでている。「働く母親の子どもは昼間も保育園や学童保育クラブで過すのだから，夜まで人手に預けるのはかわいそう」というのが理由だ。だが，働く女性にとって，夜間講座は連帯感が生まれ，共感の場であり，共有の場所であった。

第4節　第2期の婦人学級の特徴

　第2期の女性の学習は，主婦のなかでも専業主婦，働く準備段階の専業主婦，働く主婦の三つのカテゴリーに分けられ，それぞれの立場から家事，子育て，性別役割分業に関する夫との関係などが問題となり，学習によってお互いに共感，共有し合いながら，問題からの脱却を模索しあっている状況が推測できる。

　経済が急激に発展し，それに伴い洗濯機，冷蔵庫，掃除機などの電化製品の発達により，家事労働も軽減され，主婦の余暇時間が増加する。終身雇用制や年功序列というサラリーマン社会で，子どもの高学歴を期待する親も増加し，主婦たちは夫や子どもの世話をしながら年齢を重ねていき，気がつくと生きがいだった子どもは成長して，離れていき孤独を味わうようになり，空の巣症候

群[14]といわれるさまざまな問題状況に陥る。

　このように，女性のライフサイクルが変化しはじめた時期でもあった。1950年代の後半から，少産化，平均寿命の延長による子育て後の長期化，核家族化，電化製品の普及による家事労働時間の短縮化などの要因により，都市に住む女性のライフサイクルも変化した。このような主婦たちの生き方を助けたのが，洗濯機，冷蔵庫などの家庭電化製品の普及であった。多くの主婦たちが，家事の機械化によって自分自身の時間を捻出できるようになったのである。主婦たちの余暇時間が増加しことは，学習活動を活発化させた要因の一つである。

　自分自身のために使える時間が増えたということは，その後の女性の学習にも大きな影響を与えることとなる。1967～1968（昭和42～43）年に開催された文部省の婦人教育専門研究会では，生涯教育の視点から，育児期・学校教育期・子どもの独立期，高齢期などの学習課題が検討され，「婦人のライフサイクル学習」や「家庭の生活設計学習」が活発になってきていることがわかる（志熊　1990：22）。学習のための時間をもてるようになったこと，すなわち豊かな生き方に通じることであり，女性の地位の向上のためには必要な条件であったといえる。

　保育つきの講座も普及してきた。国立市公民館の学習者の一人である渡辺行子は，「実際に子どもと離れた時間と場を持つということが，公民館で学ぶことの，まず第一の学習であったような気がします」と語っている（渡辺　1973：200）。講座での学習は，専業主婦にとっても働く女性にとっても，「子どもからの自立」は「自分の自立」のための学習でもあり，共通な悩みをもつ仲間との出会いの場，居場所でもあった。

　だが，一方では，家庭教育学級の振興で婦人学級が衰退していくという現象も現れてきた時期である。

　第1期と第2期の相違は次のとおりである。第1期の女性たちは講座修了後に学習の継続・発展までは及ばなかったのに対して，第2期では講座修了後も自主グループを立ち上げ，または働きながら関係をつなぎ，学習活動を継続していたのである。

第2期の特徴をまとめると，①保育つき学級と家庭教育学級の普及，②地域づくり，③女性問題の統合（家庭婦人＋労働婦人），④女性の自立意識のめばえ，⑤女性のライフサイクルの変化，⑥自主グループへの発展である。

第4章　第3期:「婦人学級」から「女性学級」へ（1975〜1990年頃）

　第4章は，第二波フェミニズムの影響で国際的に女性の地位向上のための施策が打ち出される時期である。女性センターも各地に開設され「婦人学級」から「女性学級」へと名称が改名する時期を検討する。

第1節　意識変容にかかわる女性政策と女性教育政策

　本節では，女性たちの意識変容が活性化した国際婦人年以後から1990年頃までの女性政策と女性教育政策，それに伴い普及した女性センターについて述べる。

1．国際婦人年から1990年頃までの女性政策

　アメリカで起こった第二波フェミニズムは，少なからず日本女性にも影響を与え，女性たちは徐々に経済的自立や自己決定権を主張するようになっていくのである。1970年代は，日本のフェミニズムが社会的に浸透しはじめた時期であった。以後，国際婦人年を経て国内では女性の地位向上のためにさまざまな活動が行われるようになる。

　1975年に婦人問題企画推進本部設置，総理府婦人問題担当室が設置された。それまでの婦人少年局から分離し，婦人に視点があてられるようになる。同年，特定職種育児休業法が成立する。この法律の対象者は，義務教育諸学校の女子教職員，医療施設や社会福祉施設などの看護婦，保母などに限られており，全女性たちのための法律ではなかった。だが，「働きながら子育てをする女性への支援がここに始まった」という意味では，意義のある法律であったといえよう。1977年には，第1回世界女性会議，その後の10年間の活動を受けて「国内行動計画」が策定され（1977〜86年），同年，埼玉県に国立婦人教育会館が開館される。

　1979年に世界の女性の憲法ともいわれる「女性差別撤廃条約」が採択された。

その第10条には，教育における男女の固定化された概念の撤廃，男女同一カリキュラムが示されている。1980年に日本は「女性差別撤廃条約」に署名している。この後，1981年5月に婦人問題企画推進本部が，婦人に関する施策の推進のための「国内行動計画」後期重点目標を決定する。そこには，「女性差別撤廃条約」批准のための法整備を行うことが明記され，具体策の検討が義務づけられたのである。そして，1985年に日本が「女性差別撤廃条約」を批准する。この批准は，日本女性にとって大きな意義があるといえる。同年「男女雇用機会均等法」が公布され，翌年の1986年に施行される。これを機に日本の女性政策は具体化していくのである。

　1987年，婦人問題企画推進本部は，「西暦2000年に向けての新国内行動計画」を策定する。働く女性にとっての政策が進むなか，一方ではサラリーマン家庭の専業主婦に対する優遇措置も行われていく。9月に所得税法が一部改正され，配偶者特別控除制度[15]が創設されるのである。これは，以前から制度化されている配偶者控除制度[16]と合わせて専業主婦にとっては税制度の面で有利な法律であった。さらに，政府は専業主婦のみを対象とした第3号保険の優遇制度を設け女性に家事や介護を担わせ，男性たちには社会で活躍する企業戦士として期待した。このようにサラリーマンの妻がこれらの優遇措置の恩恵を受けることで，家計の負担は減少したのである。それから28年たった2015年現在でもその制度は存続し，税制度による働く女性と専業主婦との格差は解消されていない。

　だが，専業主婦への優遇措置は，逆に女性が家事や介護の負担を負う，もしくは仕事の時間量や職種を狭めることになるという，新たな女性問題を表出している。つまり，子育てや介護は女性にゆだねられ，一見財政面では有利と思えるが，女性の地位向上に対しては，決して有利な制度ではないのである。核家族，専業主婦，企業戦士という構図によって，子育て中の女性にも問題が生じ，三歳児神話[17]の刷り込みで，育児不安に陥る母親もでてきた。さらに，子育て期から解放された女性たちにも，新たな問題として介護負担がのしかかった。

1991年「育児休業法」が公布され，1992年に施行される。子育てをしながら仕事を継続できるよう，子どもが満1歳になるまで，男女ともに取得できる育児休暇である。この法律は1975年の一部の職種の女性たちが対象であった特定職種育児休業法と違い，働く女性の増加に伴い働く男女全員が対象である。
　しかし，女性たちの生き方を変えることは難しい。当時，末包房子（1994）は，専業主婦の経済的自立への願いを込めて『専業主婦が消える』を出版したが，果たして女性たちに経済力がついたのであろうか。その根底となる性別役割分業観が変化したのであろうか。末包の主張後，20年もの年月を経てもなお女性問題は解決されておらず，女性たちの生き方や意識変容の重要性が問われているのである。

2．国際婦人年から1990年頃までの女性教育政策

　1975年は国際婦人年であり，それ以後の10年間で日本の婦人問題への対策は大きく前進する。神田道子は1970年代以降の婦人問題に関する特徴を，①国および地方自治体が広範囲にわたって展開し，かつ長期的，総合的計画に基づいて進められている，②性別役割分業の問題性が共通して指摘され，その変革を基本的課題としている，③婦人問題の対象であり，性差別を受けている女性自身の性差別意識や性別役割分業観の変革の3点であると指摘している（神田1980：279）。以前の婦人問題では，性別役割分業を直接の原因とする捉え方は弱かった。しかし，神田の記述にあるように，第3期ではその変革が基本課題とされたこと，そして女性自身の意識，態度にある婦人問題を解決することが重要視されたのである。
　子育てや介護が女性にゆだねられている，という家庭での性別役割分業観，職種差別やセクハラ問題などの職場での問題は，主婦に限らず女性全体の問題，女性の地位に関する問題となってきたことが，第3期の女性問題の特徴である。
　文部省社会教育局から発行された1969年度の『婦人教育の現状』においては，「婦人はおもに家庭にあって，居住する地域で昼間人口の大部分を構成する存在として，地域における新しい連帯意識や地域活動の形成を推進する中心的役

割を担っており，地域社会の発展に寄与する婦人の市民活動やボランティア活動の推進が今後いっそう期待される」とある。これは地域とのつながりを重視し，そこでの社会参加を促していると捉えられる。さらに，1970年代婦人教育の視点は，婦人の「能力開発」「自己実現」の方向が大きく打ち出され，婦人の自立の問題が大きくクローズアップされてきたことである（山本　1982：45）。

　社会教育行政においても，国際婦人年以来，都道府県，指定都市などにおいて，婦人問題に関する窓口の設置要求が高まってきた（浅野　1982：186）。そして婦人教育施策としても，従来の学級・講座のほかに，家庭教育テレビ番組放送開始（1970年）などのマスメディアの利用，婦人教育相談事業研究の委嘱開始（1975年），さらに同年の第1回婦人教育施設研究協議会の開催，施設活動の重視など，いわゆる多様化時代が形成され，それまでの"集まる，集める学習"という万能の時代は過ぎ去ったのである（日高　1983：47-48）。女性問題は一部の女性だけではなく女性全体の問題であり，時代の多様化に応じて婦人問題学習も地域参加活動やボランティア活動と，多様化してくるのであった。

3．女性センターの普及

　国際婦人年や「女性の10年」の期間に，女性の学習の場であり地域の女性問題解決の場でもある女性センター（婦人会館）[18]が，各地で設立されるようになった。女性センターの設立は，地域ごとに異なる問題や施策を顕在化する女性に，学習・社会活動の場を提供することによって役割を果たし，女性の主体形成，意識啓発や，活動の拠点となった。しかし，これら女性センターなどの女性に関連する施設は，地方の条例や設立年代によって目的や傾向は異なっている（辻　2001：163）。

　まず代表的な施設として，国立ではただ一つの婦人教育施設である国立婦人教育会館が1977（昭和52）年に創設され，女性たちが学習によりエンパワーメント[19]するための中心的な拠点となった。これが全国の自治体の女性センター設立の引き金となったのである[20]。その設立目的は，文部省組織令第81条により，婦人教育の振興を図るため，婦人教育指導者そのほかの婦人教育関

係者に対する実践的な研修および婦人教育に関する専門的な調査研究を行うことである（大野　1990：61-62）。それまで，主に公民館が主体となり婦人の学習を支援してきたが，国立婦人教育会館は，研修・交流・調査研究・情報などの機能を備え，外国からのゲストや学習者の受け入れ態勢も整えた，日本の婦人教育施設を代表するものであった。

　国立婦人教育会館では，1978年8月に初めての国際女性学会主催の国際会議を開催している。この会議で日本の「主婦性」が明確化されている。アメリカと日本での「主婦」に対する評価の相違が浮き彫りになったのである。当時のアメリカでは，単に主婦であるということは，「つまらぬ」「とりたてて能のない」「退屈な」女であるという意味合いが強く，一種の蔑称であり，一方日本で主婦は，女の中の女，女のあるべき姿であり，ほかのいかなる役割に対しても優先される女の役割であった（目黒　1980a：110-111）。日本女性の場合，主婦役割が，役割セット（個人が社会のなかでもつ複数の役割の束）の核となり，ほかの役割がその周囲を取り巻くかたちになる。それは医師，弁護士，大学教授などの専門的な職業をもつ日本女性についてでさえもいえ，日本女性はすべて「主婦」である（目黒　1980b：160-161）。その後，国立婦人教育会館では，世界的規模での女性学の台頭により，「女性学講座」を開設し普及につとめる。その理由としては，女性の自立や主体的な生き方をめざす性別役割分業変革の動き，婦人問題解決が国際的な課題となり，行政でも積極的な取り組みが必要とされたことなどがあげられる（亀田　1990：44）。

　婦人教育施設は1988年には国公私立で204館設立され，その目的は多岐にわたり，婦人会館の多様性を示すとともに，女性の学習活動の広範囲性も表している（大野　1990：61）。神奈川県には，1982（昭和57）年藤沢市江の島に婦人総合センターが設立された。1991（平成3）年には，かながわ女性センターと名称変更している。1988年には，横浜女性フォーラムが戸塚市に開館した。このころから「婦人」の名称から「女性」の名称を使用する団体や施設が増えていくようになる。婦人会館や女性センターが設立され，女性たちの学習機会も拡大し，「女性学講座」，「女性大学」などと称する講座が普及し，国際的な

「女性学」という波が日本にも押し寄せてきた時期である。

第2節　意識変容を促す女性の学習機会の事例

　この時期は，1986年に男女雇用機会均等法が施行された時期でもあり，大学では女性学講座が増加し，社会教育施設においても，女性学講座は全国的な広がりをみせるようになる。さらに大学と社会教育が連携した講座も開講されるなど，各地で女性の学習が行われるのである。しかし，「女性学」という名称は，一般女性たちにはまだ抵抗があったようで，社会教育関係者のなかには「徐々に行っていかなければ…」という声もあがっていた。当時は，日本各地で婦人問題の講座が開講された講座記録は多く残っているが，学習者の意見や感想を記述した記録は少ない。ここでは，東京都葛飾区亀有社会教育会館，神奈川県川崎市と日本女子大学との連携講座「ウィメンズ・ライフロング・カレッジ」を事例として取り上げる。

1．婦人学級　―東京都葛飾区の婦人学級―
（1）講座の内容
　はじめに，与儀睦美の文献を参考に葛飾区の婦人学級を紹介する（与儀2000：110-111）。

　1988年，亀有社会教育会館で主婦の問題を正面から取り上げた，「女性のためのニューライフセミナー　―見つけようこれからの私―」が開講された。目的は，女性史や女性の現状を学んだうえで，さまざまなかたちで社会参加している人たちの話を聞き，「主婦」というカラを破って生き方を見つけることである。プログラム（表2-4-1）は，11回の内容で，婦人問題のほかに環境問題学習も取り入れ，自然食レストランやリサイクルショップ見学も行った。毎回のテーマは「女性の生き方，これまでとこれから」「"主婦"って何」など，主婦である自分を見つめ直し，「親と子のいい関係―ともに自立して―」「女の視点で仕事をつくる」など，家族や社会とのかかわりを通して自分らしく生きることをねらいとしている。参加者は約50人である。当時，社会教育主事補で

表2-4-1 女性のためのニューライフセミナー —みつけようこれからの私—

回	テーマ（1998年）
第1回	頭と体のリラックス
第2回	女性の生き方，これまでとこれから
第3回	親と子のいい関係—ともに自立して
第4回	キラリ個性—私の社会参加
第5回	女の視点で仕事をつくる・見学会
第6回	女の視点で仕事をつくる・報告会
第7回	"主婦"って何
第8回	みつめよう，本当の自分
第9回	女の目で見た社会
第10回	これからの私—グループ討議—
第11回	自分らしく生きる

出所：東京都婦人学級史研究会（2000）により筆者が作成

あり講座を担当した与儀睦美は，活気のある講座だったとふり返っている。プログラム内容は表2-4-1のとおりである。

（2）学習者の意識変容

　講座は，知識を得ることが目的ではなく，他者との関わりの中で自分自身を見つめなおし，生き方を考えることが目的だったという。参加者の感想にもそれが表れている。

　参加者の感想は，「あらためて女性の生き方，考え方を教えられ，根っこの部分を見つめながら相手の話を聞く耳をもちたい，と思いました」「子どもだけに目を向けるだけでなく，自分自身の生き方として，広く地域社会に目を向けて生きていきたいと思いました。生きることの素晴らしさが，少し見えてきたような気がします」とある。自分自身を見つめ地域参加への意欲や気づきがみられる。

　与儀睦美は「講師の話からよりも，仲間である参加者の発言からハッと気づく方が多くみられます」（与儀　2000：114）と述べ，話し合い学習が気づきを促すために重要な役割を担うことを示唆している。

2．ウィメンズ・ライフロング・カレッジ
―日本女子大学と神奈川県川崎市による連携講座―

　日本女子大学と川崎市教育委員会による連携講座は1989～1991年までの3カ年にわたった講座である。同年文部省が「婦人の生涯学習促進事業―ウィメンズ・ライフロングカレッジ」を開始し，「ウィメンズ・ライフロング・カレッジ」という名称の講座は，全国で開講されている。しかし，日本女子大学の女子教育研究所の研究者たちと川崎市の職員とが，綿密に企画検討し開講した学社連携による「ウィメンズ・ライフロング・カレッジ」は全国でも先駆者的な講座である（川崎市教育委員会・日本女子大学教育研究所編　1990・1991・1992，日本女子大学女子教育研究所　1993）。

　発足にあたって一番ヶ瀬康子は，三つの意味を述べている。第一に，日本女子大学の創立者で女性の生涯学習に力を注いだ成瀬仁蔵[21]の意思を継いで日本女子大学女子教育研究所は，1964年から生涯教育に資すべく研究実践を重ねてきたこと。第二に，地域に開かれた大学のあり方とともに，社会教育，生涯学習のあり方がどのように結びつきながら，新たな展開を始めるかという実践を試み，ここから何かの結論を見いだすことが，相互にとって意味のあること。第三は，生活学というテーマを選んで，改めて社会教育，女性の生涯学習の展開にのせること自体に，一つの想いをかけたことである（一番ヶ瀬　1993：2-3）。

　文章には，成瀬仁蔵の意思を尊重し，新しい学社連携の形式を模索しながら女性の生涯学習を推進する想いがうかがわれる。前例のない試みであっただけに，それに対する期待だけでなく，成功への意気込み，熱意がおおいに推察される言葉である。

（1）講座の内容と学習者の意識変容

　今回のテーマである「生活学」の実践，つまり日常の暮らしのなかの視点で社会をトータルに見つめることは，講義中心の「承り学習」にとどまらず，学習者自身がものごとを見つめ，発見して，考えるという学習の行為を集団で主体的に進めることであった（川崎市教育委員会・日本女子大学女子教育研究所編

1990：80)。地域の行政と大学，地域社会に根づいた生活者が，生活学を学ぶという女性の学習のあり方は，一つの学社連携[22]のモデルであり，この時期に特筆すべき新しい女性の学習方法でもあった。

3年間のプログラム内容は，1年目'89ライフォロジー（生活学），2年目'90ライフォロジーの展開，'91ライフォロジー（生活学）の探求で，表2-4-2のとおりである。

① 1年目：'89ライフォロジー（生活学）[23]

1年目，1989年の講座は15回で構成されている。内容は大学教員の講義が6回，ゼミナール4回，課題別グループ研究3回，シンポジウム2回である。課題別グループ研究のテーマは，「とげぬき地蔵ウォッチング」「高齢者施設ウォッチング」「いのちの電話ウォッチング」「子どもの塾ウォッチング」「情報ウォッチング」「日常ゴミの行方ウォッチング」と高齢者，子ども，環境問題などと多様である。

■学習者の意識変容

男尊女卑の古い家庭環境で育ったAさんは，受講当初は講座内容に違和感と少しの反発があったという。しかし学ぶにつれて『生きることは学ぶこと』という講師の言葉で考えが少しずつ変化し，「『自立』の本当の意味や『主体的に生きる』ということが，私の考えていた利己的なものでなく，家庭や地域に根づいたもので，まわりを考えたものでなければならないとわかった時『あーそうだったのか』と，それまでのこだわりがスーッと消えたのです」と述べている。そして，この講座はAさんに学ぶ楽しさ，生きがいをもつ大切さ，主体的に生きることの喜びを教えてくれたという。男尊女卑の環境で育った場合，短期間の講座で性別役割分業観の変容はしにくい場合が多い。しかし，主体的に生きることは，わがままや利己的なことではなく，他者への配慮や思いやりが必要である。そこに気づいたAさんには，価値観が覆されたような変容が生じたといえるのではないであろうか。

講座で「無」である自分を「有」にする，つまり「自立」というものを教えられたと述べるBさんは，老人ホーム見学後に次のように語っている。

表2-4-2 ウイメンズ・ライフロング・カレッジ3年間のプログラム

回数とタイトル	'89ライフォロジー（生活学）	'90ライフォロジーの展開	'91ライフォロジー（生活学）の探求
1	「生きること　学ぶこと」これからの進め方	開講式「学びによって高める人生」	開講式　開講の辞シンポジウム「今，川崎を考える」
2	ライフォロジー（生活学）を学ぶ	今，生活学を　①ゼミナールを含む	生活学と地域研究―課題別グループ編成―
3	ライフォロジーの考え方「とげぬき地蔵のフィールドワークから学ぶ」	オリエンテーションこれからの学習のために	地域調査の手法
4	生活史を問う	今，生活学を　②ゼミナールを含む	地域の生活者としての自分
5	母の人生と私の暮らし	マンガを通して見る生活学	地域生活史の諸問題
6	主体的に生きるとは～家族・地域との関わりで～	自分史を問う　①ゼミナールを含む	課題をめぐっての討議と助言
7	考えてみよう　わたしたちの生活	「地域生活を考える」・高齢者の地域生活・日本の生活について	課題別グループ研究　①
8	自分らしく生きるために	自分史を問う　②ゼミナールを含む	課題別グループ研究中間報告　①
9	「いま　川崎の女性たちは」	課題別グループ研究　①	課題別グループ研究中間報告　②
10	課題別グループ研究（1）	課題別グループ研究　②	課題別グループ研究　②
11	課題別グループ研究（2）	公開シンポジウム「川崎はいま」フリートーク	共生の地域づくり
12	課題別グループ研究の報告・情報交換・コメント	課題別グループ研究　③研究発表・情報交換・講評	課題別グループ研究　③
13	高齢化社会における生活とは	生涯学習社会を生きるゼミナールを含む	課題別グループ研究発表と講評交流会

14	どうする　わたしたちの老後	今，女性に求められるもの 閉講式	学びをつづけるために
15	生涯学習への出発		閉講式　閉講の辞 ウイメンズ・ライフロング・カレッジを終えるにあたって

出所：川崎市教育委員会，日本女子大学教育研究所（1990,1991,1992）より筆者作成

「もち続けた目標を見失うほど，流れの早い時代に，若者でさえも自分のことで精一杯である。ならば自分の『高齢化社会』は自分で築こうと。具体的にボランティア活動を通して現実を認識し，45歳位をめどに2年ほど専門学校で勉強したいと考えている」と講座修了後の目標をもつまでになっている。短期間の学びで具体的な目標を掲げることは難しい。だが，Bさんの気づきはAさん同様に「自立」の重要性に気づき，具体的な目標まで見つけることができたので意識変容が起こったといえる。

② 2年目：'90ライフォロジーの展開[24]

2年目の特徴は，自分史を書いて自分自身をふり返る学習を行い，ゼミナールを含む講義を増やし話し合い学習に重点をおいている。課題別グループ研究のテーマは，高齢者施設を見学し，長寿社会の現状としくみを理解する「高齢者施設」，50歳以上の女性の服装ウォッチング「高齢者のファッション」，小・中学校の保健室の実態を通して，子どもの発達実情を探る「子どもの教育」，子育てをしながら仕事もしてきた女性にインタビューをし，今後の方向を探る「21世紀の女性像」，新聞5紙の比較と川崎支局訪問から，メディアとしての新聞の役割を考える「新聞の情報」，アニメの人気の秘密を探る「ちびまる子ちゃん研究」である。子育て中の女性にも参加可能なように，2年目から託児室を併設している。今回は宿泊学習も行った。

■学習者の意識変容

Cさんは，開講式で当時日本女子大学の学長であった青木生子氏が語った言葉，「生きることは学ぶこと」「学ぶとはよりよく生きること」が正確に理

解できなかったという。だが，学習によって「毎日の何気ない暮らしや人間関係の中に，学習材料があることを知った。今まで日常と学問とは，まったく別世界であると思っていた私には，大きな発見だった」と述べており，気づきがみられる。Dさんは，夫になかなか宿泊学習のことを言い出せなかったようだ。しかし，思い切って話してみると，夫から以外にも「うん，いいよ」とあっさりした返事が返ってきて驚いたという。このカレッジをとおして「娘の予想以上の成長と，日頃私には無関心だったと思っていた夫のやさしい一面が発見できたこと，そして自ら動くことによって，まわりを変化できると実感できたことが，大きな成果ではなかったかと思うのです」と述べている。Dさんも家族に対しての気づきがみられる。宿泊学習をなかなか言い出せなかったDさんは，自分が変わることで相手が変わることを学び，つまり，それは講座の狙いの一つである，自発性，自立性が身についたといえるのである。

③ 3年目：'91ライフォロジー（生活学）の探究[25]

集大成である3年目の1991年のテーマは「生活学の探究…地域の生活者としての実践…」である。真橋（1992：91）は新しい地域の生活者としての女性の活動について「従来の役割分業型の生活者ではなく，仕事，家庭，地域活動のバランスのとれたトータルな人間としての生き方を実践する主体的な生活者であると思います。こうした主体的な生活者同士が支え合って初めて『共生の地域づくり』が可能になってくるのだと思います」と述べている。企画委員は，2年目の受講生からさらに2名加わり市民代表の委員は5名である。今回は，課題別グループ研究に重点をおき，実践学習中心の講座となっている。

講座企画にたずさわった西山和美は，「受講生が暮らしのなかで感じていたことを，何度も何度も講座のなかで問うかたちを取ることで，学習者自身の課題を言葉にし，外部に表現し，課題ごとの小集団グループに分けることもできた」と述べ，さらに，課題テーマや内容は，生活者体験・知恵・情報から決めたという（西山　1993：102）。

■学習者の意識変容

　3年間の学習を終えて，ライフスタイルを変えた学習者がいる。高齢者施設のウオッチングをして『老人給食ボランティア』をはじめた人，地域の女性の活動を調査し「『'92あさお女性ネットワークブック』を作成した」，「生田緑地植生調査ボランティアになった」，「ゴミを考える市民の会に入り，『ゴミ減量・リサイクルチェック』をまとめた」，「『農のある街づくりを考える会』をつくった」，「社会教育指導員になった」などと，学習を生かして様々な分野で活動している。学習者は意識変容し行動変容にまで及んだのである。以上のように，日本女子大学と川崎市の連携講座は3年間で終了する。大学と地域を結び，生活学を基盤とする学社連携講座は，学習者たちに多くの成長をもたらした。

第3節　第3期の女性学級の特徴

　高度経済成長期以後，女性たちのライフサイクルは変化し，とくに第3期は女性たちが，余暇時間を利用して活動を拡大した時期でもある。山本和代は，1981（昭和56）年の女性のライフサイクルを，昭和15年当時と比較し，違いを次のように述べている。①就学期間の延長により，平均結婚年齢と第一子出生時の母親年齢が遅れてきた，②出生児の減少により，長子と末子の出生間隔が縮小した，③末子の就学年齢が早まり義務教育終了時の母親の平均年齢が40代前半と若くなっている，④高齢期が長くなり，男女の平均余命や結婚年齢の差からみて，寡婦の期間が平均8年近くあると推定される（山本　1983：12）。このように，家族構成と子育て期間の短縮により，女性はそれまでの家事，子育て時間などが余暇時間に割り当てられることになり，豊かな学習時間を得ることができる状況になってきた。戦後まもない婦人学級での学びの時代と比較すると急激な変化である。そして，家庭の外で行われる学習活動に，多くの女性が参加するようになった背景には，家事・育児・子どもの教育問題など，家庭内における女性の地位の向上があった（神田　1981：14）。

　さらに，余暇の増加と家庭内での発言権の強化に伴い，女性たちはパート就

労や地域活動を行うようになっていった。家庭内の仕事を疎かにしなければ，社会活動への参加を認めるという男性たちが増え，この傾向が女性の学習拡大に影響してきたのである（神田　1981：15）。しかし，このように女性にとって，十分な時間が確保される時代だからこそ佐藤和夫は，女性たちに二つの課題を提起する。一つは，家族とともに生きること，もう一つは，家族に依存しない生き方をさぐることであり，このまったく反対と思えるあり方が同時に要求されるところに現代という時代の特質が浮かびでてくる（佐藤　1985：49）。家族とともに生き，生活するという関係性をもちながら，個としての自分を大切にし，いずれは親離れする子どもから自立する人間になっていくことの大切さを説いている。

　この時期はとくに女性のライフサイクルのなかでも，「第三期の女性」の学習に焦点を当てて語られるようになってきた。女性たちのライフサイクルをみたとき，関口礼子は4つのライフステージに分類している。①第一期：自分の成長・教育期，②第二期：次世代の養育期，③第三期：次の世代の育成義務からの解放期，④第四期：老後である（関口　1975：35）。「第三期の女性」は，女性の平均寿命が延びたことで，子育て後も自分自身の時間を自由にもてるようになり，それまでの母や妻役割に没頭し，自分を表出できなかった時代から，一人の人間として，個の存在を大切にする生き方を嘱望する女性たちが増加したのである。

　第三期の女性は，どのような学習活動を行うようになったのであろうか。藤原（1984：5-10）は講座で学んだことを地域活動やボランティア活動で実現することが大切であると指摘する。実際に地域活動でその学習を生かす女性も多いが，それ以上に，パートタイマーで就労する女性たちは圧倒的に多い。女性がパート就労する理由には，自分の学習活動の費用の捻出，能力の発揮などがあげられる。社会で女性が能力を発揮するためには，家庭内での家事分担の協力や社会構造改革が必要である。しかし，女性の就労意欲は，現在おかれている状況を前提としてのことである（神田　1987：106）。つまり，今までどおり家事は女性が担い，「家庭を犠牲にしない程度や範囲で働く」という就労形態

である。ライフサイクルの第三期女性は，自分の時間をもつようになったが，女性の行動様式を規制してきた，戦前以来の伝統的な良妻賢母の精神は，なお女性自身の意識のうちに，また世間の女性に対する役割期待のうちに，根強く残っている（天野　1979：25）。天野が指摘するように，それまで家庭で家事と子育てという，性別役割分業に勤しんできた女性にとって，第三期の到来は厳しい現実でもあるのだ。その結果，子どもの自立により，空の巣症候群や不定愁訴[26]などによる，自信喪失と行き場のない悩みや困難が女性たちをとりまき，鬱状態になる人も少なくなかった。

　それでは，そのような状況を脱却する方法があるのだろうか。もちろん，第三期の女性を受け入れる就労場所や学習機会など社会的なサポートも必要であろう。しかし，それらに多くは望めない。大切なのは第一期，第二期の頃から，第三期を見据えて行動をおこしていくことだと考える。養育期の終末を迎えたら，どう人生を過ごすか人生設計をしておくことである。だが，第三期の過ごし方が，子どもから，夫から，家族から自立した女性となるための，その後の人生，老後の豊かさのために問われるのである。

　国際婦人年は日本の社会教育にも多大な影響を与えた。国立婦人教育会館の設立や女性センターの普及，そして女性学の登場により，能力開発や自己実現にむけて意識覚醒された女性たちも少なくない。女性の平均寿命が延びたことで，子育て後に余暇時間がもてるようになり，改めて自分を見つめ直す学習機会も増えた。育児中の女性にとっては，保育つき講座の登場で学習機会が広がりつつあり，その一方では介護を担う女性の問題も浮上してきた。第三期の女性たちには，パート就労復帰という道も開け，市民活動やボランティア活動に参加する女性たちも現れはじめた。学社連携による学習機会も設けられ，女性たちにとっては，学習を通した活動の幅が広がりはじめた時期であった。

　第3期の特徴をまとめると，①女性学の普及，②学社連携，③第三期の女性の学習，④市民活動・ボランティア活動の普及，⑤ライフサイクルの変化と余暇時間の増加による学習時間の増加，⑥女性センターや婦人会館などの婦人教育施設の普及，⑦自己実現（能力開発）を希望する女性の増加，である。

第5章 第4期：男女共同参画社会と女性の学習機会の拡大（1990～2000年頃）

　第5章は，男女共同参画社会にむけて，男女共同参画社会基本法（以下，基本法）も施行され，多くの女性センターが男女共同参画社センターと改名し，女性の学習機会も社会教育施設での学習のほかにNPO法人の活躍も目立つ時期を検討する。

第1節　意識変容にかかわる政策と女性教育政策

　本節では，基本法設立にむけての政策と女性教育政策および男女共同参画センターについて述べる。

1．男女共同参画社会基本法の成立にむけての政策

　1991年，総理府（現・内閣府）に「婦人問題企画推進本部機構に関する検討会」が設置され，検討委員のジャーナリストで国連・婦人の地位委員会日本代表の有馬真喜子，総務庁次官を務めた古橋源六郎が，非公式に男女共同参画社会基本法作成の話し合いをしたという[27]（鹿嶋　2003：6）。これにより，1994年には，総理府婦人問題担当室が，内閣総理大臣官房男女共同参画室と命名され，男女共同参画推進本部，男女共同参画審議会が設置され，基本法成立に向けての実質的な出発点となった。この審議会は男女平等参画社会の形成に向けての総合的ビジョンに関して内閣総理大臣から諮問を受けた。

　それでは，「男女共同参画」[28]という言葉は，いつ頃から使われ始めたのであろうか。男女共同参画室の初代室長である坂東眞理子によると，1991年4月10日の婦人問題企画推進有識者会議の提言で使われたのが最初で，それまで使われていたparticipationを「参加」と訳していたが，ナイロビ将来戦略のなかで使われたfull participationを「共同参画」と訳したという。提言は「男女共同参画型社会のシステムの形成」「変革と行動のための5年」と題して本部長に報告された。これを受けて本部は1991年5月30日，「西暦2000年に向けて

の新国内行動計画（第一次改定）」を決定し、「共同参加」が「共同参画」に改められることになる（坂東　2004：115）。

　1995年に第4回世界女性会議（以下，北京会議）が開催され，その後政府による男女共同参画の取り組みが進んでいく。それは，この会議が女性のエンパワーメント促進をうたい，その促進のために「北京行動綱領」で各国に女性の地位向上のためのジェンダーの視点を盛り込んだ政策を求めたからである。行動綱領には，ジェンダーの視点から教育を見直し，教育の再生産の変革を促す，ジェンダーに敏感な教育システム（gender-sensitive educational system）の構築が提示されている。同年，育児・介護休業法も成立している。

　1996年には，「男女共同参画ビジョン」答申が出された。男女共同参画ビジョンとは，まず人権尊重の理念を社会に深く根づかせ，真の男女平等の達成をめざすものであり，この答申は，女性と男性が，社会的・文化的に形成された性別（ジェンダー）に縛られず，各人の個性に基づいて共同参画する社会の実現をめざすものである。それまでも政府は女性の地位の向上に関しての計画を策定してきたが，ビジョンには第1部から第3部まで新しい主張が出された。

　当時，男女共同参画会議専門委員だった大沢真理は，このビジョンは画期的なものだったと後日語っている。とくに第2部の「性別による偏りにつながる制度・慣行の見直し・検討」に関しては，制度・慣行の「性別による偏り」を通じて「固定的な性別役割分担の考え方」を肯定する意識が形成されること，これらが問題として認知されたのであると評価している（大沢　2002：47-48）。それまで性別役割分業観を問題視することは，良妻賢母批判と，捉えられがちだった。しかし，公の施策として認知されたということは，女性の地位向上のために画期的なことであった。

　政府は男女共同参画ビジョンを受けて，2000年までに実施するプランである「男女共同参画2000年プラン」を策定した。それには男女平等教育を推進するため，学校教育にむけて，「学校教育全体を通じた（男女平等）指導の充実」「教科書や教材における配慮，教員の養成・研修面での充実の一層の推進」「大学においてジェンダーに敏感な視点が組み込まれるよう，また女性学・ジェン

ダー研究をプログラム開発に活用する」などが指摘されている（亀田　2009：34）。1997年には，男女共同参画審議会の設置法および男女共同参画審議会令が公布される。さらに「男女雇用機会均等法」も改正される。1998年，男女共同参画審議会から「男女共同参画社会基本法─男女共同参画社会を形成するための基礎的条件づくり─」の答申が出される。

　そして，1999年に念願の「男女共同参画社会基本法」が施行される。日本が女性差別撤廃条約を批准してから14年の年月が経過していた。基本法が定義する男女共同参画社会は，「第2条　男女共同参画社会の形成」で以下のように述べられている。

　　男女が社会の対等な構成員として，自らの意思によって社会のあらゆる分野における活動に参加する機会が確保され，もって男女が均等に政治的，経済的，社会的及び文化的利益を享受することができ，かつ，ともに責任を担うべき社会を形成することをいう。

　女性の地位向上のために法律が必要なことは，述べるまでもないが，基本法成立当時に男女共同参画審議会会長代理であった古橋源六郎は，次のような理由で基本法の必要性を述べている（古橋　1999：42-43）。

（1）男女共同参画社会の実現に向けた取り組みは，職場，家庭，学校，地域社会等多くの分野にわたって総合的に行われなければならないこと
（2）男女共同参画実現のためには，①個人や団体による性別に基づく差別を撤廃するだけでなく，②男女共同参画を積極的に促進する措置（いわゆるポジティブアクション）を実施したり，③さらに男女共同参画の視点に立った社会制度・慣行の見直しも含めて多岐にわたる取組が整合性をもって総合的かつ効果的に行われる必要があること

　では，基本法は，性別役割分業に関してどのように示しているのであろうか。第4条で「社会における制度または慣行についての配慮」に関して以下のように提言し，性別役割分業観の是正を唱えている。

男女共同参画社会の形成にあたっては，社会における制度又は慣行が，性別による固定的な役割分担を反映して，男女の社会における活動の選択に対して中立でない影響を及ぼすことにより，男女共同参画社会の形成を阻害する要因となるおそれがあることにかんがみ，社会における制度または慣行が男女の社会における活動の選択に対して及ぼす影響をできる限り中立なものとするよう配慮されなければならない。

　以上のように，性別役割分業観に対する是正が初めて法律により示されたのである。

2．男女共同参画社会基本法にむけての女性教育政策

　国際婦人年から15年，1990年代はジェンダーという用語も女性学や女性学級を通じて少しずつながら広がりはじめ，男女平等のための法整備の必要性が問われるようになってきた。男女共同参画推進本部（本部長は内閣総理大臣）は1996（平成8）年に「男女共同参画2000年プラン」[29]を決定した。これは1995年の第4回世界女性会議（北京会議）の行動綱領，1996年の男女共同参画審議会の答申「男女共同参画ビジョン―21世紀の新たな価値の創造―」を踏まえて策定され，4つの基本目標と11の重点目標を掲げている[30]。これらのなかで，本書にとくに関係する重点項目をあげると，「男女共同参画の視点に立った社会制度・慣行の見直し，意識の改革」「男女平等を推進する教育・学習」がある。

　成人教育の分野では，1997年7月14日に，第5回国際成人教育会議がドイツのハンブルグで5日間にわたり開催された。会議では，21世紀に向けて成人学習者が対応すべき4つのテーマが挙げられた。そのなかの一つに「成人学習を通して女性のエンパワーメントを促進する」があり，その行動として，学習とエンパワーメントによる女性自身の社会認識の転換と，男性へのパートナーシップの要請が挙げられている（山本　1997：18）。

　文部省は男女共同参画への具体的な取り組みとして，委嘱事業「青年男女の共同参画セミナー」を全国で行った。この目的は，男女共同参画社会の形成に

向けて，社会人予備軍であり，将来家庭を形成し親となる青年男女を対象に，大学などの高等教育機関や生涯学習関連施設などを拠点に，男女が多用な役割を担い，自らの人生を主体的に選択して展開していく能力の育成を図ることであった（文部省生涯学習局婦人教育課　1997：30）。

　以上のように，国内外で，基本法に向けて男女平等のための施策や要請が行われるようになった。

第2節　男女共同参画社会にむけての学習機会の拡大

　1990年代は初頭から全国に女性センターが拡充していく。とくに総理府に男女共同参画室が設置され，1994年から女性センターを次々と設立するのである。4月に京都市に京都市女性総合センター（ウィングス京都）が設立され，10月に複合施設であるが，三重県総合文化センター，11月に大阪府総合女性センター（ドーンセンター）が設立されている。1995年には東京とその近郊の女性たちの活動の場である，東京ウィメンズプラザが設立された。東京都生活文化局女性青少年部女性計画課長であった家島美代子によれば，「日本国憲法では，性による差別を含む一切の差別を禁止し，すべての国民が生まれながらにして等しく持っている基本的人権を最大限に尊重，保障することによって，人たるに値する生活の実現を期している。憲法の理念に基づき，女性問題解決のための東京都行動計画の具体的な実現と，目標達成の足場となるものがプラザである」と，設立に際しての強い想いを述べている（家島　1995：52-53）。このように，基本法成立に向けての施設整備が，着々と進められた。なかでもウィメンズプラザは，国立婦人教育会館と並び国内外の参加者を受け入れ，国際的なシンポジウムなども開催する代表的な女性施設となる。

　しかし，1990年代後半あたりから，基本法施行にむけて全国では，女性センターから男女共同参画センターへと改名する施設が増加していくことになる。

　1990年に入り社会教育施設やNPOなど，さまざまな学習施設や機関で講座が開講されるようになった。内容は，働きながら育児や子育てをする女性支援のための講座，専業主婦の子育て支援のための講座，女性が経済的自立にむけ

てや起業のためのノウハウを学ぶ女性起業講座が開講されるようになった。

　1995年の北京会議では，行動綱領が採択され，そのなかの「女性に対する暴力」が12の重大問題領域の一つに上げられた。このころから，夫から暴力を受けたときの対策としてのDV（家庭内暴力）講座などが普及する。参加型学習（ワークショップ）も充実し，女性だけではなく，男女を対象とする講座や男性問題講座が目立つようになってきた。

　男性問題講座の内容は，料理，介護，育児，ジェンダーの問題などさまざまである。女性の意識変容の学習がなされるなかで，1990年代初期から男性学の必要性も問われるようになってきた。女性ばかりでなく男性にもジェンダーの縛りがあったのである。1990年から東京都足立区女性総合センターで開講された「男性改造講座」は，「男らしさ」から「自分らしさ」への解放に向けて男性の意識変容を促した。受講生たちは学習により意識変容が生じ，自主グループを設立した（山澤　2002a）。

　そして，1998年には特定非営利活動促進法（以下，NPO法）が成立した。その第2条に掲げられている12の活動[31]のなかに，「男女共同参画社会の形成の促進を図る活動」がある。実際，地域のなかで女性が活動する団体は着実に増加の傾向をたどっている。NPOでも女性たちは学習活動を行っている。佐藤一子はNPOにおける学習・教育活動を「NPOは単に学習・教育活動を活動全体に付随する機能的な一面として推進しているだけではなくより目的意識に位置付けている『学習する組織』であることに着目する必要がある」と位置づけている（佐藤　2004：6）。学習の場であるNPOの増加に伴い自治体がNPOに事業を委託するようになり女性の学習機会が拡大する。

第3節　意識変容を促す女性の学習機会の事例

　行政による女性学級については，第三部で詳細に取り上げるが，本節ではこの時期に新たに出てきた学習機会としてのNPOにおける学習形態の事例を取り上げる。筆者がインタビュー調査を行ったNPO法人「WE21ジャパン」（山澤　2002b）とNPO法人「SKIP」（山澤　2003：245, SKIP　2001）の活動を事

例に挙げ意識変容の学習を検討する。なお、「WE21ジャパン」は、主に40代以上の女性が多く活動する団体であり、「SKIP」は、子育て中の専業主婦たちの活動団体である。

1．NPO法人「WE21ジャパン」
（1）事業内容と学習機会

　NPO法人WE21ジャパン（以下、WE）は、リサイクルショップ事業を起こして、アジアの女性の自立を支援している。WEとは「Women's Empowerment」を意味する。WEの設立は、1996年9月、女性・市民が主体の政治団体である神奈川ネットワーク運動が、欧州にアンペイドワーク研修ツアーを主催した際、英国のNGO「オックスファム」と交流し、オックスファムの行っている国際的支援事業から刺激を受けたことがきっかけとなっている。1998年5月に神奈川県の厚木市に、国際援助活動を目的としたリサイクルショップ（WEショップ）の開店をスタートに、2002年4月までに42店舗のWEショップを開店した。そして、WEショップの一つ一つが、NPO法人の認証を受けて活動している。WEのスタッフは専業主婦を中心に構成されている。

　WEの学習機会は、本部が企画するWE講座、スタディツアー、マネージャー会議、各ショップが企画するローカルWE講座と各ショップの事業運営である。本部WE講座は、イギリスのオックスファムなどの、海外のNGOにおける活動や支援方法の学習、開店準備の学習、各地のWEショップの実践報告などを行っている。主にマネージャーが受講対象である。ローカルWE講座は、スタディツアーの報告、アジアの国々の料理教室などである。マネージャー、ボランティア、利用者などを対象に行われる。スタディツアーは、調査時までにフィリピン、カンボジア、タイの3カ国で行われた。アジアの国のNGOとの交流や支援金の活用状況、民泊による村人との交流などによる、異文化理解の学習である。

（2）学習者の意識変容

　筆者は26名のスタッフへインタビュー[32]し、各学習機会でスタッフが学習

により，気づきや変容を経験していることが確認できた。
　本部WE講座では，以下のような学習がなされている。Aさんは，「講座での学習を繰り返すことによって，自分たちが何をするかを学べばいい。とにかく講座での学習をやめないで続けることだと思った」と，学習継続の必要に気づいている。Bさんは「支援先を決めるのにも，すべての店舗の話が聞けるので勉強になります。海外に支援金を送るのだけではなく，地域のなかにある海外の団体の支援をすることも支援の一つだということがわかったことは，大きな収穫だった」と述べている。Aさんは，WE講座での学習を繰り返すことにより，継続学習が支援に対する理解を増すと認識し，支援の意味を深めるという学習をしている。支援先も海外だけではなく，国内にも目を向けはじめることにより，事業を拡大している。
　Cさんは，「講座やスタディツアーを受けていて，何度か繰り返していくうちにわかってきたのが本当のところです。ただお金を寄付するとか，品物をさしあげることが支援ではなく，女性たちが，自分の力で自分たちの生活をつくっていく，そういう支援の仕方があるんだなと。それをすることは自分も自立していくことだ，ということがわかってくるわけです。そういうことを一つ一つ積み重ねて全体が見えてきました」と語る。ここでもWE講座を何度も受講することによって，学習者たちは，エンパワーしているといえる。「女性たちが自分自身，自立しなければならない」ということを理解する学習は，彼女たちのエンパワーメントを大きく促進するものである。田中雅文は「コア・メンバーのエンパワーメント効果は，行政・企業・市民を対峙させたとき，市民セクターの人的・組織的な基盤の強化を促す」と述べている（田中　1999：93）。WEのコア・メンバーであるマネージャーが，講座やスタディツアーを通してエンパワーされることは，ひいては事業発展に大きな影響力をもつといえよう。
　WEのスタッフは，とくに子育て後の40代，50代を中心とする専業主婦で構成されている。時間的に余裕があり，社会的にトレーニングの場が少ない専業主婦にとっては，WEは貴重な意識変容の学習の場となっているのである。

NPO法人WE21ジャパンは，専業主婦が起業を通して学習し，社会的に自立する場としての役割を果たしている。

2．NPO法人「SKIP」
（1）事業内容と学習機会

　名古屋市女性会館の講座で知り合った子育て中の4人の母親が，子育てをしながらも音楽を聴きたいと，1994年に全国初の，朝の託児つき本格的クラシックコンサートを開催した。専業主婦の母親たちの「子育て中も私らしく輝きたい」という強い想いが多くの母親たちの共感を呼びコンサートは成功する。1年後には，クリスマスコンサートも開催している。2003年には年に2回（モーニングコンサートとクリスマスコンサート）のコンサートを開催している。全国初で子育て中の主婦たちが主催ということで，マスコミでも取り上げられた。コンサートホールは名古屋市の企業が無料提供した。SKIPの活動は愛知県（行政）にも影響を与えた。愛知県主催の同様のコンサートが開催されたときには，先駆者であるSKIPが，そのノウハウを提供している。

　スタッフはサラリーマン家庭の専業主婦が多く，転勤するスタッフも多いという。また，子どもたちも成長するため，設立当初のスタッフは入れ替わり，随時世代交代しながら活動を継続しているのも特徴である。2001年には，設立当初からの活動報告と，それぞれの想いを一冊の本にまとめた『ママたちのモーニングコンサート』（SKIP　2001）を出版した。夜の保育つきコンサートは，数多く開催されているが，午前中の保育つきコンサートは全国で初めてであり，コンサート会場までの道案内，会場でのきめ細やかな対応，託児ルーム内での子どもたち向けのミニコンサートなどの配慮や企画は，専業主婦ならではのものである。「専業主婦」や「子育て」というスキルも専門性であると，スタッフも企業も認めている。

　愛知県は，児童虐待件数が多い。多くの母親が，子どもを産んだら女性は家にいるもの，とまわりから押し付けられた意識を抱いている。女性たちは活動や学習によって，その意識を払拭し，専業主婦が社会に出る第一歩となるよう

に，コンサートを通して，その意義を社会に発信している。

　スタッフは1986年の男女雇用機会均等法が施行された当時に，総合職として会社員を経験した専業主婦たちである。男性と同等の仕事を行っていた彼女たちは，結婚のため退職する。しかし，結婚すると同時に「○○さんの奥さん」と，子どもが生まれると「△△ちゃんのママ」と代名詞で呼ばれる自分の存在に疑問を感じていたという。「私らしさ」を取り戻すために開いたコンサートにかける情熱は，家族や社会に大きな影響を及ぼした。

　では，スタッフたちは，活動によりどのような学習をしているのだろうか。1996年から活動の意味を考えたい，自分自身のことを話したい，女性学を学びたいなどの声により，講座の企画を兼ねた学習会を行っている。

(2) 学習者の意識変容

　インタビュー調査では，「SKIPに参加するまでは女性学という言葉も知りませんでした。ただなんとなく『変だなあ』と感じていたことはあり，それは学習会を通してはっきりと認識できました。それが私個人の問題ではなく，一人で悩まなくていいんだ，と少し気が楽になりました」とAさんは述べ，「自己実現なんてカッコイイこといって理想を掲げてみても，私は私でしかない。背伸びなどしなくてもこの私にできることは，毎日の生活のなかにたくさんある。生活に根づいたことこそ社会を，そして人を変えていく原動力になるのだと気づかされました」とBさんは語っている（SKIP　2001：115-116）。

　Aさんは，再認識することで自分自身の考えが間違っていなかったことを再確認[33]しており，Bさんは，「私であるため」には，生活との関連があると気づく。女性の学習は生活課題と深くかかわっているのである。

　田中（2003：85）が，「ボランティア活動で学習成果を活用することが，学習の継続に寄与し得ること，そして，そのようなボランティア活動はすべての学習領域から生まれ，時間・仲間・場によって促進される可能性が高い」と述べるように，SKIPが長年継続している理由は，比較的時間にゆとりがある専業主婦たちが，同じ志の仲間をもち，学習会やコンサートという場をもてていることが，大きな役割を果たしていると考えられる。

第4節　第4期の女性学級の特徴

　1990年代は，男女共同参画社会の構築に向けて，女性のための多用な学習機会が出現した。ジェンダーという用語は一般社会にも普及するようになり，男女共同参画社会基本法成立に向けて，従来の女性センターという名称から，男女共同参画センターというように，社会教育施設の名称の変更や講座内容の工夫も行われるようになってきた。そこでは，女性問題だけではなく男性問題にも焦点が当てられるようになり，男女参加の講座開講も増加した。

　1986年に施行された男女雇用機会均等法は，女性たちに希望を与えたと同時に，結果的には男性と同等の過重労働も強いることとなった。総合職として就職したものの結婚により退職した女性たちも多い。彼女たちは，家庭に入ってからもその能力を社会で発揮するようになる。それを助けたのがNPO法の施行であった。

　1995年の北京会議以降では，「エンパワーメント」の言葉のもとに，女性たちが市民団体やNPO法人など講座以外の場でも，学習を活発に行うようになる。このように第4期は，あらゆる年代の主婦たちが，社会に向けて活動をはじめ，活動しながら学びを深め，さらに活動を発展させていくという好循環が進んで行く時期といえよう。

　第4期の特徴をまとめると，①ジェンダーの問題，男性学の普及，②ジェンダーに関する講座や男性講座の普及，③女性センターから男女共同参画センターへと名称変更，④男女共同参画センターの設置など男女共同参画社会の形成にむけての取り組み，⑤多様な女性問題の顕在化，⑥NPO活動の増加，などである。

第6章　第二部のまとめ

　戦後から2000年頃までの女性教育政策と意識変容の学習講座の流れを時系列で示した。第1期から第4期までの特徴を考察すると，以下のようである。

第1節　第1期から第4期までのまとめ

（1）第1期（1945〜1960年頃）「戦後の婦人学級と話し合い学習」の時期

　憲法で保障された男女平等理念の確立のために，女性たちからの主体的なアプローチではなく，文部省主導により実践社会学級が開講され，それが全国に拡大した。内容は生活課題と呼ばれる生活と密着した問題解決型の学習である。夫との関係，嫁姑問題など性別役割分業観に裏づけされた問題でもあった。だが，婦人学級の普及率からも明らかなように，都市や地方を問わず女性たちの学習意欲は旺盛で，「承り学習から自ら学ぶ学習へ」というスローガンのもとで，社会教育が急速に発展した時期といえる。学習者たちは多くの学びを得て，意識の変容もみられたが，この時期はまだ講座修了後も学習を継続するという，変容までには至っていないのである。

　第1期の特徴は，①文部省委嘱実験社会学級と婦人学級の普及，②話し合い学習・共同学習・小集団学習，③生活課題を考える，④学習の方法：話す・書く・考える，男女平等，⑤性差別からの解放に向けて，⑥自主グループへの発展などである。

（2）第2期（1960〜1975年頃）「高度経済成長期と保育つき婦人学級」の時期

　日本にいわゆる専業主婦が出現し，家庭は，「企業戦士」である夫とその「銃後を守る」妻，つまり「男は仕事，女は家庭」という性別役割分業化された構図ができあがった。だが一方では，日本が経済的にも豊かになり発展するなかで，主婦たちが真の豊かさを追い求めはじめた時期でもあった。後半には，核家族化による育児不安や，空の巣症候群から抜け出したい女性たちのために，保育つき講座や生き方を模索する講座が出現しはじめた。「子どもからの自立」

や,「自分からの自立」をめざし,講座修了後に自主グループや社会参加活動に進む女性たちも増えた。学習によって意識変容から行動変容へと進んでいく。しかし,学習機会の面でみると社会教育関係施設での学習が主となり,まだ社会的な広がりは進んでいない状況であった。

第2期の特徴は,①保育つき学級の普及,②地域づくり,③女性問題の統合(家庭婦人＋労働婦人),④女性の自立意識のめばえ,⑤自主グループへの発展である。

(3) 第3期 (1975～1990年頃)「国際婦人年と女性学級」の時期

1970年代は日本にも第二波フェミニズムが到来した時期である。女性たちはフェミニズムを学び意識変容から行動変容へと進んでいく。日本で初の女性大使としてデンマークに赴任していた高橋展子が,「女子差別撤廃条約」に署名した。それは女性に力を与え,女性学,女性問題講座が日本全国で活発に開講されていく。この条約が批准されたことで,女性の問題が性別役割分業にとどまらず,多様な問題に対する解決の方向へ進むのである。

学習機会においては,社会教育施設での講座のほかに,地域活動やボランティアなどにも広がりを見せはじめた時期でもある。社会教育では,女性のライフサイクルのなかでも,子育て後の第3期の女性の学習に焦点を当てるようになってきた。各地に女性センターも設立され,学社連携学習も行われるようになり,女性の学習の場は拡大して行った。だが,子育て後にパート就労する主婦の増加によるM字型曲線の出現は,「妻には家庭に支障のない限りで働いてほしい＝パート労働」という夫や政府の願いを表していた。それは性別役割分業観から発するものであり,家庭を守りながら女性たちは,正規雇用者ではなく,パート就労やボランティアなどの活動を見いだすだけにとどまる傾向があった。

第3期の特徴は,①女性学の普及,②学社連携,③市民活動・ボランティア活動の普及,④ライフサイクルの変化と余暇時間の増加による学習時間の増加,⑤女性センターの普及,⑥自己実現(能力開発)を希望する女性の増加である。

（4）第4期（1990〜2000年頃）「男女共同参画社会と学習機会の拡大」の時期

「ジェンダー」の用語も少しずつ地域に広がりはじめ，女性問題講座が活発化する。それに加えて男性問題講座も開講されるようになり，男女共同参画社会基本法の成立に向けて，各地でジェンダーに関する学習が行われるようになった時期である。行政が中心となった社会教育施設のほかに，特定非営利活動促進法（NPO法）の施行により，NPO法人での女性の学習も行われるようになった。女性たちが事業を興し収益をあげる学習に向かい始めた時期である。さらにジェンダーの問題はそれまでの家庭内の課題のほかに，セクハラ，DV，経済的自立，男性の問題など，より一層多様な分野での学習が行われるようになる。

第4期の特徴は，①男性学や男性問題講座の登場，②ジェンダーに関する講座の普及，④男女共同参画センターの設置など男女共同参画社会の形成にむけての取り組み，④多様な女性問題の顕在化，⑤NPO活動の増加などである。

（5）第1期から第4期の特徴のまとめ

第1期から第4期までの女性における意識変容の学習の特徴を示すと，表2-6-1のとおりである。

第2節　第1期から第4期までの講座における，男女共同参画社会の形成と意識変容の関係

第1期から第4期までの講座の流れと，男女共同参画社会の形成と意識変容の関係を図2-6-1で示す。

図2-6-1を説明すると，次のとおりである。筆者は意識変容には，意識レベルにとどまるものと，行動レベルにまで及ぶものとがあると考える。意識レベルにとどまる意識変容とは，自分自身の意識が変容する場合をさし，行動レベルとは自分自身の意識が変容した後行動変容にまでに及んでいる場合をさす。

第1期の講座内容には，性別役割分業観に対する取り組みが数少ない。加えて，対象を女性に限った講座が多くみられる。講座修了後は，自主グループへの発展はみられないため，学習者の意識変容はまだ意識レベルにとどまっている。第2期ではジェンダーに関する意識変容をめざし，講座が増えたものの，

表2-6-1　第1期から第4期の特徴

期	学級タイプ	学習テーマ・内容・方法	学習施設	自主的な活動	その他
第1期（1945〜1960年頃）	母親学級から社会学級そして婦人学級へ移行する。文部省委嘱実験社会学級と婦人学級の普及。	話し合い学習・共同学習・小集団学習。テーマは主に①生活課題を考える, ②男女平等, 性差別からの解放。学習方法は, 話す, 書く, 考えるなど。	公民館, 婦人教育施設。	学級から自主学習グループへ発展しない。	良妻賢母学習とジェンダーに関する学習が混在する。
第2期（1960〜1975年頃）	保育つき学級と家庭教育学級の普及。	テーマは地域づくり, 女性問題の統合（家庭婦人＋労働婦人）など。	公民館, 婦人教育施設。	学級から自主学習グループへ発展する。	女性のライフサイクルの変化がはじまり, 自立意識がめばえる。
第3期（1975〜1990年頃）	学社連携講座の登場。	女性学・第三期の女性の学習。	女性センター, 婦人会館の普及。	学習とつながった市民活動・ボランティア活動が実践される。	女性のライフサイクルやライフスタイルの変化による余暇（学習）時間の増加。自己実現（能力開発）を希望する女性の増加。
第4期（1990年〜2000年頃）	ジェンダーに関する講座・男性講座の普及。行政主導でないNPOによる体験的学習機会。	ジェンダーに関する問題・男性学の普及。	女性センターから男女共同参画センターへ名称変更。	学習とつながったNPO活動が実践される。	多様な女性問題の顕在化, 男女共同参画社会にむけての取り組みが行われる。

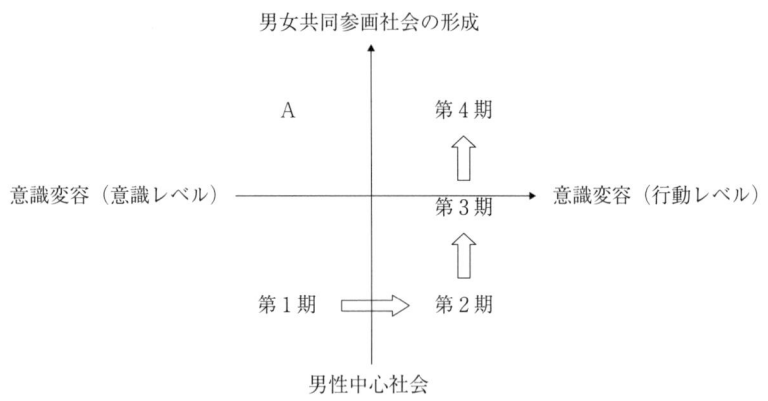

```
                    男女共同参画社会の形成
                            ↑
                A       | 第4期
                        |   ⇑
意識変容（意識レベル）──────|────── 意識変容（行動レベル）
                        | 第3期
                        |   ⇑
                第1期   ⇒  第2期
                        |
                    男性中心社会
```

図2-6-1　男女共同参画社会の形成と意識変容の関係

まだ男性のジェンダー意識を改革する講座の出現には及んでいない。しかし，自主グループにつなげるなどの動きがみられ，行動変容に及ぶようになっている。第3期になると，国際婦人年の影響を受け，女性学講座や女性センターも表れ，女性の女性問題学習が盛んになる。しかし，男性が受講する男性問題講座が開講されるのは後半期である。行動にまで進む意識変容の学習は行われるものの，男女共同参画社会の形成は，歩み出したばかりの時期である。第4期には，男女共同参画基本法の成立をめざして，男性のジェンダーに関する講座や，男女が参加する男女共同参画社会のための講座が開講されており，同時に行動にまで発展する学習が行われるようになっている。

　なお，Aの象限が空白であるのは，本書が女性の学習者に焦点を当てているからである。男性の学習者に焦点を当てた場合は，男女共同参画社会の形成が実体化してきた段階で男性対象のジェンダーに関する講座が生まれてきたという事実により，Aの象限には男性のジェンダーに関する学習の初期段階が入ると考えられる。

　第1期から第4期まで，「女性の学びと意識変容」を時系列で分析し，図2-6-1で表したが，女性問題学習により，女性たちの意識変容は広がり進んでいるものの，まだ社会からの抑圧を受け続けているとみられる。以上のことか

ら，今後も意識変容を促す女性問題学習の講座が必要であると考える。

第3節　第4期以降の女性問題と女性政策

　最後に，第4期以降の男女共同参画社会における政策について述べると，2001年に内閣府男女共同参画局が新設されるが，基本法が成立し施行されてから2015年現在においても，日本社会はまだまだ多くの問題をはらんでいる。世界の国々が経済不況のなかに陥っている現在，不況対策や少子高齢化社会に向けて，女性たちが労働資源として期待されているのは事実であるが，仕事をしながらの子育て，介護など多くの難題が課されてくる。以前より女性の職業の選択肢が増え，社会で働きやすくなり，出産後も仕事を継続したいという女性が増えたにもかかわらず，保育園や学童保育などの子育て支援が十分得られないために，出産に踏み切れないということが，現実の問題として生じているのである。

　この打開策として男性も女性も豊かに生きるために，「ワーク・ライフ・バランス」[34]の考え方が2000年代になって普及し政府も支援している。政府の施策には，「女性のチャレンジ支援策」[35]「女性の再チャレンジ支援策」[36]「育児・介護休業法」[37]「次世代育成支援対策推進法」[38]などがあり積極的な取り組みをしている。しかし，このワーク・ライフ・バランス社会の形成のためには，もとより国の政策支援や企業の支援が重要である。

　いっぽう，家事や育児の男女共同参画というジェンダー意識の変容も重要である。男性中心社会から男女がともに中心となる社会に変わるためには，男性の意識変容が不可欠であるとともに，女性の意識変容も必要である。日本社会では，「男性は仕事，女性は家庭」という性別役割分業観がまだ根づいており，いまだ仕事と子育ての両立が難しい。そのうえ，職場の理解も少なく男性が育児・介護休業を申請することは難しい社会環境である。上松由紀子は，女性が疎外感を感じることもなく，心置きなく子どもを産める職場は，男性にとっても働きやすいはずである（上松　2003：186）と指摘している。

　2000年代になりジェンダーへのバックラッシュ[39]が起こったことも，抑圧

からの解放を妨げた要因といえる。実際に，バックラッシュの影響で女性たちは，男女共同参画社会基本法を正しく理解していない人々からさらに抑圧を受けている[40]。

　これらの問題解決に向けて，成人教育の分野では，男女共同参画社会の形成をめざして，性別役割分業観に気づき意識変容するための講座が，1990年代から女性センター，公民館や男女共同参画センターで開講された。だが基本法の施行後，2000年代に入り，バックラッシュの影響もあり，その数は減少の傾向をたどっている。女性の地位向上，ワーク・ライフ・バランスの普及にむけて，このような現状を鑑みても今後もなお，意識変容のための女性問題講座の開講は必要であり，男女共同参画センターの廃止は止めなければならない。

注
1）1970年代以降，男女平等の取り組みがなされ，婦人という言葉を使用することに対する批判が生まれた。1980～90年代には自治体や政府の担当部局名や刊行物名も婦人から女性に変更された。第一の理由は，「婦人」という言葉は箒をもつ女を意味し，女性の社会的存在を家庭内に止める古い女性観に基づくものである。第二は，婦人に対応する男性という言葉がなく，結婚した女性を夫の付属物とみなす女性観を含んでいる。第三は主に中高年女性をイメージさせ，独身女性や若い女性を含む女性一般を含意させるには無理がある。第四は，明治以降婦人という語が選考された理由の一つに「女」または「女性」が女性を性的存在と見なす侮蔑的意味を含んでいたことがあり，男女平等にむけた取り組みがこうした女性に対する意識の払しょくを求めていることなどである（井上編　2002：412）。
2）国立婦人教育会館は，婦人教育に関する実践的研修と専門的調査研究を目的に国際婦人年の記念行事として，1977（昭和52）年埼玉県嵐山町にオープンした（婦人問題辞典刊行委員会編　1980：163）。
3）大学婦人協会は，1947（昭和22）年に第1回総会を日本女子大学で開催した。目的は，六・三・三・四の新教育制度を支持し，その実現をはかること，現存女子専門学校の程度を引き上げて建設されるべき女子大学基準を確立すること，ゆくゆくは万国大学婦人連盟（昭和8年頃・ホームズ博士の力添えで設立された）と連携して，大学および学生の交歓によって東西の交流をはかることなどである。当時の協会員は，日本女子大学校，東京女子高等師範学校，奈良女子高等師範学校，津田塾女子専門学校，聖心女子学院高等専門学校，神戸女学院専門部，東京女子大学，同志社大学女子専門部の八校の卒業生と帝国大学その他男子大学学部卒業生に限定された（菅支那　1996：231-232）。
4）現代英語ではハウスワイフ（housewife）をホームメーカー（homemaker）と表現する傾向がある。
5）1965年，ベティ・フリーダンは，アメリカのニューヨーク州郊外に住む中産階級の主婦の悩みを著書『新しい女性の創造』で訴えた。1959年4月，フリーダンは，中産階級の4人の子どもをもつ母親にインタビューした。母親の一人から「私はこれという悩みを持ったこともありません。でも私は絶望しているのです。私には自分に個性がないと思い始めたのです」と聞き，本を出版したのだった（Friedan　1977＝2004：16）。彼女は，イプセン（1878＝1956）の著書『人形の家』の主人公ノラやボーヴォワール（1949＝1966）に刺激を受け，女性も男性と同様に自立することの大切さ，自立でき得る社会環境の必要性を痛感し，主婦のみならずすべての女性たちが共通に抱える問題として，女性たちの地位の向上を訴えた。フリーダンの主張は，それまで自己主張のしにくい男性中心社会のなかで生きてきた女性たちにとって衝撃的であり，第二波フェミニズムが到来するきっかけとなった。

6）神﨑（2009：30）は婦人参政権の閣議決定は10日ではなく11日だと述べている。
7）三井は文部省が1958年に発行した「社会教育10年の歩み」から1963年発行の『月刊社会教育』で引用している。
8）貞閑の資料には足立区婦人学級の開講年月日が正確には記されていない。だが，p.36に「昭和34年度をむかえるころ」との文章があり，講座の紹介が続いているので，筆者は昭和34年に開講されたと考える。
9）池内の資料には滋賀県婦人学級の開講年月日が正確には記されていないため，筆者は本の発行年頃を講座開講の時期と考える。
10）福尾は当時，秋田県農村の婦人学級である農家の若い嫁が「せめて私たちも月100円だけでもいいから小遣いがほしい」と発言したのに対して，多くの女性が共感していたと，女性の地位の低さを指摘している。
11）女子の高等学校への進学率は，1950年には36.7％だったのに対し，1955年47.4％，1960年55.9％，1970年82.7％，1984年95％に上昇している。短大への進学率は，1955年2.6％，1970年11.2％，1984年20.1％であり，大学は1955年2.4％，1970年6.5％，1984年12.6％である（日本女子大学女子教育研究所編　1987：10）。
12）M字型曲線とは，女性が学校卒業後に就業し，結婚により退職後子育てに専念し，その後子どもの成長に伴い，パートタイマーとして再就労するライフサイクルのグラフがM字型の線を描いていることをいう。欧米先進国は台形型のグラフを示しており，日本も近年は徐々に台形型のグラフになりつつある。
13）「確認の気づき」については第三部で詳しく述べる。
14）空の巣症候群とは，子どもが独立したあと，中高年夫婦に生じるさまざまな問題状況の総称。子育て修了後，夫婦だけで暮らす期間を空の巣（エンプティ・ネスト）期と呼ぶ（井上編　2002：83）。
15）夫の合計所得金額が年間1000万円以下で，妻の合計所得金額が年間38万円超76万円未満のとき一定の金額の所得控除が受けられる（国税庁　2015年6月現在）。
16）妻の年間の合計所得金額が38万以下（給与のみの場合は給与収入が103万以下）の場合，一般の控除対象配偶者は38万円，老人控除対象配偶者（その年12月31日現在の年齢が70歳以上の人）は48万円控除される（国税庁　2015年6月現在）。
17）子どもが3歳になるまでは母親が常に子どものそばにいて，子育てをするという考え方。明確な根拠はない。高度経済成長期に3歳児神話が広く浸透する。高度経済成長期後も3歳児神話は強化されていく，ジェンダーにとらわれた考え方も一つの要因である（舩橋　2010：130-131）。
18）日本初の婦人会館は，一般的には1915（大正4）年に東京神保町に設立された東京YWACといわれているが，さらにさかのぼり1900（明治33）年に建設された日本キリスト教婦人矯風会の会館である。その理由は，矯風会の施設に廃娼運動の拠点として慈愛館と名づけられた施設があり，この施設は女性が，女性解放や女性の地位向上のために，自力で，活動の拠点として建てたと考えられると志

熊は言及している（志熊　1995：27）。
19）エンパワーメントの用語を矢澤（1997：198）は「女性が力（パワー）をつけること」と定義し，日本女子社会教育会（2000：5）は「よりよい社会を築くために，変革の主体となる力をつけること」と定義している。本書では自己決定学習や意識変容の学習に視点を置き「男女共同参画社会の形成のために，政治・経済・地域・家庭など様々な領域でよりよい社会を築くために，人々と互いに力を合わせ，自分で意思決定し，行動する力をつけること」と定義する。
20）国立教育婦人会館の設立に当初から携わった志熊は，自治体の女性センターへの影響力について述べている（志熊　1999：146）。
21）日本女子大学の創立者である成瀬仁蔵は，生涯学習を推奨した。日本女子大学の卒業生が卒業後も学び続けるために「桜楓学園」を創立し，女性の生涯学習を支援した。
22）学社連携とは学校と社会が「学び」の場を創造するために連携することであり，狭義には学校と社会教育との連携を，広義には学校と社会教育を含んだ地域社会との連携をいう（柴田　2008：53）。ウィメンズ・ライフロング・カレッジが求める学社連携の意味は「学習の統合性（学習内容の相互関連性）」「系統性」「斬新性（最新の情報提供）」であり，川崎市と大学との共同作業を進める中で新しい学社連携のあり方を模索したという（山本　1993：116-117）。
23）川崎市教育委員会・日本女子大学女子教育研究所編　1990,『ウィメンズ・ライフロング　カレッジ'89　ライフォロジー（生活学）』から引用し，参考にしている。
24）川崎市教育委員会・日本女子大学女子教育研究所編　1991,『ウィメンズ・ライフロング・カレッジ'90　ライフォロジー展開』から引用し，参考にしている。
25）川崎市教育委員会・日本女子大学女子教育研究所編　1992,『ウィメンズ・ライフロング・カレッジ'91　ライフォロジー（生活学）の探究』から引用し，参考にしている。
26）斎藤茂男著の『妻たちの思秋期』（1982）では，第三期の女性たちの苦悩がルポルタージュされている。企業戦士の夫のもとで良妻賢母として生きてきた妻が自立できずに悩む姿，夫との夫婦関係に悩む妻など，子の養育時期を過ぎ自分探しに悩む女性たちの苦悩が報告され多くの女性たちの共感を呼んだ。
27）鹿嶋敬が古橋源六郎に後日基本法の必要性を尋ねると，次の3理由を古橋は述べた（鹿嶋　2003：13）。
　① 男女共同参画社会の形成に向け，国民の意識改革を強力，かつ継続的に推進するには，同法を制定し，国の意思表明をしておく必要がある。
　② 男女共同参画社会とは何かという理念を明らかにし，総合的な行政を展開する必要性。
　③ 国や地方公共団体，国民の責務を定め，同時に基本法に基づく計画を作っ

て総合的，効率的にそれを実施する必要。
28) 大沢真理（2000：13）によると，「男女共同参画」の公式な英訳は gender equality であり，逆にこの英語にあてはめるべき日本語はむしろ「男女平等」であると述べている。
29) 正式には「男女共同参画2000年プラン―男女共同参画社会の形成の促進に関する平成12年（2000年）度までの国内行動計画―」という。
30) 4つの基本目標
　① 男女共同参画を推進する社会システムの構築
　② 職場・家庭・地域における男女共同参画の実現
　③ 女性の人権が推進・擁護される社会の形成
　④ 地域社会の「平等・開発・平和」への貢献。
　11の重点目標
　① 政策・方針決定過程への女性の参画の拡大
　② 男女共同参画の視点に立った社会制度・慣行の見直し，意識の改革
　③ 雇用などの分野における男女の均等な機会と待遇の確保
　④ 農山漁村におけるパートナーシップの確立
　⑤ 男女の職業生活と家庭・地域生活の両立支援
　⑥ 高齢者などが安心して暮らせる条件の整備
　⑦ 女性に対するあらゆる暴力の根絶
　⑧ メディアにおける女性の人権の尊重
　⑨ 生涯を通じた女性の健康支援
　⑩ 男女共同参画を推進し多様な選択を可能にする教育・学習の充実
　⑪ 地球社会の「平等・開発・平和」への貢献。
31) 特定非営利活動促進法（通称 NPO 法）施行時は12の活動分野の種類が指定されていた。2011年6月15日に改正され20分野となる。第10号に「男女共同参画社会の形成の促進を図る活動」が挙げられている。
32) WE21ジャパンの調査
　① 調査対象者：WEのリサイクルショップ5店（厚木店，いずみ店，あおば店，いそご店，たかつ店）のスタッフであるマネージャー，運営委員など16名（30代1名，40代8名，50代7名）。
　② 対象者の属性：全員が主婦であり，そのうち1名が他でパートタイマーとしての仕事をしている。30代1名，40代8名，50代7名。
　③ 調査期間：2001年7月～2002年4月
　④ 調査方法：インタビュー調査（各店1回2時間），資料収集，WE講座参与観察
33) 第三部で述べるが，筆者は再確認することも意識変容と捉えている。
34) ワーク・ライフ・バランスとは「仕事と生活の調和」と訳し，「『国民一人ひと

りがやりがいなどを持ちながら，仕事上の責任を果たす』ものであり，決して働くことの意義を否定するものではない。働く方が意欲を持って働きながら豊かさを実感して暮らせるよう，多様な選択が可能な社会を作ること，つまり，『しっかり働き，豊かに暮らせる社会』を目指すこと」である（内閣府，仕事と生活の調和推進室作成のパンフレット：2）。

35）「女性のチャレンジ支援策」とは，さまざまな分野で女性の意欲や能力を生かし，そのために必要とする情報を得られるようにする国および地方自治体による支援策の総称。

36）「女性の再チャレンジ政策」は，女性のチャレンジ政策の一環で，再チャレンジに焦点をあてた政策。結婚・出産・介護で職業を中断する女性が多いことから，そうした女性の意欲と能力を活用し，子育て中・後の女性に対して企業などへの再就職やNPOを含む起業などを支援する施策。

37）「育児休業・介護休業等育児又は家族介護を行う労働者の福祉に関する法律」1992年施行の育児休業法に介護休業制度を導入し1995年に制定された。男女労働者に育児や介護のための休暇を保証する育児休業・介護休業制度のほか時間外労働や深夜業務の制限，勤務時間短縮などの措置を講ずる義務を制定した。

38）2005年から，従業員301人以上の事業所には次世代育成支援のための行動計画を策定し，都道府県の労働局へ届け出ることが義務づけられた。優秀な労働力の確保・維持には，小さい子どもがいる共働き夫婦が柔軟に働ける環境づくりが不可欠であり，家庭生と調和のとれた「ワーク・ライフ・バランス」への取り組みが2006年春闘で労使共通のテーマとなった。

39）バックラッシュとは，ジェンダーフリー・バッシングとも呼ばれ，ジェンダーフリー教育や，学校教育での性教育批判などがあげられる（双風舎編集部編 2006）。

40）2011年1月25日，大阪府豊中市の元男女共同参画推進センター館長の三井マリ子雇い止めの提訴に対して勝訴が確定した。三井は，条例案をめぐって男性議員たちからのバックラッシュ勢力が三井への脅迫，中傷，雇い止めなどの排除行為を行ったため市側に損害賠償を求めていた（『東京新聞』2011年1月25日付）。

第三部

ライフストーリーからみえる
女性の学びと意識変容

　これまで意識変容の学習に関する研究は行われてはいたものの，学習者が具体的にどのような方法で意識変容したか，という詳細な分析まで行った研究は見当たらない。そこで第三部では，第1，2，3期でも表れていた女性問題を包含する第4期（第二部第5章），つまり男女共同参画社会基本法（以下，基本法）が施行されたころ女性問題を女性学級で学んだ女性たちを対象に取り上げ，彼女たちの意識変容のプロセスを分析する。

　なお意識変容を分析するにあたっては，ライフストーリー法を用い，そのなかで語られた気づきに着目する。気づきの抽出は，ライフストーリーのなかで学習者が気づいたと表現したときと，語りのなかで学習者は「気づき」と気づかない場合も，講座の企画段階から学習支援者としてかかわった筆者が文脈により気づきと判断したときの2通りの方法で試みた。

第1章では分析の枠組みを述べ，第2章では，意識変容を促すためのライフストーリーの分析方法を検討する。第3章では，ライフストーリーから浮き彫りになった気づきを分析し，類型化を試みる。さらに，それらの気づきの類型化によって学習者の意識変容のプロセスが，タイプ別に分類されることを検証する。そして，最後の第4章では，類型化された気づきのなかでもとくに「確認の気づき」が，意識変容を定着させ，促進させるための重要な役割を担っていることを明らかにし，クラントンの〈意識変容の学習のプロセス〉を修正したモデルを提示するとともに，気づきからみた意識変容の学習のプロセスの新たなモデルを提示する。

第1章　分析の枠組み

第1節　意識変容に関連する諸理論

　本書の調査対象者が修了した講座は，自己決定型学習を通して意識変容を促す講座である。自己決定型学習とは，学習過程において答えを自分で選択決定する手法をとり，意識変容へと導く学習方法である。そこで本節では，自己決定型学習の理論と意識変容の理論を検討する。

　はじめに，ノールズ（Knowles），ブルックフィールド（Brookfield）の自己決定型学習の諸理論を示す。次にクラントン（Cranton）の〈意識変容の学習のプロセス〉の土台となるフレイレ（Freire）とメジロー（Mezirow）の意識変容のための理論を検討する。さらに，意識変容が促進されるには，「ふり返り」が重要であるためショーン（Schön）の省察理論も検討する。

　以上の諸理論をうけて，自己決定型学習と意識変容に関するクラントンの見解について述べ，そのあと〈意識変容の学習のプロセス〉を説明する。最後に〈意識変容の学習のプロセス〉と他の諸理論との関係を述べることとする。

1．自己決定型学習の理論

　おとなの学習と子どもの学習との相違は何かと問われたら，おとなの学習は，自己決定による学習が多くを占める点にあるといえよう。自己決定型学習とは，教師に教えられるのではなく，学習者自身が主体となり変容，発達するために学習過程を決め行う学習のことである。成人教育においては1970年代よりさまざまな自己決定型学習（self-directed learning；以下，SDL）理論が普及してきた。

　アメリカの成人教育学者であるマルカム・ノールズのアンドラゴジー（Andoragogy）論[1]はSDL理論の基礎となり，成人教育の原理ともいわれ，子どもの学習を意味するペダゴジー（Pedagogy）に対して，成人の学習を意味する

アンドラゴジー（Andoragogy）を次のように分類している（Knowles　1980：43-44）。

①学習者の概念―成人学習者が学習過程において自己決定性が増大するのは正常なことである。成人の学習者は一般的には自己決定的でありたいという深い心理的ニーズを持っている。
②学習者の経験の役割―学習者の経験は学習資源となり，経験による学習はより意味あるものとなる。
③学習のレディネス―生活向上のためのニーズに基づく学習を行う。学習プログラムは生活の視点で作成され，学習のレディネスに従うこと。
④学習への方向付け―成人の学習者は生活向上のためのプロセスとして教育を考えているので，生活課題中心である。

つぎに，ブルックフィールドのSDL理論は以下で述べるメジローの意識変容理論の基礎となっている。彼は自律（autonomy）の重要性を指摘し，オルタナティブな可能性についての理解（understanding）と気づき（awareness）が自律（autonomy）という概念の根本と述べている。そして批判的省察（critical reflection）を重視し，SDLを学習者の意識変容にかかわると考えている（Brookfield　1985：14）。

このようにSDL理論は意識変容理論の基礎となり，密接なかかわりがあるといえる。ノールズの述べるアンドラゴジー論は，成人の学習者の自己決定性は全員に当てはまるものではない。だが，ブルックフィールドが述べているように，意識変容の学習は，自己決定性とかかわっているため，女性問題学習者の意識変容を分析するために重要である。

2．フレイレの意識化理論

つぎに，クラントンの意識変容理論に関係するパウロ・フレイレの意識化理論を述べる。フレイレは南アメリカの成人教育（識字教育）の実践を通して，貧しく抑圧された第三世界の民衆が，批判的意識をもち社会を改革するという，「意識化（conscientization）」をはかった。抑圧された「沈黙の文化」から民衆

を解放するために，教育者と民衆の対話の必要性を説いた。さらに民衆が意識を変革し行動することで，豊かな社会の形成が可能だと訴えたのである。

彼は第三世界の貧しい農民を「被抑圧者」として捉え，社会変革するのは彼らであり，「被抑圧者」こそ差別構造を批判変革し，自らを「人間化」し，人権を（与えられるものではなく）獲得するものであるといっている（Freire 1970a＝1979）。これがフレイレの意図する実践と理論「意識化（conscientization）」の概念である。

つまり，意識化とは抑圧され非人間化され，「沈黙の文化」のなかに埋没させられている民衆が，「調整者」（たんなる教師ではなく，民衆の苦悩と希望を共有することによって自らの人間化を求めようとする「ラディカルズ」）の協力をえて，対話や集団討論——すなわち，学習によって自らと他者あるいは現実世界との関係を変革し人間化しようとする自己解放と同時に相互の実践である（Freire 1970b＝1984）。

ガドッチ（Gadotti）によれば，フレイレによる意識化とは，民衆自身の行動によって実現されるのである。「解放の実践としての教育」のなかで批判的能動意識という概念を展開している。現実に挑み，それを変えていく，そうした意識の状態に迫るためには，批判的な対話，ともに語り合う場が不可欠であると考えているのである（Gadotti 1989＝1993：99-100）。

以上のように，フレイレは南アメリカの成人教育（識字教育）の実践を通して，貧しく抑圧された第三世界の民衆が，批判的意識を持ち社会を改革するという「意識化」をはかった。抑圧された「沈黙の文化」から民衆を解放するためには，教育者と民衆の対話が必要であり，行動の変革により豊かな社会の形成が可能だと説いたのである。

3．メジローの意識変容理論

メジローはフレイレの意識化理論（Freire 1970b＝1984：102-118）の影響を受けて，意識変容とは，批判的なふりかえり（critical reflection）を通して，意味パースペクティブ（meaning perspective）が変化し[2]，パースペクティブ変容

第1章　分析の枠組み　133

（perspective transformation）が起こること，と述べている（Mezirow 1990：1-20）。

　この理論は，1970年代におけるアメリカのコミュニティ・カレッジでの女性の再入学プログラムを研究中に形成されたものである。彼は，夜間の秘書学校に通うある主婦学生の例を挙げている。その主婦学生は夫の夕食の支度をするために急いで帰宅するけれども，ほかの女性たちがそうしないのを知り驚く。そして伝統的な主婦役割に反する意識変容が生じるのである（Mezirow 1990：13）。メジローは，主婦学生が学習により意識変容したという事例をもとに，理論を構築したのである。

　成人の学習がもたらす決定的に重要な働きの一つは，学習過程を通じて，幼少年期に無批判的に受け入れ同化した文化的および心理的諸前提が意識にもたらされて，成人の生活において，それらの諸前提の妥当性が批判的に吟味されることである（Mezirow 1981：6）。さらに発展させると，成人が他者との関係のなかで，自らの思考や行動様式を規定する意味パースペクティブを批判的に捉え返す行為，すなわち自らの自己概念を相対化し，自己を明確にしていく意識的な行為（critical self-reflection）を伴う『パースペクティブの取り込み』によって起こりうるものである。これらの行為は，社会的諸関係と自分との関係を自己限定していく行為（経験の意味づけの再構成）であり，その意味で自己のアイデンティティを問い直す行為といえる（豊田 1991：170）。

　メジローの述べる意味パースペクティブとは，人が物事を判断するための枠組みである。その枠組みは，文化，社会，学習，人間関係などによってつくられる。人はこのレンズを通して世の中を見，かかわり，解釈している（Merriam and Caffarella 1999=2005：376）。

　パースペクティブ変容とは，それまでの人生で形成された多くの意味パースペクティブが批判的なふり返りによって覆され，抱いていた世界観が変容することである。成人が学習によって意味パースペクティブを変化させると，人生観や生き方も変わる。たとえば，夫や妻の死，離婚，失業，退職，子どもの親からの自立などの人生の危機的な場面に出会ったときに，「混乱が生じるよう

なジレンマ（disorienting dilemma）」を経験し，前提が妥当かどうかを確かめるための批判的なふり返りを行い，パースペクティブ変容が生じることがある（Mezirow　1981：14）。

　メジローは，パースペクティブ変容は解放のプロセスであるとも述べている（Mezirow 1981：6）。つまり，女性問題学習者が意識変容することで，ジェンダーの縛りから解放されるのである。

　ただし，意識変容の学習[3]によって，すでに存在している行動のパターンを再び肯定することがある（Mezirow　1996：163-164）。常葉－布施が1997年におこなったメジローへのインタビューで，意味パースペクティブの変容と実際の行為の変化とは必ずしも連動しないと述べている点は重要である。つまり，メジローは女性が性役割に縛られない，ほかの生き方があると知ったあとに伝統的な生き方を選択した場合にも，パースペクティブ変容であると捉えている（常葉－布施　2004：101）。たとえば，学習者が「男は仕事，女は家庭」という性別役割分業を逆転させる夫婦の存在を知ったうえで，自ら伝統的な「女は家庭」という従前からの前提を肯定し行動を変容させない場合でも，従来の前提を無条件に受け入れているわけではないならば，意味パースペクティブは変容していると認める。つまりメジローは，後出のクラントンとは異なり，意味パースペクティブの変容が行動にまで結びつく必要性を求めない。

4．ショーンによる省察的実践の理論

　ショーン（Schön）は，科学や学問という「ハード」な知と，〈わざ〉や表にでない意見などの「ソフト」な知について，実践の認識論からアプローチしている。つまり，実践のなかで何度もふり返る（「行為の中の省察」）ことによって，その実践が改められ，さらに発展していくというものである。彼が述べる「行為の中の省察（reflection-in-action）」がもつ独自の構造を分析し，省察的実践の重要性を説いている。

　分析にあたって，ショーン（1983＝2007：ii）は，「有能な実践者は，自分が言葉に出して語る以上のものを知っているものである，という前提から始めて

第1章　分析の枠組み　135

いる…（略）…彼らは『実践の中の知の生成 (knowing-in-practice)』をおこなっており，その行動は暗黙のうちになされている」と述べている。

筆者は，クラントンが自身の研究課題と位置づける「無意識の状態からの意識変容」について[4]，ショーンが，暗黙知[5]という概念を利用している点に注目する。上述のように，ショーンは実践者の省察的学習の方法を論証しており，そのなかで「行為の中の省察」における知（暗黙知）の形成について言及している（Schön　1983：52）。

ショーンの述べる「行為の中の省察」は，次のように説明することができる。日常生活での行為は，意識しないまま自然に生じる直感的な行動である。知の形成は，行為のパターンや取り扱う素材に対する触感のなかに，暗黙のうちにそれとなく存在しており，（私たちは）行為の最中に驚き，それが刺激となって行為の最中でふり返り，自分自身で認識できていない考え方や知識（暗黙知）を，明らかにすることができる（Schön　1983＝2007：50）。

人は難問，困難，興味などを理解するにつれて，行為のなかで暗黙のうちに行っている理解についてもふり返るようになる。その暗黙の理解を表面化し，ふり返り，再構築する。そして，将来の行為を具体化するための理解についてもふり返るのである（Schön　1983：50）。

人間は，具体的に意識化していることを省察する場合もあれば，意識化されてはいない事象を省察することで暗黙知の顕在化に至る場合もあるといえよう。省察の方法についても，学習者（実践者）が自分の実践のなかで (in)，自分の実践について (on) 省察するとき，省察の対象は，目の前にある現象や，もち込んでくる実践のなかの知の生成システムに応じ多様である（Schön　1983＝2007：64）。実践者は判断の土台となる暗黙の規範や認識について，あるいは行動パターン内に暗黙のうちに横たわっている戦略や理論について省察するかもしれない。さらに，ある状況のなかである行為を選択しようとする際に用いる感触 (feeling) について，解決しようとする問題に枠組みを与える方法について，あるいはより大きな制度的文脈での自分の役割について省察することもあるだろう（Schön　1983＝2007：64-65）。

ショーンは専門職を中心に論を展開しているが，それらは学習者についてもいえることである。学習者は行為のなかで暗黙の知を省察することによって意識変容の学習を深めることができるといえるのではないだろうか。

5．クラントンによる自己決定型学習の理論と意識変容理論の統合
（1）自己決定型学習の特色
　クラントンは，フレイレの影響を受けたメジローの意識変容理論やノールズの自己決定型学習の理論，ショーンの省察的実践の理論をもとに，自己決定型学習の理論と意識変容の学習を統合している。著書のなかで，意識変容の学習と自己決定型学習の統合を提示し，自己決定型学習について以下のように論じている（Cranton　1992＝1999：147）。

　　自己決定性はおとなの特性とはいえない。つまりそれはおとなの安定した特性ではなく，たとえば心理的タイプのようなものでもない。学習は〈プロセス〉であり，自己決定型学習はそのプロセスを経験する一つの方法なのである。…（略）…自己決定型学習は，プロセスと同時に〈結果〉でもある。学習者が自己決定型学習をおこなう技能を身につけるときに，態度と行動の変化が伴う。そのプロセスを経た結果として，その人はその後の自己決定型の学習活動に，もっと容易に，かつよく理解した状態で参加できるようになる。そして最後に，自己決定型学習は成人教育の〈到達目標〉であるといえる。

　成人教育において，これまではおとなの学習者には自己決定性があると信じられてきた。しかしクラントンは前出のように，ノールズがすべての成人学習者は自己決定的であるとはいっていない点に注目している。さらにブルックフィールドによる自律性の概念にも注目し，「自己決定型学習は学習場面のいかんにかかわらず，学習経験に自発的にかかわるプロセスであり，その経験について自由にふり返るプロセスであり，そしてその経験の結果として変容と成長を確認するプロセスである」（Cranton　1992＝1999：76）と言及する。自己決定性は成人学習者の特性ではなく，むしろプロセスであり到達目標であると

表3-1-1　自己決定型学習の注目すべき特色

自己決定型学習がおこなわれるとは	それ以外の学習がおこなわれるとは
・学習者が，フォーマルな講座を含めて学習を選択するとき	・雇用者，家族などほかのものが学習を命じるとき
・学習者がその経験の結果として行動・価値・知識などを意図的に変えるとき	・学習者が洗脳されるか，操られているとき
・学習者がいかに対応し，何を読み，何を観察し，何をおこなうかを選択するとき	
・学習者が変化や成長に気づき，それを記述できるとき	
・学習者が自由に話し，聞き，相互に交流し，相談し合うとき	・学習の自由が他者によって縮小されているとき
・学習者が受け入れた情報に自由に挑み，あるいは問いを発するとき	・学習者が自由に挑戦したり，問いを発したりできないとき

出所：クラントン（1992＝1999：76）

結論づけているのである。これは前提をもった学習者が学習経験をふり返り変容したかどうかを確認するプロセスでもある。

クラントンは自己決定型学習の注目すべき特色として，表3-1-1のように掲げている。

（2）自己決定型学習と意識変容の学習との関連

クラントンは，自己決定型学習と意識変容の学習について次のように関連づけている（Cranton　1992＝1999：150）。

　　自己決定学習をめざす取り組みの中ではたいてい，学習についての信念や価値観の根本的な変化が必要になる。教育の本質について長年抱いてきた前提を吟味し，問い直し，修正しなければならないのである。この意味で，このプロセスはメジローのいう意識変容の学習の一例であり，複雑でしかも骨の折れるプロセスになるのが通常である。

表3-1-1の内容で「学習者が変化や成長に気づき，それを記述できるとき」学習者は自己決定学習をし，さらに意識変容の学習をしたといえよう。
　三輪建二（1997：27）はクラントンが「意識変容の学習」を次のように二つに分けて論じていると述べる。①一つは学習プロセスを経由するなかで，これまでの他者決定型学習（教師決定型学習）という価値観にとらわれていたことを学習者自らが問い直し，自己決定型学習へと発想の転換を進めるという意味での意識変容の学習である。②もう一つは，学習者がとくにおとなであることに由来する意識変容の学習である。おとなは長い人生経験を経過するうちに，一人ひとりが固定的な「価値観」（その人が受け入れる社会的原理をはじめ，尊重するに値するか何かについての認知）を身につけるようになる。おとなは，固定的な価値観の束を身につけた存在なのである。これらの価値観のなかには急激な社会変化に適応する際に，あるいは新しい生き方を模索する際に障害になるものがあり，そのための学習活動のなかで，これまでの価値観を吟味の対象にする必要性が生まれる。
　クラントンのこの二つの論点に対し，さらに三輪は今後の検討課題として以下のように示唆している（三輪　1997：31）。

　　クラントンは，他者決定型・教師決定型の学習を身につけた成人学習者が，学習プロセスの中で徐々に自己決定型学習をマスターすることは，それ自体が，学ぶということをめぐる意識変容の学習になると述べている。しかし，両者の関係をめぐるそれ以外の観点については，とくに項目を設けて説明していない。両者は別々の学習活動ではなく，おとなの学びに関する視点の違いをあらわすものだと考えることが可能である。しかし，同時に，①自己決定型学習ではあるが意識変容の学習とはいい難い学習活動，反対に，②意識変容の学習にはなっているが自己決定型の学習にはなっていない学習活動についても，言及する必要があるだろう。

　自己決定型学習と意識変容の学習には三輪が指摘するように密接な関係がある。「意識変容の学習」と「自己決定型学習」が示している学習の捉え方によって，自分の意識のなかのジェンダーバイアスを是正し，行動を変え，社会

のあらゆる分野に主体的に参画していく自信と力を自覚できるようになることをめざす，エンパワーメントのための学習のあり方を考えることができる（日本女子社会教育会　1999：21）。とくに女性問題学習においては，自己決定によって意識変容が生じる可能性があるため，両者の関連は深いといえよう。

6．クラントンの「意識変容の学習」と〈意識変容の学習のプロセス〉
（1）クラントンの意識変容の学習

クラントンは，自己決定型学習の概念をふまえて〈意識変容の学習のプロセス〉のモデルを作成している。意識変容の学習については，とくに，おとなの学習者は固定化された前提をもち，その前提に気づき，吟味し批判的な問い直しをすることで，新しい前提や価値観をもつという変容を起こすのである（Cranton　1992＝1999）と，前提の変化を重要視している。

また，クラントンは以下のように述べている（Cranton　1992＝1999：204）。

> 意識変容の学習は，自己を批判的にふり返ろうとするプロセスであり，私たちの世界観の基礎をなす前提や価値観を問い直すプロセスである。価値観は必ずしも変えられるわけではないが，検討はされる。つまり，それらの価値観のもととなることを明らかにし，そのうえでその価値観を受け入れて正当化するか，あるいは変更したり，否定したりする。意識変容の学習は，たとえば転職，退職，配偶者との死別，転居，離婚のような人生の危機の結果として起こることもある。しかしまた，人（教育者を含む）との活発なやりとりによって生まれたり，あるいは入念に企画された演習や活動への参加や，読書や視覚教材によってもまた，突然，生じるかもしれない。

さらに，すべての成人教育の場面で意識変容の学習が適しているわけではないという点は注意すべきである。多くの学習場面では，知識あるいは技術の習得が学習の到達目標となっており，意識変容の学習は重要でもないし，適しているわけでもない（Cranton　1992＝1999：203）と述べ，意識変容の学習はすべての成人教育において適しているわけではないけれども，私たちの世界観，前提を問い直すプロセスであると言及している。

```
                    パースペクティブ
安定         ┌──────────────────────────┐         社会的背景
             │ 前提と価値観をもった学習者 │
             └──────────────────────────┘
                        ↑
                        │
前提の    ┌─────────┐   │   ┌──────┐
問い直し  │まわりの人│──┼──→│でき事│
          ├─────────┤   │   └──────┘         意識変容の学習
          │背景の変化│──┘
          └─────────┘
                                      ┌──────────┐
ふり返り       ┌──────────────┐        │前提の変化│
               │前提に気づく  │        └──────────┘
               │前提を吟味する│              ↓
               └──────────────┘      ┌──────────────────┐
                                      │パースペクティブの│
ふり返り       ┌──────────────┐        │      変化        │
               │前提の源と結果│        └──────────────────┘
               │   の吟味     │              ↓
               └──────────────┘      ┌──────────────────┐
批判的な                              │変化したパースペク│
ふり返り      ◇前提は正しいか◇  はい │ティブに基づく行動│
                    │                 └──────────────────┘
                  いいえ
```

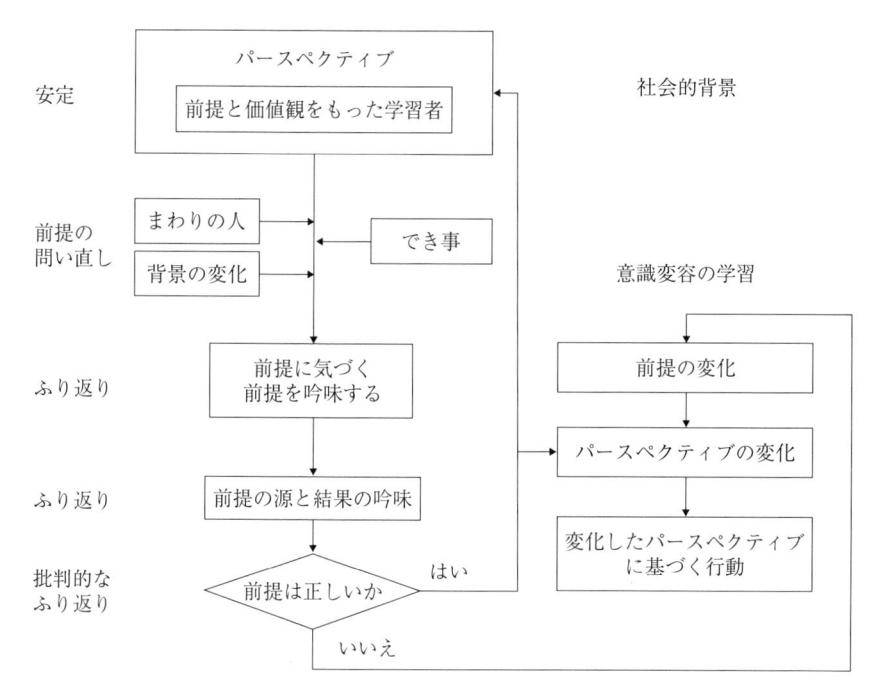

図3-1-1　クラントンの〈意識変容の学習のプロセス〉
出所：Cranton（1992＝1999：206）

　女性問題の学習は，性別役割分業観の前提や価値観，世界観を問い直し自分自身や社会変革を促す学習であるゆえ，意識変容の学習の事例として適しているといえる。

(2) クラントンの〈意識変容の学習のプロセス〉

　つぎに，本書の分析の基礎となる，〈意識変容の学習のプロセス〉モデルを説明する。

　まず，図3-1-1の用語を説明する。「前提」とは，当然と思われること，仮定のことである。「パースペクティブ」はその人の一連の前提に基づいており，どう生きていくか，経験していることをどのように理解するかを決定し，価値観とは前提とパースペクティブから生み出される。たとえばその人に受け入れられる社会的原理，到達目標，水準などであり，尊重するに値する何か

第1章　分析の枠組み　141

を認知することであるという。

　クラントンは以下のようにメジローを引用し、ふり返りの大切さを述べている（Cranton　1992＝1999：210）。

　〈ふり返り〉（reflection）とは、自分の信念の根拠を吟味することである。批判的なふり返り〉（critical reflection）とは、その人の意味パースペクティブの前提条件が妥当かどうかを評価することである。〈自己の批判的なふり返り〉（critica-self-reflection）とは、自分がどのように問題としたかを評価し、自分自身の意味パースペクティブを評価することである。意識変容の学習（transformative learning）とは、自己を批判的にふり返る学習のプロセスであり、その結果、意味パースペクティブがもう一度明らかにされ、自分の経験についてもっとはっきりと包括的、統合的に理解できるようになる。学習とは、これらの洞察に基づく行動を含んでいる。

　つぎに、プロセスの流れを説明する。
　〈意識変容の学習のプロセス〉の一般的なモデル（図3-1-1）によると、学習者は、批判的なふり返りを行い、前提や価値観を問い直し、さらにその前提を吟味し、前提の正しさを問い直す。吟味の結果、前提が正しいとの結論が出たときは、もとの前提に戻る。前提が正しいとの結論を得て安定してしまうのは、学習者に変化への準備ができていないときである（Cranton　1992＝1999：207）。したがってクラントンは、これを意識変容とは捉えない。人が抱いている前提と価値観は根強いものなので、なんらかの方法でふり返りのプロセスに組み入れられるのでなければ、人はそれらを検討するために立ちどまることはあまりない。ふり返りは、おのずから前提が妥当であるかどうかを吟味する。前提は正しいと判断した学習者はパースペクティブの変化は起こらない。これは学習者がまだ変化する準備段階ではないか、通常ではない経験をしたか、二度とない経験をした場合であろうし、前提を肯定する場合である。
　しかし正しくないと考えられた前提は変化する。つまり、前提が正しくないと判断した場合に限り、パースペクティブが変容し、行動にまで進むと捉えるのである[6]。意識変容が起こるのは、学習者が前提に疑問を投げかける周囲

の人やでき事，社会的背景の変化によって刺激を受け，「混乱が生じるようなジレンマ」が生じたときである。

〈意識変容の学習のプロセス〉には，先述のメジローの理論が大きく影響を与えている。メジローの意識変容の学習という概念は，背後にひそんでいる前提（あるいは意味パースペクティブ）の分析と問い直しを土台としており，そこでの意味パースペクティブは，一人ひとりの過去の経験に由来している（Cranton 1992＝1999：79）。図3－1－1は一般的なプロセスを示すモデルであり，クラントンは「意識変容のプロセスは一人ひとり異なっているだろうということを忘れてはならない。このプロセスは，学習者の基礎的な前提に疑問を投げかける周囲の人やでき事，社会的背景の変化などによって刺激を受ける。メジローの言葉によれば，これは『混乱を引き起こすようなジレンマ』である」（Cranton 1992＝1999：205）と付け加える。

10人の学習者には10通りのプロセスがあるように，〈意識変容の学習のプロセス〉は多様である[7]。そして『混乱を引き起こすようなジレンマ』が変容に作用しているという点がメジローとクラントンの主張である。

では，メジローとクラントンの主張はまったく同じであろうか。二人の相違は，前者が前提の再肯定（行動は不変）をもパースペクティブ変容であると捉えるのに対し，後者は「意識変容の学習は，行動の変化を含むものでなければならない」と，学習による行動への変化を重視する点にある（Cranton 1992＝1999：242）。筆者は，メジローの主張を支持し，前提を再肯定することもパースペクティブ変容と捉える。

いっぽう，無意識と意識変容の関連についてクラントンは，無意識の状態からの意識変容に関して，研究の必要性を述べてはいるものの，モデルには組み入れていない（Cranton 1992＝1999：209）。それは，意識変容の研究の事例数が少ないことによるものといえる。

本書では，無意識の状態での意識変容についても検討を試みる。

第1章　分析の枠組み　143

7．クラントンの〈意識変容の学習のプロセス〉と諸理論との関係

　ノールズ，ブルックフィールド，クラントンの理論からもわかるように，学習内容によっては，自己決定型学習と意識変容の学習の間には，関連性があるといえる。

　メジローの意識変容理論をもとに実践的な研究を行うことによってクラントンは，〈意識変容の学習のプロセス〉の一般的なモデルを提示した。「混乱を引き起こすようなジレンマ」[8]（Cranton　1992＝1999：205）という表現にみられるとおり，メジローの影響を受けていることは明らかである。しかし，ユングの心理タイプ[9]に着目し，意識変容の学習に個人の心理タイプに基づく相違があることを提起している点がメジローと異なる（Cranton　2000：181-204）。クラントンは，前述のように「このプロセスは一人ひとり異なっているだろうということを忘れてはいけない」（Cranton 1992＝1999：205）とも述べ，モデルがもつ限界と学習者の意識変容の多様性を指摘している[10]。さらにメジローが前提の再肯定をもパースペクティブ変容であると捉えるのに対し，クラントン（Cranton　1992＝1999：207）は前提が正しいと判断した場合に関して「その人がまだ変化する準備ができていないときに起こりうる」と述べ変容とは捉えていない。さらに，「意識変容の学習は，行動の変化を含むものでなければならない」（Cranton　1992＝1999：242）と，学習による行動への変化を重視する点にある。クラントンはメジローの理論を下敷きにはしているものの，両者の間には，このような相違がある。

　ショーンが暗黙知に対する省察の重要性を述べたのと同様，クラントンも，無意識の状態からの意識変容に関して，その探究の必要性を述べてはいるものの，モデルには組み入れていない[11]（Cranton　1992＝1999：208-209）。それは，意識変容の研究の事例数が少ないことによるものといえる。

8．クラントンの意識変容理論と諸理論との関係

　第1節1～7に関するクラントンの意識変容理論と諸理論との関係を簡潔に図で表すと図3-1-2　である。

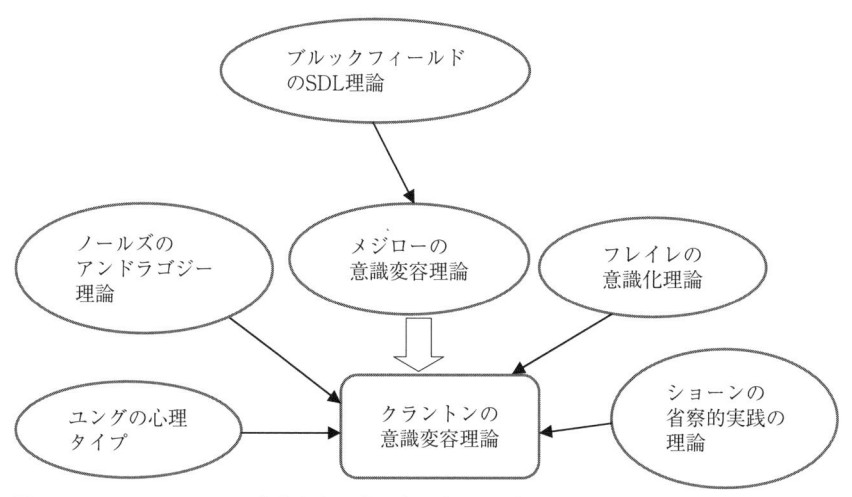

図 3-1-2 クラントンの意識変容理論と諸理論との関係

第 2 節 分析の視点と課題

前節をふまえ，本書ではライフストーリーを用いて意識変容を分析する。そこでの鍵概念は前提，気づき，意識変容である。これらをまず説明する。そのうえで，分析の課題を述べる。

1．ライフストーリーと意識変容の学習

調査対象者にライフストーリーをジェンダーの視点から語ってもらい，それを分析して意識変容の可能性を追求するために，ライフストーリー法を選んだのは次の理由による。まず，ライフストーリーとは，生育環境から現在まで，社会背景をふまえて，人生を語ったものである。ベルトー（Bertaux 1997＝2003：59）は，ライフストーリーの概念を次のように述べている。

《完全な》ライフストーリーとは，主体/調査対象者のヒストリー全体を扱うことである。誕生から始まり，両親の歴史，環境，社会的な出自にも簡潔に触れる。主体のヒストリー全体を網羅する。この人生のヒストリーのそれぞれの時期において，

ストーリーはたんに主体の内面的生活と行為だけでなく，個人間の，そして社会的コンテクストを描いている。

桜井厚は，ライフストーリーについて，女性を対象にした調査では，オーラルヒストリーやライフヒストリーの方法論が適しているかどうか，その調査研究の目的やテーマとからんで判断すべきであろうと前置きし，「私が経験したライフストーリー・インタビューでは，男たちは自分の仕事や地域の社会組織を語るとき，また女たちは身近な人物との関係や生活で直面した体験を語るときが，もっとも生き生きしている」（桜井　2003：8）と語っている。

ベルトーが述べるように，ライフストーリーは語り手の内面や行為を表すだけでなく，そのときの社会を映し出している。女性に限らず成人学習者は，本人の生育環境，学習歴，友人関係，仕事，結婚生活，夫婦関係，家族の価値観，社会的なでき事との関係など，過去のあらゆる生活経験や学習経験を背負っている。これらの経験のうち，学習者が自分の人生で意味があると思っていることを語ることが，気づきを触発する要因になると考えられる。桜井が述べるように女性たちは人間関係や生活体験を語ることを得意とする。ゆえにライフストーリーは，個人の心の深層を表出する作用があるため，とくに女性問題学習者の気づきを促し，意識変容過程を分析するには適切な手法であると考えられる。

2．基本用語の定義と表記
（1）前　提
クラントンは「前提をおとなの学習者がもつ確立された価値体系や信念，物事がどうなっていくのかについての確固とした期待や，世の中がどのように動いていくかについての基本的なこと。学習者のニーズの土台になっているもの，私たちの世界観の基礎をなすもの」（Cranton　1992＝1999：203-204）としている。たとえば，性別役割分業を肯定する世界観をもつ女性の場合は「男は仕事，女は家庭」「親の介護は女性がするもの」などが前提にあたる。

本書における前提は，クラントンの前提に関する説明を基準とする。しかし，筆者は前提には「意識化された前提」と「意識化されていない前提」の2種類があると考える。前者は，学習者が自分で具体的な言葉によって表現できる，または言葉で表現できなくても意識することができる前提のことである。後者は，上述したショーンの述べる暗黙知，つまり，自分自身で認識できていない考え方や知識（暗黙知）のことである。このように，本書では前提を「意識化された前提」と「意識化されていない前提」の2種類に分類して分析を行う。

（2）気づき

　前述のように，クラントンは「意識変容の学習は自分をふり返る学習でもあり，私たちの前提や価値観を問い直す学習である」と述べ意識変容の学習の必要性を指摘している（Cranton　1992：146）。ふり返りのプロセスは，前提がまさに問い直されているのに気づくことから始まる。前提に気づくと，続いてそれらを検討していく，あるいは明らかにしようとしたり，考えたり，じっくり思案したりする（Cranton　1992＝1999：207）。そして，批判的ふり返りを効果的に行うために，気づきは重要なのである（Mezirow　1998：185-186）。このように意識変容するために，気づきの果たす役割は大きい。池田和嘉子も「自分自身のジェンダー意識に『気づく』ことが，意識変容のプロセスの出発点となっていく」と述べるように（池田　2004：121），ジェンダー意識からの解放のための意識変容学習には「気づき」が重要な位置を占める。

　気づきはどのように生じるのであろうか。クラークソン（Clarkson　1989＝1999：40）は，「はっきりと考えてもいなかったことや，感覚的に気にも留めていなかった出来ごとに徐々にまたは突然に気づくかもしれない」と述べている。

　シムキン（Simkin　1978：49）が「"気づきは道具"なのです。気づいていればいるほど，より多くを選び出すことができ，より多くの選択が可能になります」と述べるように，気づくことは次の行動の選択のための指針となるのである。つまり，ふり返りのなかで生じる気づきが，意識変容にのみならず行動変容にも影響を与えるといえる。そこで，本書では，気づきに着眼して，学習者

に意識変容を促進させる方法論を検討することとする。

　それでは，気づきとは何か。スティーブンス（Stevens）は気づきを次の3点，①見，聞き，嗅ぎなどの外部世界への気づき，②感覚的接触，皮膚内に感じるなどの内部世界への気づき。この両者は体感的な気づきである，③現実に起っている，経験への気づきを超えた，すべての精神活動をふくむ，空想活動への気づき，と定義している（Stevens　1971＝1982：7－9）。

　このスティーブンスの定義を受けて，本書では，気づきを「学習者の感覚や体感，経験によって生じる，新たな発見とし，それに加えて前提を再確認すること」と定義する。具体的に示すと，性別役割分業観，女性の自立など，ジェンダー意識に関する気づきのことである。

（3）〈意識変容の学習のプロセス〉と「意識変容のプロセス」

　本書では，図3-1-1で示したクラントンによる意識変容の学習における一般的なプロセスのモデルを〈意識変容の学習のプロセス〉（Cranton　1992＝1999：206）と表記した。学習者が一般的に経験する意識変容の過程を「意識変容のプロセス」と表記する。

3．意識変容の判断基準

　分析対象となる人々が，どのような状況になったときに意識変容が生じたとみなすことができるかについて，なんらかの判断基準が必要である。そこで，クラントンによる基準との比較によって，本書における判断基準を述べる。

　クラントンが意識変容の条件として，学習者自身の前提に変化が生じる場合を挙げており，「前提は正しい」という結論になったときは，学習者が意識変容する準備ができていないときと見なしている（Cranton　1992＝1999：207）。しかし，筆者は「前提は正しい」という結論になった場合にも，前提が根づき強化されているならば，もとの前提と同様ではないので意識変容と捉える。それは，前提が根づくことにより自分自身の前提に自信をもち，その後，顕在的な行動変容が生じやすいと考えるからである。本書では，学習者の前提が再肯定されたが顕在的な行動変化がみられない（つまり意識のみが変容して顕在的な

行動変容にまで至らない)場合でも,意識変容が成立したと考える。それは,メジローが述べるように,学習者のパースペクティブが変容したからである。

パースペクティブが変容したということは,学習者が学習したと考えられる。井上健治(1986：67)は「学習」を「経験あるいは経験の反復によって生じる行動の持続的変化の過程あるいはその結果をいう。この場合,行動とは必ずしも顕在的なものばかりでなく,思考様式のような潜在的な心身機能を含む」と定義している。

たとえば,「男は仕事,女は家庭」という前提をもつ学習者が,もともと女性全体に対して「結婚したら女性は家庭で夫を支えるもの」という前提をもっているとする。しかし学習を通して,①自分の顕在的な行動は変わらないが,②「経済的自立をめざす」女性の存在や考え方を認めるようになった場合,つまり他者の生き方を認めるようになった場合は,前提が変わり意識変容したとみなす。

つまり,本書における意識変容の判断基準は,学習者自身の顕在的な行動変容には及ばなくとも,前提が根づき強化されているならば,もとの前提と同様ではないので意識変容と捉える。

4．学習支援者としての位置づけ

筆者はコーディネーターとして講座の企画段階からかかわった。コーディネーターという立場から,対象者全員と講座企画から調査終了まで8年間に渡る人間関係を構築している。そのため,対象者たちは調査に協力的で心の深層まで語ってくれ,貴重な資料を得ることができた。分析にあたっては客観性を重視し,運営委員会から調査終了までの筆者の記録や運営委員の記録,講座資料などをもとに筆者自身も常にふり返りを行い,対象者とやりとりしながら分析にあたった。

5．分析の課題

第三部では序章で示した「研究の目的2」,すなわち「女性の学びと意識変

第1章 分析の枠組み 149

容のプロセス」の分析を行う。この分析の課題は以下の三つに細分化できる。

① 本書で行うライフストーリーの分析方法が，どの程度「女性の学びと意識変容のプロセス」の分析に貢献できるのかを考察する（第2章　研究目的2-1）。
② 気づきの類型化を試み，類型をもとに「意識変容のプロセス」を分析する（第3章　研究目的2-2）。
③ クラントンの〈意識変容の学習のプロセス〉モデルをもとに，「気づきからみた意識変容の学習のプロセス」モデルを構築する（第4章　研究目的2-3）。

第三部は，以上の三つの分析課題を達成することによって「女性の学びと意識変容のプロセス」を明確にするものである。

第3節　調査の概要

1．男女共同参画社会をめざす女性学級—「A市　女性問題と話し合い学級『私が私であるために』」講座の概要—

2000年A市で開催された女性問題講座は，ジェンダーに敏感な視点を養うための啓発講座であった。はじめに，本書の対象者が受講した「A市　女性問題と話し合い学級『私が私であるために』」講座の概要を下記に示す。

（1）A市の講座受講生の特性

A市は，1970年代から急激に発展した新興住宅地である。したがって，地元住民と新しい住民が混在するが，サラリーマンと専業主婦という夫婦関係が多数を占めている。学習者たちの多くは子育てをしながら，または子育てを終えて，自分探しのために応募してきた。1996年に矢澤澄子，国広陽子，天童睦子が主婦対象に行った研究がある。そこでは，「自分の生き方への納得」が困難な主婦的状況が，日ごろの生活のストレスと絡み合って女性たちの「社会への不満」意識となっている点がうかがえたと述べられている（矢澤・国広・天童　2003：110）。A市には能力はあるがそれを生かすことができず，自分の生

き方を模索し悩んでいる女性たちが多い。国広は同地域の主婦を調査し，このようなタイプの主婦たちを，能力と就業意欲をもつ生命再生産活動に特化した妻（生活ジェンダーとしての「主婦」）たちである（国広 2001：10-12）と位置づけている。この講座には，これらの調査の対象者と同様な意識をもつ女性たちが年代を超えて多く受講していた。

応募者125名のうち抽選により参加者は37名であった。そのうち保育利用者は17名，年齢層は30-60代と幅広い。女性問題講座は，応募者が少なく悩む自治体も多いなかで125名の応募者は大変多い。のちに参加者に応募理由を尋ねると，タイトル「私が私であるために」は，現在の自分自身の問題テーマで惹かれたという返答が多かった。タイトルの魅力が応募者を募らせたといっても過言ではない。魅力的なタイトルがついた理由として，運営委員が企画段階から講座にたずさわったことが挙げられる。このタイトルは運営委員の一人が考えたもので，彼女の実感だったのだ。

（2）講座の全体構成

はじめに，講座の全体構成図（図3‐1‐3）を示す。講座は運営委員会，講座開催，講座修了後の記録作成で構成されている。以下で運営委員会から講座開催，そして実施記録誌の説明を行うこととする。

（3）運営委員会による講座の成立過程

この講座は，運営委員がA市の職員1名と一緒に運営委員会を開催し企画した。運営委員のメンバーは，前回のA市女性問題と話し合い学級の受講生8名である。筆者はコーディネーターとして講座の企画段階からかかわり，プログラムの4〜7回（ワークショップ）[12]を担当した。

運営委員会は，2000年3月から9月末まで，約半年間に週1回，20回にわたって開催され，講座期間中も含めると計24回である。運営委員のなかで毎回記録係を選出し記録を取っている。運営委員会の記録資料[13]から抜粋し，講座開始までの企画経過を以下に示す。

2000年4月6日の第5回運営委員会では，講師選定や方法についての話し合いが行われた。参加者が話し合いや体験学習を行うという参加型学習の方法を

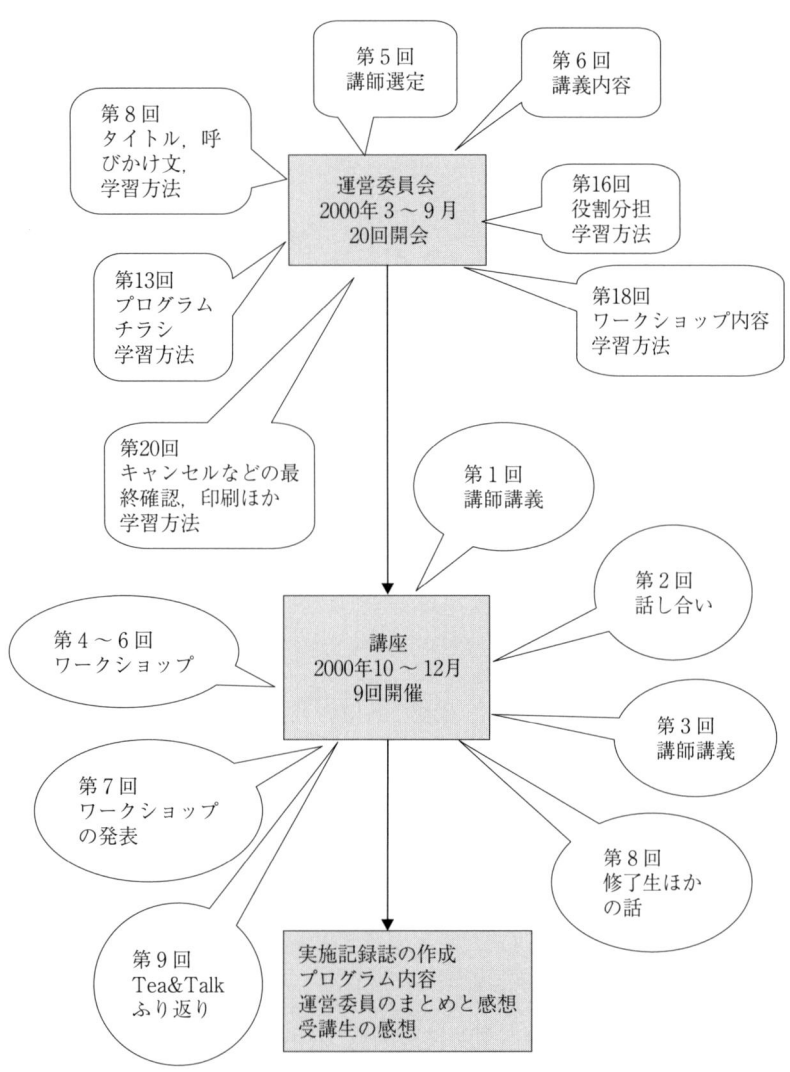

```
                    第5回           第6回
                    講師選定         講義内容

   第8回
   タイトル，呼
   びかけ文，                              第16回
   学習方法          運営委員会           役割分担
                    2000年3～9月        学習方法
                    20回開会
   第13回                               第18回
   プログラム                            ワークショップ内容
   チラシ                               学習方法
   学習方法

   第20回
   キャンセルなどの最           第1回
   終確認，印刷ほか              講師講義
   学習方法
                                                    第2回
                                                    話し合い
   第4～6回          講座
   ワークショップ     2000年10～12月
                    9回開催
                                                    第3回
                                                    講師講義
   第7回
   ワークショップ
   の発表
                                                    第8回
                                                    修了生ほか
                                                    の話
                              実施記録誌の作成
   第9回                        プログラム内容
   Tea&Talk                    運営委員のまとめと感想
   ふり返り                      受講生の感想
```

図3-1-3　講座の全体構成
注：運営委員会は20回開催されたが，図では主な取り決めを行った回のみ示している

とることになった。

　参加型学習はフレイレの識字教育に始まるといわれている。フレイレは対話による教育の必要性を強調し，対話について，①対話は世界と人間に対する深い愛がなければ存在しない，②対話は謙譲を欠いても存在しえない，③対話はさらに人間に対する深い信頼が必要である，と述べ，愛と謙譲と信頼に根ざすとき，対話は対等の関係になり，その論理的帰結として参加者相互の信用がうまれる，と語っている。さらに，④対話はまた希望がなければ存在しえない，⑤真の対話は，批判的思考を含まない限り存在しえない，と批判的思考を重視し，人間は沈黙のなかでではなく，言葉，労働，そして行動―省察のなかで自己を確立するのであると，対話で相互参加することによっての変容も述べている（Freire　1970a＝1979：96-104）。

　生涯学習のプログラム立案にあたって，西川万丈（2005）は，「人々の相互の学びから導かれる『気づき』，意識の『変容』，そして具体的な問題解決に向かう『実践』や『活動』を通して深められてゆく。したがって，学習の方法も，この共同性と実践性を意識し，学習者が学習課題に，主体的に関わっていく『参加型学習』を重視することが必要だと思われる」と，人権問題の解決に参加型学習の重要性を述べている。参加型学習は意識変容を促す方法として適しているといえよう。

（4）**講座プログラムと講座経過**

　運営委員会の検討の結果，表3-1-2に示す講座が決定された。2回の講義と7回のワークショップで構成された内容で，2000年10月2日から12月4日まで，午前10時から12時まで計9回の講座である。毎年B区は生涯学級実施記録を発行しており，それには全講座の内容が各講座の運営委員によってまとめられている。つぎに，その講座実践記録（A市B区生涯学級運営委員会　2001：20-23）から講座のプログラム（表3-1-2）を示す。

　講義は，「見てみよう　CMの中の女性たち」「主婦の今とこれから〜専業主婦は不滅なの？〜」をテーマとし，講師から学び情報や知識を得ている。

　ワークショップは，「チャレンジ"私発見"」と題し，学習者が話し合いのな

表3-1-2 「私が私であるために」

回数	日 程	内 容	講師など
1	10月2日（月）	「見てみよう　CMの中の女性たち」 〜女性はこうしてつくられる〜	X大学Y助教授
2	10月16日（月）	「話してみよう　私の思い 　　聴いてみよう　あなたの思い」	運営委員
3	10月23日（月）	「主婦の今とこれから」 〜専業主婦は不滅なの？〜	Z氏
4 5 6	10月30日（月） 11月6日（月） 11月13日（月）	「チャレンジ"私"発見」 〜ワークショップ①②③〜	筆者担当
7	11月20日（月）	「発見　そして見えてきたもの」	筆者担当
8	11月27日（月）	「私の選んだ道」 〜一歩踏み出した方々を迎えて〜	講座修了生他
9	12月4日（月）	「私が私であるために」 〜Tea & Talk 学級をふり返って〜	

注：A市B区生涯学級運営委員会（2001：20-23）より筆者が作成

かで自分自身をふり返り，気づき，精神的・経済的自立のための意識変容や，行動変容をめざすことを目的としている。グループで「夫婦・親子関係，仕事，復帰，年金，アンペイドワーク，人生設計」のテーマ別に分かれ文献講読，施設調査，資料収集などの作業をし，話し合いを通して相互に学びあい，最後に発表するという方法をとった。ブルックスなど（The Group for Collaborative Inquiry 1993：43-51, Brooks 2002：152）は，グループでの語りのなかから意識が変容することを示唆しており，藤村久美子は，教師が知識を授けてくれるのを待つのではなく，自主的に物を考え，自分自身の創造力と批判的思考力と分析力に自信をもつようにさせること…（略）…を達成するため，話し合いによる女性問題学習は意識変容を促すのに適していると述べている（藤村 1996：5）。

この講座修了後，学習者が自主学習グループを立ち上げた。そしてその学習を生かし，行政に場所を提供してもらい，子育て支援活動へと発展させた[14]。

（5）講座内容と感想

つぎに，講座の内容と運営委員や受講者の感想を講座実践記録から抜粋して示す。

① 第1回 『見てみようCMの中の女性たち〜女性はこうしてつくられる〜』

講座第1回（10月2日）は，講師による講義である。講義のあと，グループごとに10本のCMチェックをして発表した。運営委員のコメントは「メディアは必ずしも現実を反映しておらず，古いステレオタイプのジェンダーを再認識し，再生産していることがよくわかった。今後，こういうメディアを変革していくことが必要である」であった。

② 第2回 『話してみよう 私の思い，聴いてみよう あなたの思い』

この回は，運営委員が担当した。参加型の学習方法をとり，学習者同士の交流を目的とした。ゲームや1回目の講義の感想文を回し読みし，コメントを伝え合った。このような意見交換などを通して，学習者同士の交流ができ，親密さも増している。加えて，現在の自分の状況や問題などについて自由に意見交換し，最後に発表を行った。

発表の内容に関する運営委員の感想は，「家庭内での夫婦の役割に疑問をもっている，CMによるジェンダーのすり込みに改めて驚きと憤りを感じる，自分の子どもに対して性差を具体的にどう伝えていくべきかなど，やはりジェンダーに関するものが多かった」とある。

③ 第3回 『主婦の今とこれから〜専業主婦は不滅なの？〜』

講師による講演である。抽選に漏れた人びとにも学んでもらいたいということで公開講座にした。運営委員のほとんどは，専業主婦であり，専業主婦の現実を知るために，講師選びも行っている。運営委員の代表が，10月6日（金）に講師であるＺ氏との打ち合わせを行った。運営委員からの講演内容の要望は，専業主婦に関する現状についてで，ジェンダー，アンペイドワークなどの用語の紹介と，「主婦の今後について」「女性を取り巻く社会情勢について」「主婦が今後心がけるべきこと，身につけなければならないこと」「専業主婦の価値」「介護・年金問題」などである。公開講座参加者は受講生も含めて約70

名，20代後半から63歳までの専業主婦が中心であった。

運営委員の感想は，「資産をもたない主婦の場合は，夫の資産の把握と働く用意が必要である。求人のある職業を調べ，必要技能を知り，経験者の話を聞くことが大切である。主婦が働くには，『年齢制限』『再就職の訓練システムがない』『賃金が低い』などの壁があるが，女性を取り巻く状況についての正しい情報を得て，社会に働きかけていく必要がある」であった。

④ 第4，5，6回 『チャレンジ"私"発見』

グループワークのテーマ決めとグループを作成するにあたって，学習者にはジェンダーの視点の入っている，新聞や雑誌の記事を持参してもらい，集まった記事の内容と，講座受講当初に書いてもらったプロフィールからグループ分けを行った。グループは，夫婦・親子関係グループ「思いやり」，仕事グループ「未来」，仕事グループ「再就職に向けて」，復帰グループ，年金グループ，アンペイドワークグループ「雁」，人生設計グループ「10年後の私」，人生設計グループ「スマイル」の8グループである。

運営委員の感想は「第5回，第6回のグループワークでは，プログラム以外にも，学級生は自主的に集まって話し合ったり，関連施設へ出向き資料収集したりと意欲的に取り組んだ」である。

⑤ 第7回 『発見そして見えてきたもの』

この回は，グループワークの発表である。

⑥ 運営委員会の講座修了後のふり返り

第24回の運営委員会で講座修了後のふり返りを行い，運営委員から次のような意見が出た。講座の評価のよい点としては，「全体として『女性問題に"気づいて"もらう』という目的は達成できたのではないか」「脱落者がいなかったのは"楽しさ"があったからではないか」などがあがった。

反省点や今後の課題としての意見には，「話し合いの時間が少なかったという意見もあった」という。短期間の講座で講義形式，ワークショップ，社会で活躍する女性たちのミニ・シンポジウムなどを盛り込んでいるため，時間的な制限があったのは否めない。参加者たちから，このような意見がでたのは意欲

的だと考えられる。運営委員からは,「グループワークの進め方について運営委員会をもちたかった」「運営委員としての参加の仕方が難しかった」,との声もあがった。関心のないテーマのワークショップの担当になった運営委員は,進行やサポートが難しかったようである。「全体の流れに沿い,作業項目をあげ,事前に分担する必要があった」「能力の高い参加者をさらに高める方法が必要」などの運営委員からの意見もあった。

　講座修了後,受講生たちは子育て支援グループを立ちあげ,社会活動を行うようになる。彼女たちは,学ぶことで意識が変容し,さらに行動に及ぶという意識変容が起こっている。

2．調査の期間と方法

　上記の講座の受講生37名中12名[15]を対象に,講座修了後の6年間を追ったライフストーリー法による分析を行い,意識変容の過程を考察した。調査期間と方法は以下のとおりである。図3-1-4（p.163を参照）で第三部の調査における研究方法のフローチャートを提示する。

（1）調査期間：2006年5月〜2007年2月。

（2）ライフストーリー法による調査：以下の①〜③の3通りの方法をとり,この順に行った。

　①　はじめに,個人インタビューを2006年5〜7月に,学習者12名につき,各2時間程度を,2日間の計2回行いライフストーリーを語ってもらった。

　②　つぎに,上記のインタビューのトランスクリプトをもとに学習者が自分のライフストーリーを記述した（2006年8〜9月）。

　③　最後に,グループインタビューを行った（2007年1〜3月）。3名ずつ3グループで計9名に行った。2時間程度のインタビューを各グループ1回である。

　個人インタビューは,非構造化インタビューの方法で行った。学習者には,

気づきに関する研究であるとは知らせずに，自由に語れるよう『ジェンダーの視点での学習歴を語って欲しい』とだけ伝えた。これは，フォンタナとフレイ (Fontana and Frey 2000＝2006：50) が，非構造化インタビューを，フェミニストの視点から，「伝統的に男性的な解釈に依拠してきた文化における女性の歴史を理解し，明るみにだすもの」と述べており，方法として最適だと判断したためである。②の方法を行ったのは，記述することで新たな気づきの可能性がある，と考えたためである。③のグループインタビューを行ったのは，他者のふり返り，意見や考えを聞くことによって，学習者が他者を理解するとともに，新しい気づきが生じる可能性があるのではないか，と考えたからである。

以上のほかに運営委員会での資料，講座受講中の感想文，筆者のメモ，講座実践記録，受講生からのメールなどを活用し分析に生かした。

3．調査対象者

(1) 属　性

講座の学習者12名を調査対象とした（表3-1-3参照）。調査対象者のうち，12名中10名は講座修了後の子育て支援活動に参加し，10名中6名は2001年度の女性学級「自分らしさって何？」の運営委員として学習を継続している。講座修了後に運営委員を引き受ける理由の一つに，参加型学習方式の講座は，仲間づくりや居場所としての役割を果たし，よい友人関係がその後の学習活動への継続とつながる（山澤　2001：16）ことが挙げられる。

12名の調査対象者たちは，ライフストーリーから講座のみならず講座修了以後も学習を続けていることが明らかになった。本書における「学習」とは，社会参加，趣味，仕事，人間関係，学校教育や社会教育における学習など，ジェンダーの問題にかかわるすべての学習を意味する。

Aさんは，子育て支援活動，福祉関係のボランティアなど，Bさんは子育て支援活動や民生委員など，Cさんは福祉関係の仕事や子育て支援活動など，Dさんは地域支援活動やバレエ教師など，Eさんは子育て支援活動や翻訳業など，Fさんは子育て支援活動や英語講師など，Gさんは子育て支援活動や放送大学

表 3-1-3　インタビュー調査時の属性

対象者	調査時の年齢	家族構成	職業または社会活動	次期講座の運営委員	子育て支援グループのメンバー
A	58	夫・子ども2人	ボランティア団体代表		●
B	54	夫・子ども2人	民生委員，子育て支援		●
C	54	夫・子ども2人	子育て支援カウンセラー		●
D	49	夫・子ども3人	バレエ教師		●
E	48	夫・子ども1人	英語翻訳業	○	●
F	48	夫・子ども3人	英会話講師		●
G	48	夫・子ども1人	放送大学学生	○	●
H	45	夫・子ども2人	幼児教育講師		
I	41	夫・子ども2人	パート勤務	○	
J	37	夫・子ども2人	英語翻訳講座受講生	○	●
K	36	夫・子ども1人	PTA役員	○	●
L	36	夫・子ども2人	PTA役員	○	●

学生など，Hさんは子育て支援活動や幼児教育講師など，Iさんはバレエレッスン受講やパート就労など，Jさんは子育て支援活動や翻訳講座受講など，Kさんは子育て支援活動や食生活アドバイザー講座受講など，Lさんは子育て支援活動やPTA活動などである。

　上記で述べたように12人の女性たちは，講座修了後もなんらかの学習を継続していたことが浮き彫りになった。

（2）調査対象者の受講動機と講座での感想

　講座は受講前に，受講者からプロフィールを書いてもらっている。受講中は2度の講義後とワークショップ後に感想，そして最後に感想を受講者に書いてもらっている。調査対象者の受講動機と感想を表3-1-4にまとめた。動機や講座での感想は，学習者のライフストーリー調査で見いだされた気づきと大きく関連しているからである。

表3-1-4　調査対象者の受講動機と講座での感想

受講者	「私が私であるために」受講動機	講座の感想（2000年11月）
A	それまでに多くのボランティア活動をしてきたが，人の3倍くらい突っ走って行動し，ここまできたからといって，意識改革が急速に進んでいるわけでもない。頭でわかっていても行動が伴わないから。	私という人間はこの世にひとりしかいないということ。父は地域活動の実践者であった。
B	引越しして来たため友人がいないのと，子離れして自分の生きがい探し，更年期を楽に過ごしたい。	記入なし
C	「子育ても終わり仕事もしていない私はこれからどうしよう」というのが今の私の課題です。この生涯学級のテーマは，まさに私のテーマです。	乳児を連れてくる熱心な女性を見ていると，働くお母さんの手助けだけでなく，育児専業のお母さんの息抜きの預かり所があっても良いなと感じた。
D	狭い社会のなかから少し友だちの輪を広げたかったこと。	やわらかな物言いで人に接しようと肝に銘じる。いろいろな方がいろいろなことを考え，いろいろ悩みそして現在があるのだというのが認識でき，そのうえで相手を思いやりをもって接することを目標にしたい。
E	子どもを通したお母さんたちとはなかなか深い話もできず主婦は案外孤独だなって思っていました。多くの方と知り合えるチャンスでもあるので。	地域で何かしたいのだと改めて思う。
F	私がかかえていた矛盾が女性学を学ぶことによって少しずつ解き明かされるような気がする。	一つの理想は個人のなかで，男女間でバランスよくペイドワークとアンペイドワークを分担し，ライフスタイルや年代に合わせてフルタイム，パートタイムなどを選択できる社会。あえてここで，常に夫のペイドワークを支え，それによって支えられているという認識の下に少しのゆとりと収入，社会性を求めて，行動しようと思う。
	毎日，子ども中心の暮らしに少し刺激が欲しいと思いました。これ	ゆとりをもって生活を楽しむということ。夫にもやさしくしてあげられないし，夫も家庭

G	からの自分の人生に少しでもヒントになればと思いました。	より会社です。今までは当然のことだとあきらめていましたが，これからは少しずつでも変えたいと思うようになりました。やはり働きたいと思います。
H	運営委員として参加。講師の先生や，受講生の皆さんからお話をうかがったり刺激をいただいたりして，今後の"自分らしい"道へつなげたい。子育てをするなかで「私はどんな人間なのだろう」と思うようになり，ストレスとなりました。主婦・母親である前に自分でありたいと思いました。	私が何ができるのか，私の武器は何なのか，自他に見える形で形づくっていかなければならない。生活を取り巻く制度やルールが果たして効果的なものなのか関心をもってみて生きたい。自分の置かれている立場を知り，自分を取り巻く社会の情報を的確につかむ。
I	この数年，子どもがらみでしか，自分を語ることがなかったので，自分自身を表す言葉が見つからないこと。	人生においてあきらめなければならないことが山ほどあるのは知っているけど，女だから妻だから母だからというのは悲しいし，ちょっぴり悔しい。「女は結婚すれば安泰」「働かないで食べられる主婦は幸せ」と刷り込んだのは社会だけど，信じたのは私。その責任はしっかり背負いこれからに挑もうと思った。
J	子どもが成長しているのを見て"私もがんばろう"と思いましたが，何のとりえもないので，"いろいろ勉強したい・変わりたい"その一歩として参加。	子育て，子どもがいるから…とは理由にならないと思った。子どものせいにしていたことも多くあったと反省させられた。
K	結婚して子どもを生んで専業主婦として社会から取り残されてしまったような気がして。人生にプラスになればと。少し子どもと離れる時間が欲しい。	自分が何をしたいのか，自分がどう生きたいのか自分で考え，その選択に自信をもつことが大切。今まで現状に不満をもつだけで他人のせいにしてきた。
L	子育てをするなかで「私はどんな人間なのだろう」と思うようになり，ストレスとなりました。主婦・母親である前に自分でありたいと思いました。	自分の置かれている立場を知り，自分を取り巻く社会の情報を的確につかむ。

(3) 調査対象者の問題意識の所在

前項（2）の受講動機と感想から得られた，学習者の主となる問題意識を大別すると以下のとおりであり，女性たちは多様な問題意識をもつ集団といえる。

① 夫婦関係：男尊女卑の古い考えをもつ夫の暴力や暴言に悩んでいるAさん，夫の女性関係の悩みをもつGさん
② 地域活動：転勤で引っ越してきた地域で何か活動をしたいと講座に参加したBさん
③ 主婦観：『講座で同じようなジェンダー意識をもつ「主婦」をしている女性に出会ったことが収穫だった』というEさん，専業主婦観を見直すIさん，育児専業の母親への支援を考えるCさん。
④ 親子関係：子育てに一生懸命で，夫にも自分にも関心がなかったIさん，行動できない理由を，子どものせいにしたことが多かったというJさん，男尊女卑観の強い父親との関係に悩むDさん。
⑤ 経済的自立：「誰にも気兼ねすることなく使えるお金は大事」と語るEさん，専門性や資格が必要というHさん，翻訳家希望のJさん。

上記のように調査対象者は，さまざまな問題意識をかかえ受講後に気づきがみられている。彼女たちの感想は，ライフストーリー法による学習者の気づきを分析するうえで重要となるのである。第2章以降では，感想やライフストーリーの語りのなかの，気づきに着目し意識変容の分析を試みる。

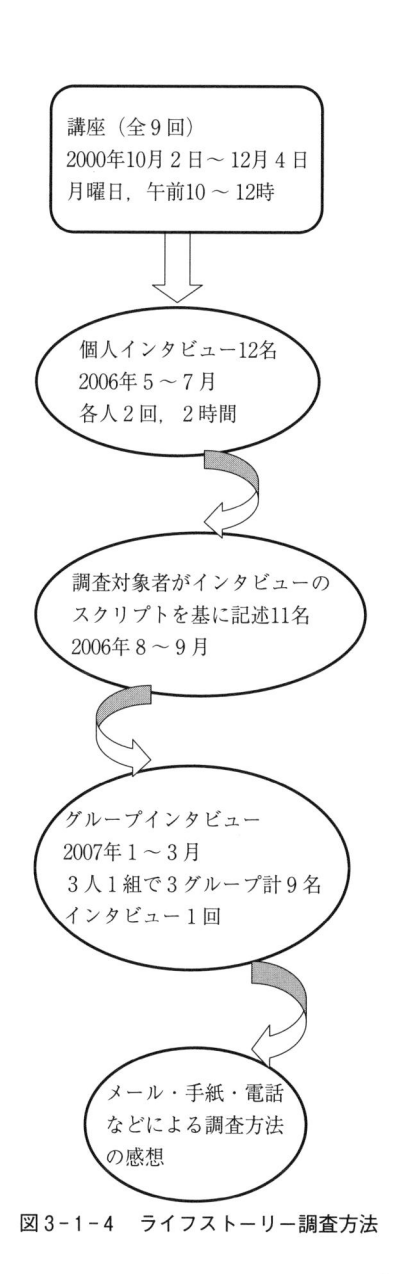

```
┌─────────────────┐
│ 講座（全9回）    │
│ 2000年10月2日〜12月4日 │
│ 月曜日，午前10〜12時 │
└─────────────────┘
         ↓
   ╱─────────────╲
  │ 個人インタビュー12名 │
  │ 2006年5〜7月    │
  │ 各人2回，2時間  │
   ╲─────────────╱
         ↪
   ╱─────────────╲
  │ 調査対象者がインタビューの │
  │ スクリプトを基に記述11名 │
  │ 2006年8〜9月 │
   ╲─────────────╱
         ↪
   ╱─────────────╲
  │ グループインタビュー │
  │ 2007年1〜3月 │
  │ 3人1組で3グループ計9名 │
  │ インタビュー1回 │
   ╲─────────────╱
         ↪
   ╱─────────────╲
  │ メール・手紙・電話 │
  │ などによる調査方法 │
  │ の感想 │
   ╲─────────────╱
```

図3-1-4　ライフストーリー調査方法

第2章　意識変容を促すライフストーリーの分析方法の検討

　本章では、講座を修了してから数年経た学習者に対し、ライフストーリー法を総合的に適用することにより、ライフストーリー法による分析が意識変容を促進させる有効性について検証する。ここで用いたライフストーリー法は、次のようなものである。はじめに個人インタビューをし、その後に学習者にライフストーリーを書いてもらうことで、さらに詳しく情報を集め、最後にグループインタビューを行う。その際、「気づき」という側面から意識変容を捉える。

第1節　本章の目的と研究の方法

1. ライフストーリーを総合的に用いる意義

　インタビューや記述によって、人生や人生のある部分を詳細に表現したものを、ライフストーリーと呼ぶ。ダニエル・ベルトーが述べるように、ライフストーリーは生育環境から現在まで、社会的背景をふまえて、人生を語ったものである（Bertaux　1997＝2003：59）。また桜井厚はライフストーリーについて、「個人が歩んできた自分の人生についての物語である。もちろん、人は自分の人生を最初から最後まで、完全に語ることはできないから、自分の人生で意味があると思っていることについて、選択的に語るわけである」（桜井　2005：10）と述べるように、その人が人生で意味あると思ったことについて、選んで語っていることなのである。

　横山宏は、学習として自分史を記述する意義を「自分というものをあらためて捉えなおす、他人と違った、またそれゆえに貴重な存在である自分というものを、みずから発見していく手法として、みずからを見つめ、とくに社会や歴史、周囲や時代、そして、さまざまな人間関係—人と人との繋がりのなかで己をより客観的に発見していくこと」（横山　1987：78）と位置づけている。自分を発見することは、自分への気づきでもある。

　女性に限らず成人学習者は、本人の生育環境、学習歴、友人関係、仕事、結

婚生活，夫婦関係，家族の価値観，社会的なでき事との関係など，過去のあらゆる生活経験や学習経験を背負っている。これらの経験のうち，学習者が自分の人生で意味があると思ったことを語りながら，そこで新たな気づきが生じるのである。過去をふり返りライフストーリーを語り記述することは，意識変容には有効だといえる。

　これまでのライフストーリー研究には，調査者がインタビューし，記述するなど，単一方法で行うのがほとんどである。しかし，筆者は，個人インタビュー，対象者が自分自身をふり返り記述する，グループインタビューなどを総合的に行う手法が有効であると考える。

　その理由は，第三部第１章で述べたように，筆者は講座企画段階からコーディネーターとしてかかわり，講座中もワークショップを担当した。講座にたずさわった学習支援者の視点からみると，『語り』が得手，または『書くことが』得手など，それぞれ調査対象者によって相違があるといえる。調査者による個人インタビューや記述のみならず，学習者自身が書くこと（学習者による記述）によって自分を見つめなおすことや，グループインタビューを行うことなどにより，他者の行動を見ること，考えを聴くことによってふり返ることも重要であると考える。ゆえに，ライフストーリーによって，気づきを促すには，自己を何度も重層的に，多様な場面からふり返ることが必要であると考える。そこで，単一方法で行うのではなく，調査による聞き取り，本人による記述，グループインタビューなど，多様な調査方法を，総合的に組み合わせることとする。

2．本章の目的

　以上をふまえて本章では，女性問題講座を修了して数年間経過した学習者を対象に，「個人インタビュー → 記述〔学習者がライフストーリーを書く〕 → グループインタビュー」の順序で調査を行い，講座以後における生活，学習や活動をふり返ってもらい，気づきを促すことを試みる。そして，その結果を気づきに視点をあてて分析し，ライフストーリーを総合的に用いた方法が，

学習者の意識変容を促進させるために有効であるかどうかを検証する。

3．研究の方法
（1）ライフストーリーの方法と順序
　まず個人インタビューをとおして，自分の言葉で，自分自身をふり返ることによって自己を確認してもらう。その後，そのインタビューのトランスクリプトを読んでもらい，言葉や考えを確認しながら，さらに書くことによって自分のライフストーリーを整理してもらう。この二段階を経て自己を確認したあとに，グループインタビューで他者の考えを確認すると同時に，他者と一緒にいるなかでの自己を確認する作業を行う。学習者に気づきを促すためには，以上の過程が有効であると考え，「個人インタビュー　→　記述〔学習者がライフストーリーを書く〕　→　グループインタビュー」の順序で調査を行いその有効性を検討する。

　個人インタビューは，2回行った。学習者に対し1回目は，ジェンダーの視点をふまえて生育環境から現在までを自由に語る，2回目は，主に講座以降の活動に焦点を当てて語る，ということだけを依頼し，自由に語ってもらった。その後，ライフストーリーを書いてもらった。そして，自分自身を個人インタビューとライフストーリーの記述でふり返ったあと，グループインタビューによって，他者との会話のなかで自分をふり返る作業を行ってもらった。この調査は，講座終了から約6年後に行っているため，コーディネーターであった筆者が保持している当時の各人の資料[16]をあらかじめ渡し，ライフストーリーを語る参考にしてもらっている。グループインタビュー後には，今回の3通りの調査方法の感想を記述してもらった。

　上記の3通りの調査方法の具体的内容は以下に示すとおりである。
　① 個人インタビュー
　各学習者に2回のインタビューを行った。1回目は，生育環境からインタビュー時までを，生育家族関係・学習経歴・職歴・結婚生活・夫婦関係などを時系列でふり返り，2回目は，講座修了後からの学習活動について語っても

らった。2回とも学習者に自由に語ってもらうという，非構造化インタビューの方式をとった。非構造化インタビューについて，フォンタナとフレイ（Fontana and Frey　2000＝2006：50）は「問いの範囲を限定しかねないような，どのような事前のカテゴリー化も押し付けず，社会のメンバーの，複雑な行動を理解する試み」と述べている。さらに両者は，フェミニストの視点からも，「伝統的に男性的な解釈に依拠してきた文化における女性の歴史を理解し，明るみに出すもの」と述べていることから，非構造化インタビューの方法は，女性の学習者に有効であると考えている。

② 記述〔学習者がライフストーリーを書く〕

個人インタビューのあと，そのトランスクリプトを学習者が読み，それをもとにして，さらに自分自身をふり返ってもらうために，ライフストーリーを書いてもらった。このねらいは，書くことにより，さらに自分自身の理解を深めるのではないか，そこに，新しい気づきが起こるのではないかということである。書くという作業は，個々人により相違が出るので，学習者が書きやすいように枚数や形式は指定せず，自由に書いてもらった。

③ グループインタビュー

個人インタビューから約半年後に，グループインタビューを実施した。ブルックスは，女性たちの「語り」のなかで意識変容がもたらされる，ということを提示している（The Group for Collaborative Inquiry　1993：43-51）。梅澤伸嘉によれば，「集団成員間の相互作用によって，個人面接ではとても期待できない，新しい考えやアイディアを，期待することができる」（梅澤　1997：64）と述べる。このように，グループインタビューを行うことで，他者の考えや意見を聞くことができ，当時の自分自身をふり返り確認し，さらに新たな気づきを起すことが可能となる。

各回3人ずつ，30代，40代，50代の9名を3グループに分けて行った。9名に限定し年代ごとにまとめて行ったのは，次の理由による。一つは各グループの3名は，同じような社会的背景のなかで生きてきた同世代であり社会的な価値観を共有しているということ，そして，二つは講座終了後の自主グループ

(子育て支援グループ)である『リーチハンズママ』で活動をしたメンバー同士という理由である。

女性問題学習において学習者が人生を語るときは、心の深層を表現する必要がある場合が多く、そのため、育った時代や社会環境の類似する同世代や同じ目的意識をもち活動するメンバーでグループを構成することにより、価値観を相互に認めやすいコミュニケーション環境をつくり出すことが重要である。それによって、学習者が話しやすくなり、さらに相手を理解しやすくなると考えたため、これらに適する9名にインタビューを行った。

(2) 気づきの抽出

ライフストーリーの語り(前記の非構造化インタビューによる)および記述のなかから、学習者の気づきを抽出することを試みた。言葉で抽出する意味は、気づきを言葉により具体化することで、学習者の変容過程を外部から、より具体的に把握できるからである。「気づき」には、本人に自覚がある場合とない場合とがある。自覚がある場合は、学習者自身が「気づいた」と言葉で表現したものを抽出した。自覚がない場合(学習者が「気づいた」と言葉で表現しない場合)は、学習者の語りの流れのなかから、先に述べた本書における気づきの定義、すなわち「学習者の感覚や体験によって生じる、新たな発見や再確認すること」に該当すると、筆者が判断できたものを抽出した。

第2節 気づきからみた調査結果の分析

第1節で述べた調査を分析した結果、学習者の変容過程のタイプが浮き彫りになった。本節では、最初に変容過程のタイプを提示し、そしてその分析のもととなる事例から気づきを抽出することにする。

1. 調査結果による学習者の変容過程のタイプ

気づきはどの学習者にもみられたが、内容について分析すると、自己肯定的な気づきと自己否定的な気づきがあることが明らかになった。講座および調査での気づきを、調査後の行動変容の有無の組み合わせによって分類すると、学

表3-2-1　学習者の変容過程の3タイプ

タイプ	講座での気づき	個人インタビュー・記述による気づき	グループインタビューによる気づき	調査後の行動変容17)	学習者
1	○	○	○	有	G.J.K
2	○	○	○	無	A.B.C.E.F
3	○	●	●	無	L

注：気づきの項目の○印は自己肯定的，●印は自己否定的

習者を三つのタイプに分けることができる。これらのタイプと学習者を示すと表3-2-1のようになる。

　タイプ1は，3通りの方法のすべてにおいて，自己肯定的な気づきが生じ行動変容まで進むタイプである。3人の学習者にみられた。タイプ2は，自己肯定的な気づきが生じるものの行動変容にまでは及ばないタイプである。5人の学習者にみられ，最も多い変容過程である。タイプ3は，本調査では自己否定的な気づきが生じている変容過程である。1人の学習者にみられた。

2．各タイプの事例分析

　つぎに，各タイプから典型例を一人ずつ選び提示する。各事例のなかで学習者の語りや記述は，個人インタビュー「　」，ライフストーリーの記述部分『　』，グループインタビュー【　】で示した。太字はこの方法に関する感想，下線はこの調査方法によってもたらされた気づきの部分を示す（以下の事例も同様）。なお，本書は主に今回実施した諸調査で生じた気づきに焦点を当てているものの，学習者が参加した講座での気づきについても，調査時点での気づきと密接に関連するために書き加えている。この3通りの調査方法のなかで，「講座での気づき」を述べている部分は（　）で示した。

（1）タイプ1：Gさんの事例

　父親が暴言と暴力を行うDV家庭で育ち，大学に行き教師になる夢を抱いていたが，父親に反対され進学をあきらめる。20代のときに最初の結婚をする

が約7年で離婚。その後再婚し35歳で出産する。この頃から夫が女性遊びを始める。出産し夫との関係に悩み，不安だった。子育てのこと，再婚のことなどをマイナスに考え自分で自分を縛っていたころ，講座に出会う。講座をふり返ってGさんは，個人インタビューで「(この講座に参加したことで自分の立場を論理的に整理しなくてはと気づくことができました。自分が変わらなくてはと思いました。主人に何もいえない自分がいけないと。)」と語っている。

そして『(講座で出会った人々，皆，女性であるがためにかかえていた不満や悩みがあった。自分のせいでだけではなく社会の問題だってことに気づかせてもらった。勇気がでた，やる気がでた，本気で経済的自立をめざしたいと思った。)』と書いている。

その後，夫の仕事の関係で海外駐在する。赴任地で夫は風俗に通うようになる。「離婚も考えたんですけれど，子どもを一人で育てていけないなと思って。夫婦という枠を超えて関係をつくっていければいいと思うようになりました。人間は自己主張しなければいけないんだと海外生活で学びました」と夫との新しい関係づくりを試みる。そして，『どうして私は夫にはっきりと意見を言えなかったのだろうかと考えてみた。私は，ずるくて弱かったのかもしれない。意見をいうことで，その場の雰囲気を悪くすることの怖さがあった。話しても話にならない夫の態度で，もう話す気がなくなっていた。相手を変えることはできない。自分が自分の価値を認める強さをもつことが周りを変えていくことにもなるのかもしれない』と記述している。

「夫は家庭を壊したいとも思っていないようだし，夫の遊びは病気だと思うんです。であれば私もちょっと大人になって。前々から心理学的なことに興味があったので，自分と同じような立場で悩んでいる女性を励ます立場になりたいと思ったんです」と夫婦問題を自分の将来の活動に生かしたいと気づく。記述では，『自己実現とは何か？ 相手の言動に振り回されない，確固とした自分を確立したい』と将来の活動への熱意を述べている。そして，『しなやかにたくましく生きる手段を身につけ，同じような思いを抱く女性たちとつながっていきたい。命と人権を守ることに微々たる力を注いでいたいと思う。平和で

あることが前提になければ自己実現もなくなってしまう」と書いている。

　家庭の事情で大学進学をあきらめたGさんだが，グループインタビューのときは，教育学と心理学を学ぶ放送大学の学生になっている。グループインタビューを受けて【今やっと勉強しはじめたんです。やっぱり私は勉強したかったんだなって。】と語っている。Gさん、は長年抱いていた「勉強したい」という夢をかなえたのである。以上の気づき部分をまとめると表3-2-2のとおりである（以後の事例には，この説明省略）。

　Gさんは，「個人インタビュー　→　記述　→　グループインタビュー」という方法（以下，調査方法と略す）について次のような感想を述べている。

　　個人インタビューは，ほとんど自分の人生相談になってしまった感がありますが，自分の気持ちを伝えたことですっきりしました。また，自分の過去をふり返ることで，今の自分が見えてくるようでもありました。ライフストーリーを書いてみることで，自分を知ることにつながり，癒されました。癒されたというのは，心の整理ができたことで目標が定まり，前進するエネルギーが沸いたといえるのかもしれません。インタビューや文章にすることで，より具体的に行動を起す段階にまで進めました。グループインタビューについては，グループで確認することで，薄れてしまった記憶や心情も思い出されて，さらにお互いの交流もでき，ライフストーリーに少なからず影響があったと思います。(調査を受け) 夫との関係に執着し悩むことで，自分自身の可能性や夢にも気づくことができました。

　Gさんにとっては，夫との関係に関しては，個人インタビューのほうが，具体的に話しやすかったようだ。記述ではほとんど書かれていない。だが将来については，この調査を受けたことにより，放送大学進学の気持ちを固め，行動に移すという変容が生じている。

（2）タイプ2：Fさんの事例
　生育家族は，どちらかといえば男系優位家族だったという。父親は「女の子は片親，とくに父親を亡くすと就職，縁談で不利になる」とたびたび口に出していたという。母親は，芸能人の離婚報道のたびに，「女性に収入があるから離婚できるんだ」と決まって断言したという。Fさんは中学生のとき父親の赴

表3-2-2　調査によるGさんの気づき

講　座18)	個人インタビュー	記　述	グループインタビュー
・自分の立場を論理的に整理しなくては ・自分が変わらなくてはと思いました ・主人に何もいえない自分がいけないと ・講座で出会った人々，皆，女性であるがためにかかえていた不満や悩みがあった。自分のせいではなく社会の問題だってことに気づかせてもらった ・勇気がでた，やる気がでた，本気で経済的自立をめざしたいと思った	・離婚も考えたんですけれど，子どもを一人で育てていけないなと思って。夫婦という枠を超えて関係を作っていければいいと思うようになりました ・人間は自己主張しなければいけないんだと海外生活で学びました ・夫の遊びは病気だと思うんです ・であれば私もちょっと大人になって ・前々から心理学的なことに興味があったので，自分と同じような立場で悩んでいる女性を励ます立場になりたいと思ったんです	・相手を変えることはできない ・自分が自分の価値を認める強さをもつことが周りを変えていくことにもなるのかもしれない ・命と人権を守ることに微々たる力を注いでいたいと思う ・平和であることが前提になければ自己実現もなくなってしまう	・やっぱり私は勉強したかったんだ

任先のインドで暮らした。そのときの日本人社会について「大使館の総領事を頂点に，企業の支店長以下のはっきりとしたピラミッド社会。夫の地位で妻の立場が決定され，専業主婦の妻たちは何の疑問もなくその社会にしたがっていた」と書いている。

　大学4年次に，Fさんが就職活動に直面したとき，『希望をもてなかった。企業だって，女の子は若くて使いやすい子がほしいに決まっている。結婚した

ら退職してほしいだろう。それが企業，男社会の本音なはず。その本音に真っ向勝負したってむなしいだけ。父には，働かざるものは食うべからずとよく言われたので，経済的に自立して，気兼ねなくお金を使いたかった』と書いている。当時から経済的自立の必要性を感じていた。

結婚後も個人インタビューで「結婚してからもやっぱり経済的自立というのには，興味はありましたね」と語り，記述では，『自分で稼いで好きなようにお金を使う気楽さを忘れることができなかった』と書いている。

当時のFさん，経済的自立にこだわりながらも，専業主婦を続けているという矛盾をかかえて受講している。『私はこの講座で仕事には有償と無償労働があること，女性はその労働の多くを無償労働に費やせざるを得ない状況にあることを知った。男性の無償労働に費やす時間が短かすぎること，自分のライフスタイルに合わせて無償，有償労働の比率をきめればいいことを知り，これまで仕事か家庭かという二者選択に悩んでいたことがまったく無意味に思えた』と語り一つのことに絞らなくてよい，という気づきをみせている。

講座修了後，Fさんは小学生の英会話講師のパート職を得ている。記述では『女性問題学級に参加して大きく変わったことは，有償労働を始めたことと，想いを同じくする仲間を得たことだった』と書き，意識変容から行動変容に移っているのが確認できる。同時に次期講座の運営委員の子どもたちの託児をするという，有償ボランティア活動をはじめる。活動が発展するにつれて，託児の対象も女性問題運営委員の子どもたちから，女性問題学級とかかわりのない母親の子どもの託児やスタッフが増えていく。Fさんはそれに矛盾を感じはじめたという。「女性問題学習の運営委員のお子さんだから託児ができるんだけど，女性問題と関係のない活動をしているお子さんたちまで託児をすることに，ズレを感じていったのですよ。私は女性問題を学んでいるお母さんだから，お母さんを支援しているつもりで託児をやっていたんだというのに気がついたんですよ」とインタビューで述べる。これはFさんのボランティアの意識の根底には「女性問題学習」が常にあり，その後は女性問題学習グループの代表として活動を行っている。

仕事で貯金したお金でドイツ旅行をする。「自分で誰にも気兼ねすることなく，使えるまとまったお金は大事かなと思います」と経済的自立の必要性を再確認する。【グループインタビューを行うことで，自分たちのなかに当時と変わらず共有できるものを確認し合い，より親密に感じた】と述べており，ほかの学習者たちへの理解をさらに深めている。

Fさんは，調査方法について次のように述べている。

インタビュー（聴いてもらうという行為）で自分自身を（筆者に）等身大で受け入れてもらい，インタビューと記述することにより癒された。グループインタビューをして，当時聞きたくても聞けなかったこと話せなかったことが，今だから聴ける，話せるという，時間の経過の要素がとても大きいことに気づきました。インタビュー，記述，グループインタビューの流れが非常に大事だと思った。

Fさんの事例から，個人インタビューで等身大の自分を受け入れてもらうことは，調査対象者に対して安心感を抱き，その後の記述やグループインタビューで，学習者が心の深層を出しやすい状況をつくると考えられる。

表3-2-3　調査によるFさんの気づき

講　座	個人インタビュー	記　述	グループインタビュー
・自分のライフスタイルに合わせて無償，有償労働の比率を決めればいいことを知る ・これまで仕事か家庭かという二者選択に悩んでいたことがまったく無意味に思えた	・女性問題を学んでいるお母さんだから，お母さんを支援しているつもりで託児をやっていたんだというのに気がついたんですよ ・自分で誰にも気兼ねすることなく，使えるまとまったお金は大事かなと思います	・女性問題学級に参加して大きく変わったことは，有償労働を始めたこと ・想いを同じくする仲間を得たこと	・グループインタビューを行うことで，自分たちのなかに共有できるものを確認し合い，より親密に感じた

（3）タイプ3：Lさんの事例

　Lさんが小学校に入るころには，母親は毎日仕事に行っていた。60歳を過ぎた現在も，毎日ではないにしても仕事に行っているので，Lさんは，無意識のうちに結婚しても「私も一生働こう！」と思っていた。大学までの学生生活のなかで，ジェンダーを意識したことはなく，結婚しても働きやすい会社という基準で職種を選んだ。Lさんの人生の転機は「結婚」である。夫は転勤の多い会社で，転勤先の地でもLさんは仕事をしていた。しかし，子育てと仕事の両立は難しかったようだ。B区に移住し地方での生活のように近所の関係が濃くない生活が苦しかったという。

　藁にもすがる思いで女性学級の講座に応募したという。『私個人で参加したこの講座は「○○さんの奥さん」「△△ちゃんのママ」ではない＜私＞というものが実感できました』。

　個人インタビューでは，「（講座では，夫婦が共に自立することの大切さを学び，夫に少しずつ自分の考えをいえるようになった。）相手のことを考えて思いやれば，相手も自分のことを考えてくれるし，少しずつ自分も変わってくるのかなーと思うようになりました。」と，夫との抑圧的な関係に対して気づきが生じている。しかし，Lさんは調査の数ヶ月前から，「自分さがし」のために悩んでいたという。インタビューでは語られなかったが，記述してもらうと，『講座で何かが変わったはずなのに，また講座を受ける前のような気持ちになってジタバタともがいている自分を見ると，変わったような錯覚を起しただけではないかという思いになっています』と書いている。グループインタビューのあとの感想では【同じようなことを繰り返し自分は何も変わっていない】と述べている。これは，一見後退的な気づきと判断しがちだが，Lさんは，36歳で子育ての最中であり，行動に移すことのできない状況が続いているといえる。

　Lさんは，夫との関係はよくなったが，自分自身の行動に対しては，「何も変わっていない」という気づきが確認できた。今回の調査ではLさんのみに生じた気づきで貴重であるが，Lさんのように発展的な気づきがあり，その数年後に自分の行動を批判的にふり返り，行動に進展しない気づきが生じる変容過

表3-2-4　調査によるLさんの気づき

講　座	個人インタビュー	記　述	グループインタビュー
・夫婦が共に自立することの大切さを学んだ ・夫に少しずつ自分の考えを言えるようになった	・相手のことを考えて思いやれば，相手も自分のことを考えてくれるし，少しずつ自分も変わってくるのかなーと思うようになりました	・講座で何かが変わったはずなのに，また講座を受ける前のような気持ちになってジタバタともがいている自分を見ると，変わったような錯覚を起しただけではないかという思いになっています ・私個人で参加したこの講座は「○○さんの奥さん」「△△ちゃんのママ」ではない＜私＞というものが実感できました	・同じようなことを繰り返し自分は何も変わっていない

程は，多くの人にもありえるのではないであろうか。

　以上のように3人の事例からは固有の気づきがみられた。ほかの6人の事例も同様に固有の気づきがみられた。

3．3通りの調査によるジェンダーに関する気づきの表出

　気づきは簡単に促せるものではないものの，9人の事例からは，一つの調査では確認できない気づきであっても，ほかの方法を行うことにより固有の気づきが確認できた。表3-2-5は，9名の各事例から，ジェンダーに関する気づきのみを抽出・整理したものである。

　個人インタビューでのジェンダーに関する気づきは，9名中8名に起きており，記述では9名中7名（C・Eさん以外）に気づきがみられる。グループインタビューでは9名中8名に気づきが生じている。3通りの方法全部で気づき

表3-2-5　3通りの調査によるジェンダーに関する気づき

学習者	個人インタビュー	記　述	グループインタビュー
A		・夫の退職を機に私は「いう」ことに決めた ・私が脅かしにのってしまったこと自体，何と私は自立していなかった ・DV（ドメスチックバイオレンス）に関する本を読んでみると，類似していることがわかった	・知らなかった情報があり知っていれば行動もちがっていた。お互いに影響を強く及ぼしている
B	・自分の武器というか，力のなかでがんばっていくしかないという思いも改めてしました	・力のなさはわかった ・自分で何かしなくては ・自分しかできないことは何かを考えさせられました	・各々の思いがあることを感じました ・みなさんも私と同じように，自分自身をなんとかしたい，自分が生かされたいと思っていたのだと感じた
C	・卒論は『戦後の親子関係』だったんですよね。やっぱりずーっとそういうの（親子関係）に興味があったんだな		・出会った時点では，ついていけない考え方，ついていけない感覚もありましたが，グループインタビューでは，相手をすんなり受け入れられる気持ちになりました
E	・これからはますますイデオロギーに振り回されずに自然体で生きていきたいです		・（地域では）自分自身の想いを語りあえる人がいなくて，この講座に出会えて本当にラッキーでした
F	・女性問題を学んでいるお母さんだから，お母さんを支援しているつもりで託児をやっていたんだというのに気がついたんで	・女性問題学級に参加して大きく変わったことは，有償労働を始めたこと ・想いを同じくする仲間	・自分たちのなかに共有できるものを確認しあい，より親密に感じた

第2章　意識変容を促すライフストーリーの分析方法の検討　177

	・自分で誰にも気兼ねすることなく，使えるまとまったお金は大事かなと思います	を得たこと	
G	・離婚も考えたんですけれど，子どもを一人で育てていけないなと思って。夫婦という枠を超えて関係をつくっていければいいと思うようになりました ・人間は自己主張しなければいけないんだと海外生活で学びました ・夫の遊びは病気だと思うんです ・であれば私もちょっと大人になって ・前々から心理学的なことに興味があったので，自分と同じような立場で悩んでいる女性を励ます立場になりたいと思ったんです	・相手を変えることはできない ・自分が自分の価値を認める強さをもつことが周りを変えていくことにもなるのかもしれない ・命と人権を守ることに微々たる力を注いでいたいと思う ・平和であることが前提になければ自己実現もなくなってしまう	・やっぱり私は勉強したかったんだ
J	・経済的自立はすごく難しい，大変なことなんだなー ・やっぱり，経済的自立というのが私の最終的な目標だったんだなーと思い起こしました	・社会とつながりのあることは，私に安心感と多少の満足感を与えてくれたように思います ・女性の自立には経済的自立が欠かせないと常々感じています ・私も含め女性たちはもっと自信をもち，それを社会が認めていかなければならないのではないでしょうか	・過去に共有した〈情報〉を仲間と掘り下げることによって前向きな気持ちになります
	・「男の子だから泣いたらだめよ」とはいわなく	・母親も友だちの母親も働いていた，それは富	

K	なった	山県という土地柄だった ・人の目を気にすることなく，自分は自分。自分らしく生きていく	
L	・相手のことを考えて思いやれば，相手も自分のことを考えてくれるし，少しずつ自分も変わってくるのかなーと思うようになりました	・講座で何かが変わったはずなのに，また講座を受ける前のような気持ちになってジタバタともがいている自分を見ると，変わったような錯覚を起しただけではないかという思いになっています ・私個人で参加したこの講座は「○○さんの奥さん」「△△ちゃんのママ」ではない＜私＞というものが実感できました	・同じようなことを繰り返し自分は何も変わっていない

が生じているのは9名中5名である。

　表3-2-5の気づきの内容は，自己主張（意見を述べる），夫との関係などの精神的な自立，資格を取る，働くなどの経済的な自立，夫との関係づくり，性別役割分業観からの脱皮，ジェンダー意識の共有観などである。これらの気づきは，第二部で述べた，戦後から1990年代までの約50年間における女性たちの悩みや気づきと同様である。ということは，50年経過してもなおかつ，学習によってジェンダーに対する気づきが生じるということであり，いかに女性たちにとって，女性問題学習が必要かを意味しているといえよう。

4．調査後に生じた気づき

　以上に述べたように学習者たちは，この調査中に過去のふり返りを行い，その結果一部の学習者には，調査後に新たな気づきが生じた。それらをまとめると表3-2-6のとおりである。

表3-2-6　調査後に生じた気づき

学習者	調査後に生じた気づき
A	・このようなライフストーリーをもった「私」は「私」しかいない ・「私が私であるために」という呪文のおかげで，不退転の境地を貫くことができ，さまざまな場において，関係性が変化してきていることを感じる
B	・特別な才能や実力のない自分にとって地道に努力していくことが自分の土台であり，私が私であるために自然にできること，それが大事だということを納得できたように思います ・これからも自分に無理なく続けていく私が好きになれそうです
C	・グループインタビューをして，お互いに出会うべき人に出会い，一緒に活動できたのだと感じました。それぞれが重ねてきた年月を聞きその想いを素直に受け入れることができ，同士のような繋がりを感じました
E	・インタビューや記述，グループインタビューという流れのなかで，同じ意識の人たちと会えたことが大きな学習だったことを再確認できたと感じています
G	・夫との関係に執着し悩むことで，自分自身の可能性や夢にも気づくことができました
K	・（大病中に）がんばっていた自分がいたんだなと気づきました

　気づきの内容としては事例より，自分自身への気づき4名（A・B・G・K），人間関係への気づき3名（C・E・G）がみえる。以上から，ライフストーリーの複数の調査法を行ったあとに，新たな気づきが生じている。

5．ライフストーリー法に関する学習者の意見や感想

　本調査に関する意見，感想は表3-2-7のとおりである。9名中7名からあがっている。表3-2-7から，ふり返りの大切さ（A・C・J），書くこと（A・E・G・J・K），インタビュー（F・G），癒しの効果（E・F・G），次へのステップ（A・C・G），受容（E・F），自己認識（G・J），目標の定着（G・J），時間の経過による理解（F）などの意見が述べられていることがわかる。

第3節　まとめ

　3種類の調査方法を，「個人インタビュー　→　記述〔学習者がライフス

表3-2-7　ライフストーリー法に関する学習者の意見や感想

学習者	学習者の意見，感想
A	・自分を長期的にふり返るということは，日常生活のなかであまりない。今回その機会をいただいたことが，一番ありがたかった ・思いを言葉にして文章に起すことは大切だ
C	・6年前ぐらいに受けた講座をふり返ることから，自分の市民活動をふり返り，自分の生き方をふり返り，そして今後の進み方を考えた半年でした。復習，ふり返りが大事であることを改めて認識しました。それがあるから次へ進めるのだと
E	・書くことによって癒されました。それまでの人生で行ったことについてなんらかの意味づけをすることで過去が整理でき，合理化し，受け入れることができるようになる効果がありました
F	・インタビュー（聴いてもらうという行為）で自分自身を（筆者に）等身大で受け入れてもらい，インタビューと記述することにより癒された ・グループインタビューをして，当時聞きたくても聞けなかったこと話せなかったことが，今だから聴ける，話せるという，時間の経過の要素がとても大きいことに気づきました ・インタビュー，記述，グループインタビューの流れが非常に大事だと思った
G	・ライフストーリーを書いてみることで，自分を知ることにつながり，癒されました。癒されたというのは，心の整理ができたことで目標が定まり，前進するエネルギーが沸いたといえるのかもしれません ・インタビューや文章にすることで，より具体的に行動を起す段階にまで進めました
J	・個人インタビューだけでは，モチベーション（英語翻訳の仕事をしたい）も一時的なものに終わっていたかもしれません。その後，ライフストーリーという形で，自分自身のことを書きだすことにより，客観的に自分を見つめ直すことができ，さらにモチベーションを持続できたのだと思います ・（グループインタビューは）インタビュー，ライフストーリーの書き出しだけでは思い出せなかったことなど，改めて知るよいきっかけになりました
K	・（今まで）自分のことを書きだすとかいうことはしてない作業なのですごく新鮮に感じました

トーリーを書く〕→　グループインタビュー」の順序で行うことによって学習者全員に気づきが確認でき，以下の5つの知見が得られた。

　第一に，3種類のそれぞれの方法において気づきが確認された。学習者によっては個人インタビューと記述の得手，不得手があるため，それらを使い分

けることで，多くの気づきの発生を促すことができるものと考える。グループインタビューでは，他者の考えを聴くことで相手を理解し，認め，それとともに自分自身に対する新たな気づきが生まれることも浮き彫りにされた。他者を認められるようになるということは，意識変容においては重要な気づきといえよう。

　第二に，本書で行った順序は，学習者の気づきの促進に有用であることが確認された。FさんとBさん，Kさんの事例から，個人インタビューを最初に行うことは，筆者との人間関係を構築する役割を果たしており，一度筆者に受け入れてもらえた安心感から，その後の記述においても，自分自身をありのまま表現できるということが確認できた。JさんやLさんの事例から，個人インタビュー後に記述することは，自分自身をさらにふり返り，客観的に見つめ直すことも認識できた。最後に，自分自身を記述で十分ふり返ったあと，グループインタビューを行うことは，他者と自分とを相対化し，他者理解を容易にするために有効であることがわかった。

　第三に，多様な方法を行うことによって，変容過程が明確になることがわかった。この方法論で気づきを促した結果，3タイプの変容過程が確認された（p.169の表3-2-1参照）。とくに行動レベルの変容にまで発展したタイプ1は貴重な成果である。さらに，気づきには自己肯定タイプと自己否定タイプがあることが明らかになった。

　第四に，調査後にふり返ってもらったことから，二つのことが明確になった。一つは，新たな気づきが生じたこと，もう一つは，調査の妥当性である。

　前者については，この全部の方法で自己をふり返ったあとに，学習者にさらに，調査当初は想定していなかった新たな気づきが生じることがわかった。表3-2-6では，9名中6名（A・B・C・E・G・K）に気づきが生じていることがみえる。それらは，自分自身への気づき，ほかの学習者との関係の気づきである。

　後者については，学習者から3通りのライフストーリー法に対してさまざまな意見が述べられた（表3-2-7）。ふり返り，書くこと，インタビューの大切

さ，癒しの効果，次へのステップ，自己認識，暗黙知の顕在化，目標の定着，時間の経過による理解などである。なお，3種類の方法を用いることは学習者に負担を強いるにもかかわらず，各事例のあとに記述したように，皆この方法を大変好意的に捉えてくれた。

　以上の四つの結果から，ライフストーリーを総合的に用いることは，女性の学習者に意識変容の基盤となる気づきを促す可能性が高く，なかでもこの順序はその可能性を高めていると考えられる。そして学習者のなかには，意識変容のみならず行動変容にまで発展している学習者もおり，この方法が意識変容を促進させるために有効であることが明確になった。

　最後に，今後の研究課題として，3種類のうちどれかを欠如させる，あるいは調査の順序を変えるなど，ほかの代替的な方法論との比較分析を行うことによって，今回の研究方法の効果をさらに確認していくことが必要である。そして自己否定的な気づきが生じた学習者に対する対応策の検討も課題である。

第3章 気づきの類型と意識変容のプロセスのタイプ

　本章では，学習者が語り，記述したライフストーリーのなかの気づきを，具体的に分類し類型化を試みる。分析はインタビューを実施した12名を対象としている。学習者の気づきを分析することにより，学習者の意識変容のプロセスを分析する。なお，本章では気づきを，講座での感想とライフストーリーの両方から抽出する方法を取る。それは，講座の修了後から6年後に本調査を行い，その6年間の女性の学習者の意識変容を研究するためには，そのもととなる講座での学習による気づきが必要となるからである。

　第1節では，類型化を通した気づきの分析を行った。しかし，気づきの類型化に関する先行研究は見当たらないため，本書では抽出した個々の気づきの内容を精査し，そこから分析軸の作成を試みた。第2節では気づきの類型を基に意識変容のプロセスをタイプ別に捉え，それをふまえて意識変容のプロセスを分析した。なお紙面数の関係上代表的な事例を取り上げた。

第1節　調査結果に基づく気づきの分析

　個人インタビュー，記述，グループインタビューによって得た，学習者のライフストーリーから，気づきを抽出した結果，85の気づきがみられた。それらを整理し，表3-3-1で表現するとともに，表3-3-1で類型化した気づきの詳細な内容については，学習者の事例（ライフストーリーの語り）によって説明する。

1．気づきの類型化

　クラントンは，意識変容のプロセスに関して，「ふり返りのプロセスは，前提がまさに問い直されているのに気づくことから始まる」(Cranton　1992＝1999：207）と述べてはいるものの，気づきの分析までは行っていない。クラントンのみならず気づきの分析まで行っている先行研究は見当たらない。そこ

で，本書ではまず「気づき」の類型化を試みた。その理由は，類型化することにより気づきの詳細な分析が可能になると考えたためである。

表3-3-1の表頭（行見出し）は，学習者の気づきの対象を分類したものである。本書では，抽出された気づきについて，次の3通りに分類されることが明らかになった。本書では，それらを，自分自身の振る舞いや考え方に対して生じる気づきを「自己に関する気づき」，他者あるいは他者と自分との関係に関する気づきを「他者に関する気づき」，自分や他者を取り巻く社会構造，社会制度，社会問題などに関する気づきを「社会に関する気づき」と名づけた。

さらに細かく分類すると，「自己に関する気づき」では自己認識型（自分自身のことを認め，知る気づきである。他者に対する態度の反省，自己責任を認める気づきや自己改革する気づきが多くみられる），家族関係型（家族との関係のなかで生じた自己への気づきである。夫，子ども，親の順での気づきが多い），経済的自立型（自分自身が就職するなど経済力をもつための気づきである），社会関連型（社会との関連で生じる自分自身への気づき）がみられる。

「他者に関する気づき」では他者認識型（他者の生き方や行動を知り，自分自身との相違も知る気づき），影響型（他者から影響を受けての気づきと，自分が他者へ影響を与えたことによる気づき），共有型（他者と自己がお互いに共有しあうことに関する気づき）がみられた。

「社会に関する気づき」では社会認識型（社会問題，社会構造についての気づき）のみがみられた。このように，対象からみた気づきの類型は合計8通りに分類できる。

表3-3-1の表側（列見出し）は，これまでの前提を批判的にふり返り，前提を覆すという「発見の気づき」と，前提を再肯定し強めるという「確認の気づき」に分類した。学習者のインタビューと記述のなかで「確認した，再確認した，やっぱり……だと思った，改めて……だと思った，納得した，実感した」など，再確認していると，だれもがわかるような言葉が使われている気づきや，ライフストーリーのなかで，前提を繰り返して語っている部分の気づきがある。それを本書では，「確認の気づき」と称した。

表3-3-1　気づきの類型と数

段階			対象 自己に関する気づき 58				他者に関する気づき 22			社会に関する気づき 5
			自己認識 30	家族関係 14	経済的自立 9	社会関連 5	他者認識 5	影響 10	共有 7	社会認識 5
発見の気づき 59	意識レベル 40	＋29	A6. E3. F2. G1. G5. I7. J3. J4	G4. K5	C2	C7. F3. I4	A2. D1. J2. K2. K3	A4. A10. C8. D2. L2	B6. E1. J9. K7	G2
		－11	A3. D5. J5.	A8. D4. I6. I8	J6			A9	J1	I3
	行動レベル 19	＋16	B2. D6. H3. K1. K4	I9. L4	F1. I5. K6	G6		A5. K8 L1.		C5. D7
		－3	B1. I1	I2						
確認の気づき 26	意識レベル 17	＋11	A1. A7. B3. B4. B5. L3	C1		E2		H1	E5. F5	
		－6	L6. L7	C3. C4. D3. L5						
	行動レベル 9	＋9	C6. G7. H4 J8		F4. G3. H2. J7					E4
		－0								

注：表側の数字は気づきの数，アルファベットは，A～Lさん12名を表す。アルファベットに付した数字は，彼女らのライフストーリーから抽出した気づきを，語られた順序で番号をつけて示したもの（第1節3の事例参照）。下線は「抑圧に対する気づき」（第1節4の事例参照），囲み線は「顕在化の気づき」を示す（第1節5の事例参照）。

それぞれのなかで，意識は変わったが行動にまでは直接結びつかない「意識レベルの気づき」と，気づいたあと意識レベルにとどまらず，行動レベルの変容にまで結びつく「行動レベルの気づき」という二種類のレベルがある。
　対象と段階によるそれぞれの分類は，今回の研究結果から導き出されたものである。両者を組み合わせて表3-3-1のようなマトリックスにすると，論理上32の類型があるのに対して，実際のデータからは22の類型が確認できた。
　なお，対象に関して別の側面からみてみると，「抑圧に対する気づき」があることも確認できた。さらに，段階からみた場合，無意識のなかに存在する前提を顕在化する「顕在化の気づき」の存在がみえてきた。「抑圧に対する気づき」については，女性たちは日々の生活のなかで，性別役割分業観，子育て，夫との関係，経済的自立などのために，人間関係や社会から抑圧を受けていることが，具体的な語りで表れている。これが「抑圧に対する気づき」である。
　さらに気づきには，プラス評価とマイナス評価があることが判明し，それらの分類を試みた。表3-3-1には（+），（-）で示している。「プラス評価の気づき」とは，自己・他者・社会との関係について肯定的に評価する気づきであり，「マイナス評価の気づき」とは，自己や他者・社会との関係について否定的に評価する気づきである。「プラス評価の気づき」は85の内65であり，「マイナス評価の気づき」は20であった。「プラス評価の気づき」は「マイナス評価の気づき」の約3倍であり，対象者たちは自己・他者・社会との関係について肯定的に評価する気づきを生じることが多い，ということが明らかになった。
　そのうえ，無意識のなかの前提が顕在化する（意識化する）気づきがあることがわかった。それを「顕在化の気づき」と本書では称する。「顕在化の気づき」は，今回の研究では，「確認の気づき」に連動していることが，語りのなかから浮き彫りになった。「顕在化の気づき」は「発見の気づき」や「確認の気づき」の前段階に生じる気づきといえる。つまり，意識化されていない前提が「顕在化の気づき」により意識化され（第一段階），その意識化された前提は「発見の気づき」により，前提を覆しパースペクティブ変容に進む，または「確認の気づきに」により前提を再肯定し強め，その後パースペクティブ変容

に進む（第二段階）という過程を経るのである（図3-1-1参照）。

2．気づきからみたライフストーリーの類型

　表3-3-1の気づきの類型をライフストーリーの事例から例示する。気づきの語りの最初の部分のアルファベットと数字は，表3-3-1に対応している。アルファベットは調査対象者である。アルファベットの右となりの数字は気づきがみられた文章を順番に数字で表している。下線は気づきを示す。ここではHさんの事例を提示する。

　講座を受講して「H1　子育てを終えたほかの受講者から『私はこのあとどうすればいいのだろう』という言葉を聞いて，子どもとか夫や家族が理由ではないんだと改めて思って，やっぱり，やりたいことがあったら自分で自分のことは考えて，やっていかないといけないんだと思いました」と他者を見て気づきが生じている。大学での学びを生かしてHさんは，結婚前，児童福祉施設で幼児教育関係の仕事にたずさわった。

　講座修了後，子育て支援のボランティア活動をしていたが，「H2　一昨年ぐらいから，やっぱり何か自分の武器がないと，専門性や資格がないといけないと思いました。それで去年から，（結婚前と同じ）児童福祉施設で講師として働いています」と行動に移している。調査では「H3　不安定に揺れ動いていた自分は少し落ち着き，ゆっくり歩き出しているのかなと思います。今後はさらに力強くスピードを上げ，確実に進んでいかなければならないと思います。H4　行き先，道順はある程度見えているので，今の私は行動することが重要なのだと改めて思います」と記述し，さらなる行動変容の重要性を述べている。

3．類型別にみた気づきの事例

　つぎに，事例から類型別に内容を抜粋して例示する。事例はまず各段階によって分類し，さらにそれぞれについて対象別に分類してある。ただし，「確認の気づき・行動レベル・マイナス評価」に該当する気づきはなかったため記載していない。アルファベットと数字は表3-3-1に対応している。

（1）発見の気づき・意識レベル・プラス評価
① 自己認識型
　A6 『私が私であるために』努力することは『わがままではない』
② 家族関係型
　K5 子どものせいにしたことが多くあったが，子どもがいるからは理由にならない
③ 経済的自立型
　C2 女性の生き方，自立などを勉強しながらも，娘には理解のあるご主人とめぐり合えて，彼女が仕事を続けられたらいい
④ 社会関連型
　I4 うかうかと信じたのは私です。その責任はしっかり背負いこれから挑もうと思った
⑤ 他者認識型
　D1 いろいろな方が考え悩み，そして現在があるということを認識しました
⑥ 影響型
　L2 自分よりも年齢がかなり上の人もいて，その人たちの意見や考えは私に元気を与えてくれました
⑦ 共有型
　E1 同じようなジェンダー意識をもつ『主婦』している女性たちがこの地域にこれだけたくさんいることを知ったことです
⑧ 社会認識型
　G2 講座で出会った人々，皆，女性であるがためにかかえていた不満や悩みがあった。自分のせいではなく社会の問題だってこと，に気づかせてもらった

（2）発見の気づき・意識レベル・マイナス評価
① 自己認識型
　J5 今まで現状に不満をもつだけで，他人のせいにしてきたことに気づ

いた
② 家族関係型
　A8　私が（夫の）脅かしにのってしまったこと自体，何と私は自立していなかったと今にして思います
　I6　関心のあるテーマを選ぶ欄で，私が選んだのは「育児」「教育」親子関係」すべて子どもについて，夫にも私自身にも関心がなかったんですね，驚きです
③ 経済的自立型
　J6　経済的自立はすごく難しい，大変なことなんだ
④ 影響型
　A9　講座での知らなかった情報を聞き，きっと知っていたら講座後の行動もちがっていたと思う
⑤ 共有型
　J1　初めて自分と同じように悩み苦しんでいる人がいる，同じように専業主婦であることに違和感や疎外感を感じていらっしゃる人がいること
⑥ 社会認識型
　I3　女は結婚すれば一生安泰，働かないで食べられる主婦は幸せ，と刷り込んだのは社会だけれど
（3）発見の気づき・行動レベル・プラス評価
① 自己認識型
　K4　でも，子どもの接し方には『男の子だから，泣いたらだめよ』とかは一切いわなくなりましたね
② 家族関係型
　L4　夫婦がともに自立することの大切さを学びました。夫に少しずつ自分の考えをいえるようになった。相手のことを考えて思いやれば，相手も自分のことを考えてくれるし，少しずつ自分も変わってくるのかな，と思うようになりました

③ 経済的自立型
　　I5　講座を受けて思ったのは，（経済的に）自立した一人前の大人になりたいと思ったこと
④ 社会関連型
　　G6　前々から心理学的なことに興味があったので，自分と同じような立場で悩んでいる女性を励ます立場になりたいと思ったんです。命と人権を守ることに力を注いでいきたいと思う
⑤ 影響型
　　L1　この人にはしっかりとした『自分』があるのだなと思った。Zさんを見て，行動することの大切さを実感した
⑥ 社会認識型
　　C5　乳児を連れてくる熱心な女性を見ていると，働くお母さんの手助けだけでなく，育児専業のお母さんの息抜きの預かり所があってもよいなと感じた

（4）発見の気づき・行動レベル・マイナス評価
① 自己認識型
　　B1　(自分の)力のなさはわかった
② 家族関係型
　　I2　子育てに一生懸命で，自分のことを後回しにしているうちに，かつて好きだったことから遠ざかっていたのです

（5）確認の気づき・意識レベル・プラス評価
① 自己認識型
　　L3　『○○さんの奥さん』『△△ちゃんのママ』ではない＜私＞というものが実感できた
② 家族関係型
　　C1　卒論は『戦後の親子関係』だったんですよね。やっぱりずっと，そういうのに興味があったんだな，と今（インタビュー調査で）思えばね

③ 社会関連型
- E2　主婦という世間的に従属的な身分になったとしても，自分を諦めなくてよいという考え方が確認できた

④ 影響型
- H1　子育てを終えたほかの受講者から『私はこのあとどうすればいいのだろう』という言葉を聞いて，子どもとか夫や家族が理由ではないんだと改めて思って，やっぱり，やりたいことがあったら自分で自分のことは考えて，やっていかないといけないんだと思いました

⑤ 共有型
- F5　自分たちのなかに共有できるものを確認し合い，より親密に感じた

（6）確認の気づき・意識レベル・マイナス評価

① 自己認識型
- L6　講座で何かが変わったはずなのに，また講座を受ける前のような気持ちになってジタバタともがいている自分をみると，変わったような錯覚を起しただけではないかという思いになっています

② 家族関係型
- D3　やっぱり遡るのは父なんだな，というのは思うんですよね。歓迎されない誕生と左ききだったことを責められたりとか，男の子（双子の兄）尊重，女の子（Dさん）は，無視されやすいような状況にずっとあったような気がしますね

（7）確認の気づき・行動レベル・プラス評価

① 自己認識型
- J8　このインタビューのお話があり，自分を見つめ直し，やりたいことに挑戦していこうという，きっかけをいただきました。個人インタビューのあと，記述することによって客観的に自分を見つめなおすことができた

② 経済的自立型
- H2　一昨年ぐらいから，やっぱり何か自分の武器がないと，専門性や資

格がないといけないと思いました。それで去年から，(結婚前と同じ) 児童福祉施設で講師として働いています

③ 社会認識型
　E4 これからはますます，イデオロギーに振り回されずに自然体で生きていきたいです

4．抑圧に対する気づき

　以上に述べた類型化のほかに，それは主にジェンダーに関するものであるが，家族や社会からの抑圧に対する気づきも多い。本書では「抑圧の気づき」について，本人が「…の抑圧に対して気づきが生じた」と述べたのではなく，ライフストーリーの文脈のなかで，社会や他者からの禁止や圧力的な表現があったと筆者が判断した場合は抑圧とし，それに対して気づきを生じたものを「抑圧の気づき」と称した。
　85の気づきの内，39の気づきがなんらかの抑圧に関しての気づきであった。ここでは，Ｉさんの事例を挙げる。
　講座受講時，Ｉさんは自分のパソコンを買いたいと思っていたが夫に反対される。2～3万の洋服は買えても (Ｉさん一人の判断で) 10～20万の金額のパソコンは買えない自分に愕然とする。「講座を受けて思ったのは，自立した一人前の大人になりたいと思ったこと」と涙ながらに話していた。Ｉさんは経済的自立の必要性に気づき，講座修了後，夫の許可なく自由にできるお金を得るために，アルバイトを始める。その収入で，「夫が反対した子どものバレエの合宿の費用を出したときは嬉しかった」と語る。だが「夫に対して溜め込んでいた怒りは，自分にも責任があります」と気づきが生じ，「これからは夫との関係をよくするよう努力したい」と建設的な考えを述べている。このＩさんの事例は，夫の経済的抑圧に対して気づきが生じ，行動するまでに至り，夫との関係を見直すという，前進的な意識変容を遂げているといえる。

5．顕在化の気づき

「発見の気づき」は，「意識化された前提を覆す」タイプの気づきであり，行動にまでは直接結びつかない「意識レベル」の気づきと，行動にまで結びつく「行動レベル」に至る気づきに分けられることが明白になった。

「確認の気づき」は，「意識化された前提を再肯定し強める」タイプの気づきであり，こちらもやはり「意識レベル」の気づき，「行動レベル」の気づきがあるといえる。

さらにライフストーリーの語りから，「確認の気づき」の分析を深めると，このような気づきが「意識化されていない前提を顕在化させる気づき（以下，顕在化の気づき）」と連動していることが明らかになった。「顕在化の気づき」は，無意識のなかにある前提を顕在化させる働きをもつ気づきである。ショーンの述べる暗黙知を無意識，つまり意識化されていないものとして捉え，それを「意識化されていない前提」と定義する。「顕在化の気づき」は「意識化されていない前提」を顕在化させる作用があるとみることができる。

本書では，「顕在化の気づき」はＣさんのみに表れている。Ｃさんの事例（例１，例２）を紹介する。気づきの部分は下線，「顕在化の気づき」の部分は囲み線で「確認の気づき」の部分は太字で表している。

① Ｃさんの例１

完全に役割分業をしていた両親のもとで育ち，中学・高校と良妻賢母を育てる女子高で学んだＣさんにとって，男性は，ある種一段上にいる人という気持ちをもっていたという。大学は共学で，「（Ｃ１―家族関係，確認・意識レベル型）卒論は『戦後の親子関係』だったんですよね。やっぱり，ずっとそういうのに興味があったんだ，と今（インタビュー調査で）思えばね」と，大学時代をふり返っており，当時から親子関係に関心があったことが，気づきから浮き彫りにされている。

Ｃさんは，（卒論は『戦後の親子関係』だったんですよね）と語っている。この前提は，今まで意識上になくインタビュー時に気づき顕在化していると考えられる。そして瞬時に「やっぱり，ずっとそういうのに興味があったんだ，と今

（インタビュー調査で）思えばね」と確認しているのである。

② Ｃさんの例2
　講座受講以前から，カウンセリングの学習をしていたが，講座で赤ちゃんを連れて受講している人を見て，「(＊Ｃ5-社会認識，発見・行動レベル型) 乳児を連れてくる熱心な女性をみていると，働くお母さんの手助けだけでなく，育児専業のお母さんの息抜きの預かり所があってもよいなと感じた」と気づき，修了後，子育て支援ボランティアをする。「(Ｃ6-自己認識，確認・行動レベル型) <u>私ができることといったら，主婦でやってきたこと，子育てでやってきたことぐらいだから</u>，<u>それを使ってといったら，そういうお子さんをみるということだったのかなと思いますね</u>」と，主婦の経験を活動に生かしている。
　ここでは，「私ができることといったら，主婦でやってきたこと，子育てでやってきたことぐらいだから」と，（自分自身ができることは，子育てであった）という意識を確認し，それゆえに主婦の経験を生かすということが子育て支援活動につながったと，無意識のなかにある意識を顕在化していると考えられる。それは「だったのかな」という語りが示しているとも考えられる。

　上記の2例から，Ｃさんは，「顕在化の気づき」を生じ，その後「確認の気づき」が生じているといえよう。

6．「発見の気づき」「確認の気づき」と「顕在化の気づき」の関係
　すでに述べたように，段階別にみた気づきは，「発見の気づき」「確認の気づき」のほかに「顕在化の気づき」の3タイプがあるといえる。「発見の気づき」や「確認の気づき」は，意識化された前提に対して生じる。いっぽう，「顕在化の気づき」は「発見の気づき」や「確認の気づき」の前段階に生じる気づきである。つまり，「意識化されていない前提」は「顕在化の気づき」の作用によって顕在化し，「意識化された前提」となる。その「意識化された前提」をふり返り「発見の気づき」または「確認の気づき」が生じ意識変容が進むのである。これらを整理すると以下のようになる。

① 意識化された前提をもっている場合
　　発見の気づき→意識化された前提を覆す→（ア）意識レベル
　　　　　　　　　　　　　　　　　　　　→（イ）行動レベル
　　確認の気づき→意識化された前提を再肯定し強める→（ア）意識レベル
　　　　　　　　　　　　　　　　　　　　　　　　→（イ）行動レベル
② 無意識の前提をもっている場合
　　顕在化の気づき→発見の気づき→意識化された前提を覆す→（ア）意識レベル
　　　　　　　　　　　　　　　　　　　　　　　　　　　→（イ）行動レベル
　　顕在化の気づき→確認の気づき→意識化された前提を再肯定し強める
　　　　　　　　　　　　　　　　　　　　　　　　　　　→（ア）意識レベル
　　　　　　　　　　　　　　　　　　　　　　　　　　　→（イ）行動レベル

　このうち，無意識の前提をもっている場合の意識変容を図示すると，図3-3-1のとおりである。

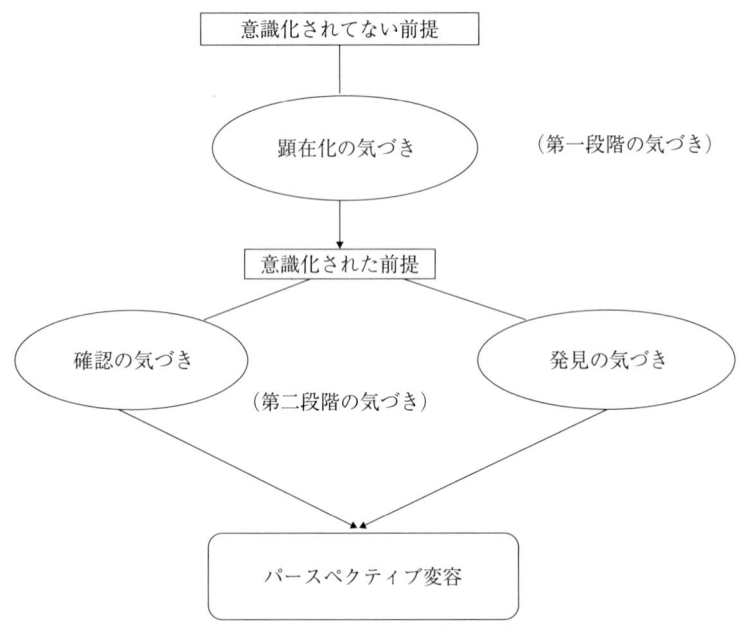

図3-3-1　無意識の前提をもっている場合の意識変容

7．類型化することにより明らかになった気づきの傾向

　以上の結果から，次の点が明らかになった。第一に，論理的には32ある類型のうち，実際に22の類型の気づきがみられた。このように気づきが多様であることは，女性が個々にさまざまな問題意識をもっていることを示している。

　第二に，気づきを対象別にみると，「自己に関する気づき」は58，「他者に関する気づき」は22，「社会に関する気づき」は5である（表3－3－1の表頭参照）。つまり，気づき全体（85）のうち，自分自身に関する気づきが58で3分の2以上を占めている。女性の学習者の場合，自分自身に関する気づきが多いといえる。

　第三に，気づきを段階別にみると，「発見の気づき」が59で「確認の気づき」が26である。「発見の気づき」が全体の3分の2以上を占めている（表3－3－1の表側参照）。「意識レベル」と「行動レベル」を比べると，「発見の気づき」「確認の気づき」ともに意識レベルが行動レベルの約2倍である。行動レベルにまで至る意識変容は，全体の3分の1程度であることがわかる。

　第四に，「確認の気づき」のみに注目すると，「確認の気づき」は12名中10名の事例にみられる（表3－3－1参照）。たとえば前出のFさんを例に挙げると，経済的自立型・共有型の2類型で「確認の気づき」が生じている。とくにHさんは影響型・経済的自立型・自己認識型のすべてに「確認の気づき」がみられ，その後仕事に復帰するという行動変容が起こっている。ジェンダー問題の学習者の場合，「確認の気づき」は学習者の意識を根づかせ，行動を起すための重要な気づきの一つであるといえる。

　第五に，85の気づきのなかで「抑圧に対する気づき」は39あり，気づき全体の約5割を占めている。これを，気づきの対象別にみると，図3－3－2に示すとおりである。「自己に関する気づき」では約半数，「他者に関する気づき」では2割程度，「社会に関する気づき」では8割が抑圧の気づきである。このように気づきの対象によってバラつきがあるものの，女性の学習者の気づきは，夫や，親，子どもなど家族との関係や，社会の規範などから，行動を抑制する何らかの圧力を受けているものが多いということがみえてきた。

図3-3-2 抑圧に対する気づき

項目	抑圧に対する気づき	他の気づき
社会に関する気づき	4	1
他者に関する気づき	4	18
自己に関する気づき	31	27

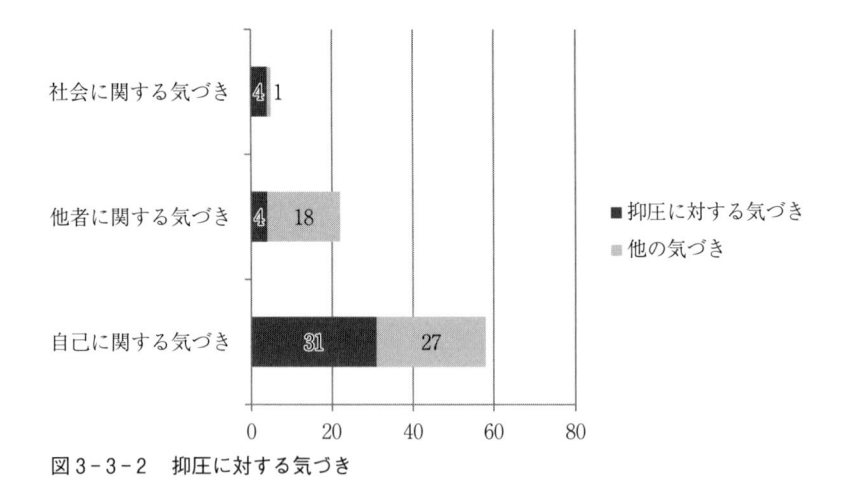

表3-3-1をみると，BさんとHさん以外10名に「抑圧に対する気づき」が生じていることがわかる。とくにGさんとIさんには，すべてに「抑圧に対する気づき」がみられる（p.201の表3-3-3のタイプ6参照）。二つ以上の類型で，抑圧に関する気づきがみられるのは9名（A・D・E・F・G・I・J・K・L）であり，「抑圧に対する気づき」と行動レベルの気づきの関係をみると，同様の9名（A・D・E・F・G・I・J・K・L）が，「抑圧に対する気づき」によって行動変容を起しており，抑圧に気づくことが，行動変容を促しやすいものと思われる。

フレイレ（1970a＝1979：56）は，抑圧者と被抑圧者の関係において「（被抑圧者による）真の省察は行動へと人を導く。他方，状況が行動を要求する場合，その行動は批判的省察の対象となるときにのみ，確かな実践となるだろう」と，抑圧に対する批判的ふり返り（省察）が重要であると述べている。フレイレが扱う抑圧は，国や政府，文化などに代表されるような，一個人では立ち向かえない大きな力，マクロな世界が要因となっている。

それに対し本書では，前出のIさんの事例でみられるように，女性たちが家庭，人間関係，地域社会などで受ける圧力に対して，批判的なふり返りをすることで解放を求めている。したがって本書では，このような身近な日常生活の

（ミクロな世界）が要因となっている圧力も抑圧として捉えることとした。
　女性たちも，日常生活で受ける抑圧に対して，批判的なふり返りをすることにより，解放が促進されるものと思われる
　第六に，無意識を顕在化する「顕在化の気づき」も明らかになった。無意識を顕在化することで，無意識は意識化された前提となり，「発見の気づき」や「確認の気づき」の作用により意識変容が進むと考えられる。今回の研究では，「顕在化の気づき」が表れたのは，Cさんの事例のみである。
　以上のように，講座修了後6年間をふり返って生じた気づきの内容分析で，人間関係の構築，精神的・経済的自立，社会復帰などに関する気づきや，無意識を顕在化するという第一段階の気づき，それにより意識化された前提に働く「発見の気づき」や「確認の気づき」という第二段階の気づきがあるといえる。

第2節　タイプ別にみた意識変容プロセスの分析

1. タイプ別による意識変容のプロセス

　各事例について，気づくためには何が関係するのかをみた対象別と気づきの8類型の関係の表（表3-3-2）を作成した。
　表3-3-2をもとにライフストーリーに沿った意識変容の流れをみると，表3-3-3に示す9タイプのプロセスに分類された。なお，プロセスのなかの同じ型が重複する場合については，一つに統一して表記している。それは，各タイプのプロセスの傾向をより明確にするためである。気づきの類型によって9タイプのプロセスを分類すると，「自己に関する気づき・他者に関する気づき」「自己に関する気づき・社会に関する気づき」「自己に関する気づき・他者に関する気づき・社会に関する気づき」という三つのカテゴリーに分けることできる。

表3-3-2　対象と気づきの8類型の関係

	自己に関する気づき				他者に関する気づき			社会に関する気づき
	自己認識	家族関係	経済的自立	社会関連	他者認識	影響	共有	社会認識
A	○	○			○			
B	○						○	
C	○	○	○	○		○		○
D	○	○			○	○		
E	○			○			○	○
F	○		○				○	
G	○	○	○	○				○
H	○		○			○		
I	○	○	○	○				○
J	○		○		○		○	
K	○	○	○		○	○	○	
L	○	○				○		

注：○印は本調査で表出した気づきである

2．気づきの類型とタイプ別意識変容のプロセスの事例

　表3-3-3で明らかになったタイプ別の意識変容のプロセスを，事例によって具体的に記述すると，以下のとおりである。なお，下線は気づきの語りの部分，数字は気づきの順序，太字は「確認の気づき」，斜字は「行動レベルの気づき」，＊は「抑圧の気づき」を示している。以下に9タイプの典型例を提示する。

(1) グループ1「自己に関する気づき」と「他者に関する気づき」のプロセス（6人）

1)「自己に関する気づき」から始まるプロセス

① タイプ1（自己に関する気づき→他者に関する気づき）：Bさん

　Bさんは，夫の転勤のために駐在した地域で，何か活動がしたいという動機

表3-3-3 タイプ別 意識変容のプロセス

自己に関する気づき・他者に関する気づき

タイプ1　自己に関する気づき→他者に関する気づき
　　　　Bさん：自己認識型→共有型
タイプ2　自己に関する気づき→他者に関する気づき→自己に関する気づき
　　　　→他者に関する気づき
　　　　Kさん：＊自己認識型→他者認識型→＊自己認識型→＊家族関係型→
　　　　　　　　＊経済的自立型→共有型→影響型
タイプ3　自己に関する気づき→他者に関する気づき→自己に関する気づき
　　　　→他者に関する気づき→自己に関する気づき
　　　　→他者に関する気づき
　　　　Aさん：自己認識型→他者認識型→自己認識型→＊影響型→＊自己認識型
　　　　　　　　→＊家族関係型→影響型
タイプ4　他者に関する気づき→自己に関する気づき
　　　　Hさん：**影響型→経済的自立型→自己認識型**
　　　　Lさん：**影響型→＊自己認識型→＊家族関係型→自己認識型**
タイプ5　他者に関する気づき→自己に関する気づき→他者に関する気づき
　　　　Jさん：＊共有型→他者認識型→＊自己認識型→＊経済的自立型→
　　　　　　　　自己認識型→共有型

自己に関する気づき・社会に関する気づき

タイプ6　自己に関する気づき→社会に関する気づき→自己に関する気づき
　　　　Gさん：＊自己認識型→＊社会認識型→＊経済的自立型→＊家族関係型→
　　　　　　　　＊自己認識型→社会関連型→＊自己認識型
　　　　Iさん：＊自己認識型→＊家族関係型→＊社会認識型→＊社会関連型→
　　　　　　　　＊経済的自立型→＊家族関係型→＊自己認識型→家族関係型

自己に関する気づき・他者に関する気づき・社会に関する気づき

タイプ7　自己に関する気づき→社会に関する気づき→自己に関する気づき→
　　　　他者に関する気づき
　　　　Cさん：**家族関係型**→経済的自立型→**家族関係型**→＊社会認識型→
　　　　　　　　自己認識型→社会関連型→影響型
　　　　Fさん：＊経済的自立型→自己認識型→社会関連型→＊経済的自立型→
　　　　　　　　共有型
タイプ8　他者に関する気づき→自己に関する気づき→社会に関する気づき
　　　　Dさん：＊**他者認識型→影響型→＊家族関係型**→自己認識型→
　　　　　　　　社会認識型
タイプ9　他者に関する気づき→自己に関する気づき→社会に関する気づき→
　　　　他者に関する気づき
　　　　Eさん：＊共有型→社会関連型→＊自己認識型→社会認識型→共有型

注：囲み線は「行動レベルの気づき」である。太字は「確認の気づき」である。＊は「抑圧に関する気づき」である。それぞれの型のなかの気づきは，一人につき複数存在する場合がある。

で講座に参加した。講座を受講して「(Ｂ１-自己認識,発見・行動レベル型)*力のなさはわかったが*,(Ｂ２-自己認識,発見・行動レベル型)*自分で何かしなくては。自分しかできないことは何かを考えさせられました*」と気づきその後,以前から続けていた書道の添削講師の試験を受ける。そして,書道の仕事や民生委員,子育て支援のボランティアと活動範囲が広がり,「地域で何か活動をしたい」という講座受講の動機が実現する。

個人インタビューでは「子育て支援を立ち上げたメンバーで残っているのが私一人になりました。(Ｂ３-自己認識,確認・意識レベル型)**継続は力なり**。(Ｂ４-自己認識,確認・意識レベル型)**やはり続けていくことが私のやり方なんだと再確認しました**」と語っている。そして,グループインタビューでは,「(Ｂ５-自己認識,確認・意識レベル型)**自然にでき得ること,それが大事だと納得できました**」と述べ,「(Ｂ６-共有,発見・意識レベル型)**皆さんも私と同じように,自分自身を何とかしたい,自分が生かされたいと思っていたのだと感じました**」と,グループインタビューに参加し,話し合うことでほかのメンバーへの理解ができたようである。

Ｂさんは,自分の能力のなさを認めたうえで,自分のできることを探し行動に移す。その後,受講後６年間をふり返り,続けることがＢさんの生き方である,ということを納得している。そして,グループインタビューでは,ほかの二人の話から,受講当時の二人の思いを理解できるという気づきが生じている。

② タイプ２(自己に関する気づき→他者に関する気づき→自己に関する気づき→他者に関する気づき):Ｋさん

子どもの成長をみて,自分も勉強したいと講座に参加した。「講座では知り合いもいなかったので,後ろのほうにポツンと座っていたんですけども,(Ｋ１-自己認識,発見・行動レベル型)*ここだと,ポツンと座っているだけではなかったので,驚きました。自分の言葉でしゃべらないといけない,最初の自己紹介からしゃべることがなくてどうしましょう,と思いました*」と語っている。

講義形式の学習形態に慣れているＫさんにとって話し合い学習方法は,自分が自主的に学習に参加しなくてはならないことに気づいている。ワークショッ

プは「仕事グループ」を選んでいる。富山県という，女性が働く環境にあったからこそ仕事を選んだと語る。だが，Ｂ区の女性たちの（働かない）生き方を見て富山とはちがう環境だと認識する。「今まで育ってきた環境では，お母さんというのはみんな働いていたんです（Ｋ２-他者認識，発見・意識レベル型）。カルチャー主婦って本当にいるんだなと思いました。土地柄だなという感じと，なりたくないなとも思いました」と語る。

　講座の内容に関しては，「（Ｋ３-他者認識，発見・意識レベル型）女性学とかそういうのをまったく知らなかったので，すごくびっくりした点がありました。こんなことを勉強をしている人がいるんだーという気持ちです。そんなに差別って受けたこともなかったし，考えたこともなく育ってきました（＊Ｋ４-自己認識，発見・行動レベル型）。でも，子どもの接し方には『男の子だから，泣いたらだめよ』とかは一切言わなくなりましたね」とふり返っている。

　そして，「（＊Ｋ５-家族関係，発見・意識レベル型）子どものせいにしたことが多くあったが，子どもがいるからは理由にならない（＊Ｋ６-経済的自立，発見・行動レベル）。経済力は自由を得ることを念頭において，言い訳をせずにいつでも働ける準備をしておきたい」と感想に書いている。修了後，経済的自立をめざしてパートで働く。しかし，日本でも数症例しかないという，原因不明の大病を患うが，奇跡的に回復する。「（Ｋ７-共有，発見・意識レベル型）人との和の中で人は育ち広がる」とインタビュー後に書いており，死に直面して人間関係の大切さを確認している。入院中に闘病記を書いたが，１度目のインタビュー時点では，まだそれを読み返えす勇気をもてないでいた。２度目のインタビューのときに，Ｋさんは筆者に日記を見せ，退院後初めて，２年ぶりに日記を読む機会を自主的につくる。グループインタビューでは「人の意見を聞き，考えさせられることもあり（講座で学んだことなど）数年後にふり返ることができよい体験をさせていただきました（Ｋ８-影響，発見・行動レベル型）。時間を有効に使えるよう，緊張感のある生活を心がけたいです。少しずつ外へ外へと目を向けていきたいです。前向きに何かをします」と，元気になったＫさんは語る。「子どもが幼稚園に行ってからも，栄養などの講演会にはよく行って

ました」と食に関心があるKさんは,「食生活アドバイザー」のテキストを購入した。

Kさんは,富山という共働き世帯が多い環境で育ち,講座受講後は仕事を再開する。大病を患い,社会とのつながりのなかで,人が成長する大切さを学ぶ。そして,この調査後,関心のある「食生活」についての学びを始め,行動変容が生じたプロセスである。

③ タイプ3 (自己に関する気づき→他者に関する気づき→自己に関する気づき→他者に関する気づき→自己に関する気づき→他者に関する気づき):Aさん

地域の福祉ボランティアリーダーである活動的なAさんは,良妻賢母の考えを支持する夫の暴言に悩んでいたこともあり,講座受講に意義があったという。講座では,受講中に父親の死に直面している。父親は地域活動の実践者だった。講座で自分自身をふり返り,地域で活動するのは,父親の影響だということに気づく。そして講座での感想文に,「(A1-自己認識,確認・意識レベル型)私という人間はこの世に一人しかいないということを確認しました」と書き,個人インタビューでは,「(A2-他者認識,発見・意識レベル型) 一人しかいないということを確認したことは,逆にいろいろな人がいるということを知ったのです」と語っている。また,ほかの受講生の会話を聞き,家事については,「(A3-自己認識,発見・意識レベル型)やりすぎている私が見え,(A4-影響,発見・意識レベル型)状況の比較ができて,精神的に強くなれた。(*A5-影響,発見・行動レベル型)私だってもっと(夫の家事参加に対して)言っていいんだということがわかった」と語る。そして,「(*A6-自己認識,発見・意識レベル型)『私が私であるように』努力することは『わがままではない』ということを学んだ」という。

「周囲に対して感じる引け目・負い目は,自分の側で生じさせている。自分のなかのもう一人の自分が課しているのだということを認識し,この世に生を受けた証を前向きに受け止めて,(A7-自己認識,確認・意識レベル型)真摯に生きていこうと再確認できたことが(講座を受講した)最大の収穫だった」と

語る。

　講座修了後，夫が退職金を得てから，Aさんは自己主張を始めるが，夫に言葉の暴力をふるわれ，「離婚だ」という脅かしに怯んでしまう。「(＊A8-家族関係，発見・意識レベル型) 私が（夫の）脅かしにのってしまったこと自体，なんと私は自立していなかったと今にして思います」という。だが徐々に，「学習することによって，いろいろ理論的に主張できるようになり，ゆとりが出てきた。泣かずに感情的にならずに，妻サイドの立場を説明することができるようになった。ジェンダーの勉強を重ねて，『これは暴力だ』と指摘して，（夫に）徐々に立ち向かうことができるようになった」と述べる。この調査でグループインタビューに参加し「(A9-影響，発見・意識レベル型) 講座での知らなかった情報を聞き，きっと知っていたら講座後の行動も違っていたと思う。(A10-影響，発見・意識レベル型) お互いに影響を及ぼしていたことがわかりました」と他者との関係の大切さを語っている。

　2）「他者に関する気づき」からはじまるプロセス
　④　タイプ4（他者に関する気づき→自己に関する気づき）：Lさん

　Lさんは，専業主婦である自分に劣等感を感じていた。主婦である以外に「自分」がなかったからだ。講師のZ氏の講演を聞き「(L1-影響，発見・行動レベル型) この人にはしっかりとした『自分』があるのだなと思った。Z氏を見て，行動することの大切さを実感した」と感想に書き，講座修了後は，ほかの受講者から影響を受けて子育て支援活動を始める。個人インタビューでは，「私個人で参加したこの講座は，とても楽しく勉強になりました。(L2-影響，発見・意識レベル型) 自分よりも年齢がかなり上の人もいて，その人たちの意見や考えは私に元気を与えてくれました」とほかの学習者をみて影響を受けている。

　そして，「(＊L3-自己認識，確認・意識レベル型)『○○さんの奥さん』，『△△ちゃんのママ』ではない＜私＞というものが実感できた」と述べている。専業主婦であることはLさんにとって劣等感を抱くほどの抑圧であった。「(＊L4-家族関係，発見・行動レベル型) 夫婦がともに自立することの大切さを学びました。夫

に少しずつ自分の考えを言えるようになった。相手のことを考えて思いやれば，相手も自分のことを考えてくれるし，少しずつ自分も変わってくるのかなーと思うようになりました」と，夫との抑圧的な関係に対して気づきが生じている。

　しかし，Ｌさんは調査の数カ月前から，「自分さがし」のために悩んでいたという。Ｌさんは講座修了後，ほかの学習者たちと子育て支援活動を始め行動に移した。しかし，調査時は２人目の子どもが生まれ，子育て支援活動をやめ，育児に専念し，帰宅時間の遅い夫と子育ての狭間で不安をかかえていた。「毎日の生活でクタクタなのですが，時間はどんどん過ぎていくし，『この先どうなってしまうのだろうか』という不安ばかりが大きくなっている毎日を過ごしています。夫には『自分が何か行動しなければ変わらないのだから，子どもを保育園に預けてもいいから，何かしなさい』と言われたんですけれど，（＊Ｌ５-家族関係，確認・意識レベル型）夫は早く帰ってきて家事をしてはくれるような人ではないので，仕事をしたら家事も自分が全部やらないといけないと思ったら，自分が死んじゃうわと思いました」と語り，夫は家事を手伝う人ではなく，働いたら家事を自分が全部すると確認している。

　インタビューでは語られなかったが，記述してもらうと，「（Ｌ６-自己認識，確認，意識レベル型）講座で何かが変わったはずなのに，また講座を受ける前のような気持ちになってジタバタともがいている自分をみると，変わったような錯覚を起しただけではないかという思いになっています」と書いている。グループインタビューの後の感想でも「（Ｌ７-自己認識，確認，意識レベル型）同じようなことを繰り返し自分は何も変わっていない」と述べている。

　Ｌさんは，夫との関係はよくなったが，自分自身の行動に対しては，「何も変わっていない」という気づきが確認できた。今回の研究ではＬさんのみに生じた気づきで貴重であるが，Ｌさんのように発展的な気づきがあったにもかかわらず，その数年後に自分の行動を批判的にふり返り，行動に進展しない気づきが生じる変容過程は，多くの人にもありえるのではないであろうか。そのようなときに，再度講座で学習することで，不安が取り除かれるのではないか。女性問題は，一時期だけではなく人生のなかで何度も学習することで，ジェン

ダーからの解放に向かうのである。

　Lさんの意識変容のプロセスは，すべて自己に関する気づきである。講座の修了後は，夫へ少しずつ自己主張することで関係もよくなってきたが，その後6年間をふり返ると，大きく変容してない自分がみえている。しかも，講座後に変容したというのは錯覚で，受講前の気持ちを再確認する気づきが生じている。そして，さらに「自分は変わってはいない」ということを確認している気づきのプロセスである。

　⑤　タイプ5（他者に関する気づき→自己に関する気づき→他者に関する気づき）：Jさん

　講座に参加して「女性学級に参加して，（＊1-共有，発見・意識レベル型）初めて自分と同じように悩み苦しんでいる人がいる，同じように専業主婦であることに違和感や疎外感を感じていらっしゃる方がいることや，（J2-他者認識，発見・意識レベル型）専業主婦と世間ではいわれている人たちの潜在能力の高さ，パワーを感じました。（J3-自己認識，発見・意識レベル型）子育てがひと段落してからでも決して遅くないこと，今はあせらずに今しかできないことやっていくことの大切さを感じました」と個人インタビューで述べている。講座受講時の感想には「（J4-自己認識，発見・意識レベル型）自分が何をしたいのか，自分がどう生きたいのか自分で考え，その選択に自信をもつことが大切。（＊J5-自己認識，発見・意識レベル型）今まで現状に不満をもつだけで，他人のせいにしてきたことに気づいた」と記している。

　1回目のインタビュー時，「（＊J6-経済的自立，発見・意識レベル型）経済的自立はすごく難しい，大変なことなんだなー」と経済的自立の難しさを語っている。しかし2回目のインタビューでは「（＊J7-経済的自立，確認・行動レベル型）やっぱり，経済的自立というのが私の最終的な目標だったんだ，と思い起こしました。女性の自立には経済的自立が欠かせないと常々感じています」と再度経済的自立の必要性を語り，意識変容が起こっている。その後，「（J8-自己認識，確認・行動レベル型）このインタビューのお話があり，自分を見つめ直し，やりたいことに挑戦していこうというきっかけをいただきました。個

人インタビューの後，記述することによって客観的に自分を見つめなおすことができた」と述べ，グループインタビューでは「（J9-共有，発見・意識レベル型）過去に共有した情報を仲間と掘り下げることによって，前向きな気持ちになります」と述べている。Jさんは，講座最終回に英語の勉強を続けたいと，筆者に話していた。この調査をきっかけに，以前から望んでいた翻訳家になるため英語翻訳講座の受講を始めている。

　Jさんは，「経済的自立」の難しさに気づきながらも，その必要性を何度も確認している。そして，6年前の講座の受講当時を思い出し，ほかの学習者と再び語り合うことによって，さらに英語翻訳者への学習に向かう意欲が出ている。その結果，翻訳講座を受講するという行動に及ぶプロセスである。

　（2）グループ2　「自己に関する気づき」と「社会に関する気づき」のプロセス（2人）

⑥　タイプ6（自己に関する気づき→社会に関する気づき→自己に関する気づき）：Iさん

　Iさんは講座受講時の自己紹介で「（*I1-自己認識，発見・行動レベル型）趣味としてプロフィールに書けるものが何も無かったんです」と結婚後，家族のためにつくしてきて，趣味ももてなかった自分に気づき唖然とする。「（*I2-家族関係，発見・行動レベル型）子育てに一生懸命で，自分のことを後回しにしているうちに，かつて好きだったことから遠ざかっていたのです」と気づく。講座修了後の感想文には「（*I3-社会認識，発見・意識レベル型）女は結婚すれば一生安泰，働かないで食べられる主婦は幸せ，と刷り込んだのは社会だけれど，（*I4-社会関連，発見・意識レベル型）うかうかと信じたのは私です，その責任はしっかり背負いこれから挑もうと思った」と記している。

　講座修了後，Iさんは趣味をもちたいと思い，友人に誘われたのを契機に，学生時代に楽しんでいたバレエを始める。「働くために履歴書を書いたとき，趣味の欄に『バレエ』と書けてどんなに嬉しかったか」とバレエという趣味を始めたことはIさんにとって，自分自身を取り戻したことにもつながる変容であった。講座受講時，Iさんは自分のパソコンを買いたいと思っていたが夫に

反対される。2～3万円の洋服は買えても10～20万円の金額のパソコンは買えない自分に愕然とする。

「（＊Ｉ5-経済的自立，発見・行動レベル型）*講座を受けて思ったのは，（経済的に）自立した一人前の大人になりたいと思ったこと*」と涙ながらに話す。講座後，夫の許可なく自由にできるお金を得るために，アルバイトを始め，その収入で，夫が反対したこどものバレエの合宿の費用を出したときは嬉しかったという。さらに今回の調査で「今回改めてプロフィールを見て気づいたんですが，（＊Ｉ6-家族関係，発見・意識レベル型）関心のあるテーマを選ぶ欄で，私が選んだのは『育児』『教育』『親子関係』すべて子どもについて，夫にも私自身にも関心が無かったんですね，驚きです」と述べ，講座を修了後6年経ってふり返り，重要な気づきをみせる。さらに「（＊Ｉ7-自己認識，発見・意識レベル型）子どもにしか関心のなかった私が，講座の最後には「人生設計グループ」に入って10年後の自分を発表している。我ながらすごい」と当時のＩさんの学習成果に気づく。夫との関係も，決定権をすべて夫が握っているというのは，とても不自由を感じていたという。この調査で「女は結婚すれば安泰と刷り込んだのは社会だけれど，信じたのは私です。（＊Ｉ8-家族関係，発見・意識レベル型）夫に対して溜め込んでいた怒りは，自分にも責任があります」と夫婦関係に関する気づきが生じ，「（＊Ｉ9-家族関係，発見・行動レベル型）*あきらめていた夫との意思疎通をがんばってみようと思います*，これから夫との関係をよくするよう努力したい」と建設的な考えを述べている。

Ｉさんの特徴は，気づきのすべてが，確認の気づきはなく，抑圧を受けていたために生じた気づきである。行動変容まで進む気づきが四つ生じている。そのなかでも，家族関係の気づきが三つ生じ，二つは行動変容まで及んでいる。このことから，Ｉさんは専業主婦として，自らの欲求にも気づかないくらい，家族に尽くしていたことがうかがえる。それらはＩさんを抑圧していたようである。学習によって気づかされ，自分自身を取り戻すために，意識変容と行動変容が起こっていると考えられる。

今回の研究では，Ｉさんは，とくに気づきが多く確認できたため，このよう

なプロセスが明らかになった。ほかの学習者についてもさらに研究を続ければ，より多くのプロセスの内容が確認できると考えられる。

(3) グループ3 「自己に関する気づき」と「他者に関する気づき」と「社会に関する気づき」のプロセス (4人)

1)「自己に関係する気づき」からはじまるプロセス

⑦ タイプ7 (自己に関する気づき→社会に関する気づき→自己に関する気づき→他者に関する気づき)：Fさん

講座では「(＊F1-経済的自立，発見・行動レベル型)ライフワークに合わせ，男女間でバランスよくペイドワーク，アンペイドワークを分担するのが良いことを知り，これまで仕事か家庭かと，二者選択に悩んでいたことが全く無意味に思えた」と気づき，修了後は主婦業とのバランスを取りながら，英会話講師の仕事と講座修了後に立ち上がった自助グループである子育て支援ボランティアの活動を始める。子育て支援ボランティアに関して「(F2-自己認識，発見・意識レベル型)私は，女性問題を学んでいるお母さんを支援しているつもりで託児をやっていたんだと気がついたんですよ」と述べ，女性問題講座の受講生以外の子どもを預かることに疑問を感じ活動から身を引く。その当時，ジェンダー問題の学習の会の代表となり，女性問題学級の歩みの小冊子を作成する。「(F3-社会関連，発見・意識レベル型)年表をつくりながら，この学習会はあーこういう歩みできたんだ，これも一つの学習なんだと体感したんです」と学習方法に関する気づきが起こっている。Fさんにとっては，女性問題学習が活動の中心となっていたのだ。英会話講師の仕事で貯金したお金を使って，Fさんは念願のドイツ旅行をする。ドイツ旅行の費用に関して，「(＊F4-経済的自立，確認・行動レベル型)*自分で誰にも気兼ねすることなく，使えるまとまったお金は大事かなと思います。*それだけの金額をへそくりで捻出しても後ろめたさがありますよね」と経済的自立の必要性を再確認しており，グループインタビューでは「(F5-共有，確認・意識レベル型)自分たちのなかに共有できるものを確認し合い，より親密に感じた」と述べており，ほかの学習者たちへの理解をさらに深めている。

Fさんの意識変容の学習や生き方の根底にあるものは,「女性問題の学習」「バランスよく男女でアンペイドワークとペイドワークを分担する」「経済的自立」である。このように語りや記述のなかから,気づきに焦点を当てて,プロセスをみるとわかるが,「経済的自立」が主として占めている。12名中経済的自立のための気づきが生じたのは9名である。8名の学習者には「経済的自立」の気づきは意識変容のプロセス中,1度生じているが,Fさんの場合は2度生じている。

　2)「他者に関する気づき」から始まるプロセス
　⑧　タイプ8（他者に関する気づき→自己に関する気づき→社会に関する気づき）：Dさん

　Dさんは,バレエ教師である。講座で「(＊D1-他者認識,発見・意識レベル型)いろいろな方が考え悩み,そして現在があるということを認識しました。(D2-影響,発見・意識レベル型)そのうえで相手を思いやりをもって接することを目標にしたい」という。その後,DさんはDVに関する公演に出演し父親との関係をふり返る。子ども時代から,Dさんの父親は男尊女卑観が強く,父親との関係に悩んでいた。小学校のころから役者になりたいと思っていたというDさんは,舞台に出たいという気持ちで応募した。「DVの朗読劇なんかになぜ,自分がひっかかったんだろうと思うのは,(＊D3-家族関係,確認・意識レベル)やっぱり遡るのは父なんだ,というのは思うんですよね,やっぱり,歓迎されない誕生と左ききだったことを責められたりとか,男の子（双子の兄）尊重,女の子（Dさん）は,無視されやすいような状況にずっとあったような気がしますね」と語っている。

　子どもとの関係にも悩む時期もあり,「(＊D4-家族関係,発見・意識レベル型)やっぱり,関係がうまくいかないのを,人を変えようとしていたと思うんですよね。自分が変わらずに,力でねじ伏せようとしたりして。それに気づくのに随分時間がかかりました,私は」とインタビューで語り,他者を変えようとしていた自分に気がつく。「(D5-自己認識,発見・意識レベル型)自分が自分がってね,自分が前に出ている時期は一番だめだったと思うんです」と述

べ，Dさんが変わることによって家族との関係もよい方向に変化する。地域の子どもたちにバレエを教え，「(D6-自己認識，発見・行動レベル型) <u>サポートする側に回るというのが，やっとこの年齢になってできたんです。</u>」と，子どもたちとかかわりのなかでも変容が起こる。そして，Dさんを豊かにする根底にあるものは「(D7-社会認識，発見・行動レベル型) <u>地域の人間として地域の子どもたちを育てる，ということなんですね</u>」と地域とのかかわりの大切さを語っている。

　Dさんは，講座中にほかの学習者から影響を受け理解し，相手に思いやりの気持ちをもつという気づきが生じている。その後も，家族や地域住民との関係で自分自身をふり返り，自分が変容する必要があるという気づきが生じ，行動変容まで進むプロセスである。

　⑨　タイプ9（他者に関する気づき→自己に関する気づき→社会に関する気づき→他者に関する気づき）：Eさん

　大学で女性学を学んだEさんは，留学や結婚後の海外駐在経験もあり，フルタイムの仕事に充実感も感じていたが，最初の子どもを思いがけずに亡くしてしまう，という悲しいでき事のあと，専業主婦となる。受講動機は地域での仲間づくりである。<u>講座での最大の収穫は</u>，「(＊E1-共有，発見・意識レベル型) <u>同じようなジェンダー意識をもつ『主婦』している女性たちがこの地域にこれだけたくさんいることを知ったことです。</u>(＊E2-社会関連，確認・意識レベル型) <u>主婦という世間的に従属的な身分になったとしても，自分を諦めなくてよいという考え方が確認できた</u>」と語り，キャリアウーマン志向から専業主婦に転じたが，自分自身の可能性を確認している。それまでは，「自分が『主婦』になじまないという自己意識がとにかくずっとあって，それでも結局『主婦』に囲い込まれて子育ても始めてしまったので，もう『主婦』を演技していくしかないという心境でした」という。

　そして，個人インタビューでは「若い頃から，人生において何事かを成すというような，大上段から物を見るクセがついていて，不惑も過ぎて耳順に届こうというのに，何もしていない自分をいつもダメだ，ダメだと思っていました

が，(＊E3-自己認識，発見・意識レベル型)インタビューを受けて，『これからもたぶん，このまま悪あがきの人生だろうけどそれもまた楽しからずや』と思ってます。(＊E4-社会認識，確認・行動レベル型)**これからはますますイデオロギーに振り回されずに自然体で生きていきたいです**」と述べている。地域での仲間づくりが動機だったEさんは「(E5-共有，確認・意識レベル型)　<u>インタビューや記述やグループインタビューで，同じ意識の人たちと会えたことが大きな学習だったことを再確認できた</u>」と述べている。

　対象に自己，他者，社会と3通り表れているのは，EさんとタイプのCさんの二人だけである。とくにEさんの場合は，共有型，社会関連型，社会認識型の三種類の型で，社会とのかかわりのなかで生じた気づきであるということが，特徴である。やはり，Eさんが地域の人々との仲間づくりが動機，ということにも関連しているといえる。確認の気づきが生じ，行動を起こしている。つまり，気づきは学習者の動機と大きく関係があるということがわかる。

3．気づきと意識変容のプロセスの関係

　以上で述べた事例から，意識変容のプロセスに関し，気づきに着目して以下の5つの点を見いだすことができる。

（1）9タイプのプロセス

　本書では，9タイプのプロセスが明らかになった。タイプ1～5は「自己に関する気づき・他者に関する気づき」，タイプ6は「自己に関する気づき・社会に関する気づき」，タイプ7～9は「自己に関する気づき・他者に関する気づき・社会に関する気づき」である。

　これらをさらに細分化すると，次のとおりである。タイプ1～3は，「自己に関する気づき」が生じたあと，「他者に関する気づき」へと進んでいる。タイプ4とタイプ5は「他者に関する気づき」が生じたあとで「自己に関する気づき」へと進み，タイプで6では「自己に関する気づき」が生じたあと，「社会に関する気づき」が生じている。タイプ7～9は，「自己に関する気づき」「他者に関する気づき」「社会に関する気づき」の3種類の気づきが生じている

ことが確認できた。9タイプにはいずれも「自己に関する気づき」が生じており，「自己に関する気づき」が変容過程では重要だといえよう。

（2）らせん状に発展するプロセス

プロセスのなかで，行動レベルの気づきが二つ以上ある事例が9事例（C・D・F・G・L・H・I・J・K）あった。それは気づきが生じ，その後，行動を起しているというプロセスを繰り返しているのである。そのようなプロセスは「らせん状に発展するプロセス」という（日本女子社会教育会1999：24）。本書では，気づきが生じ，その後に行動変容が起こり，それが2回以上繰り返した場合を，「らせん状に発展するプロセス」と定義する。

行動変容がどのような気づきによって生じるかをみると，まず「自己に関する気づき」で行動変容が生じ，「自己に関する気づき」で次の行動変容がみられる事例6名（F・G・J・H・I・K）であった。行動変容を引き起こす気づきを，時間軸に沿って順番にあげてみると，「自己に関する気づき」→「社会に関する気づき」という人は1名（D），「他者に関する気づき」→「自己に関する気づき」という人は1名（L），「社会に関する気づき」→「自己に関する気づき」も1名（C）であった。行動変容が3度にわたってみられたのは4名（C・G・I・K）で，とくにIさんとKさんは，行動レベルの気づきが4度と多い。この2人の事例は，意識変容が「らせん状に発展するプロセス」であるといえよう。

（3）「確認の気づき」とプロセスの関係

「確認の気づき」は，10名（A・B・C・D・E・F・G・H・J・L）の事例にみられる。たとえば，Fさんについていえば，経済的自立型・共有型の2類型で「確認の気づき」が生じている。とくにHさんは，影響型・経済的自立型・自己認識型のすべてのプロセスで「確認の気づき」がみられる。行動レベルの「確認の気づき」が生じているのは8名（B・C・E・F・G・H・J・L）である。そのうち3事例（G・H・J）では行動レベルの「確認の気づき」が2度以上あり，意識変容が「らせん状に発展するプロセス」となっている。本書においては，「確認の気づき」が生じると，意識変容が起こりやすくなる

ことがうかがえた。

　さらに,「確認の気づき」は,それ以前の前提を何度も強め根づかせる働きをするといえよう。Hさんの事例でわかるように,Hさんは,前提を何度も再確認することで,行動変容を起こしている。それは「確認の気づき」が前提を根づかせ,強化し,確信をもたらせる働きがあるためと考えられる。

　では,「確認の気づき」は意識変容の過程にどのような影響を与えているのであろうか。メジローは,変容理論のなかで,4つの過程を提示している。第一の学習過程は,学習によって初期的バイアスの根拠を探り,さらにそれを強化する過程。第二は,新しいグループに出会い,その短所を焦点化することにより,新たな視点でみる過程。第三は,多様な文化や事例を学習,経験することで,特定グループの間違った概念を批判的に省察し,視点の変容を学習する過程。第四は,多様な文化や事例をみることで,一般化されたバイアスに気づき,批判的にふり返ることによって,精神面における習慣が変容する過程である（Mezirow　1997：7）。

　研究結果から得られた「確認の気づき」の学習過程は,メジローの第四過程の学習をさらに強化し,発展させる過程といえるのではないか。つまり,一般化されたバイアスを批判的にふり返り,精神面における習慣が変容したあと,さらに「確認の気づき」の発生により,精神面における習慣の強化や,行動における習慣にまで発展する学習過程であろう。

　ゆえに「確認の気づき」は意識を強化し,行動を起す起爆剤となり,意識変容から行動変容に向かうためには重要な気づきであるといえよう。

（4）「抑圧に対する気づき」とプロセスの関係

　BさんとHさん以外の10名のプロセスから「抑圧に対する気づき」が生じていることがわかる。二つ以上の類型で「抑圧に対する気づき」がみられるプロセスは7名（A・D・E・G・I・J・K）であり,とくにタイプ6のGさんとIさんのプロセスには多くみられる。Gさんは夫との関係や自立に関するもの,Iさんは性別役割分業観に関するものが多くを占めているのがわかる。「抑圧に対する気づき」と行動レベルの気づきの関係をみると,9名（A・C・E・

F・G・I・J・K・L）は気づきが生じたあとに行動変容を起している。ジェンダー問題の学習者の「抑圧に対する気づき」は行動へと向かわせる可能性をもつ気づきといえよう。

（5）「前進する意識変容のプロセス」と「停滞する意識変容のプロセス」

12名中11名が問題解決に向かい，未来へ向かう前進的な気づきを生じている。しかし，タイプ4のLさんは，講座での学習後に行動変容がみられたものの，インタビューでは「講座で何かかわったはずなのに，講座を受ける前のような気持ちになってジタバタともがいている自分をみると，同じようなことを繰り返し，自分は何も変わっていない」と，語っている。講座修了後は夫に自分の考えをいえるようになっているので，講座での変容はみられる。だが，調査時，Lさんはその後変容していない自分に気づく。Lさんの場合，講座での学習後はらせん状に進んだものの，その後6年経過した調査時には，変容が停滞しているといえる。その理由の一つとして，Lさんは36歳で子育ての最中であり，行動しにくい状況にあることがあげられる。また，Lさんの講座以降の気づきが，常に対象が自己であるのに対して，ほかの11名は対象が複数である。「前進する意識変容のプロセス」には，他者や社会との関係についての気づきが必要であることを示唆するものである。

第3節　まとめ

本章では，気づきの側面から女性の意識変容のプロセスを検討し，気づきに関して6点，意識変容のプロセスに関して5点，合計11点の知見が得られた。

気づきに関しては，次のとおりである。第一に，気づきを対象と段階で分析すると論理的には32の型に分類され，実際には22の類型が見いだされた。気づきの内容がこのように多様であることは，女性が多くの問題意識をかかえていることを示すものである。

第二に，対象からみた類型は，自己に関する気づき（自己認識型・家族関係型・経済的自立型・社会関連型），他者に関する気づき（他者認識型・影響型・共有型），社会に関する気づき（社会認識型）が明らかになった。女性の学習者が

行動変容にまで及ぶのは，自己に関する気づきが生じた場合が多いといえる。段階からみた類型は，「発見の気づき」と「確認の気づき」があり，それぞれに「意識レベル」と「行動レベル」があることも明らかになった。

第三に，「確認の気づき」には自己に関する気づきが多く，それらは前提を強化し，意識を根づかせる気づきであることが判明した。12名中，行動レベルの「確認の気づき」が生じているのは8名である。そのうち3事例では行動レベルの「確認の気づき」が2度以上あり，意識変容が「らせん状に発展するプロセス」となっている。本書においては，「確認の気づき」が生じると，意識変容が起こりやすくなることがうかがえた。

第四に，気づきには，プラス評価とマイナス評価があり，「プラス評価の気づき」は85の内65であり，「マイナス評価の気づき」は20であった。「プラス評価の気づき」は「マイナス評価の気づき」の約3倍である。対象者たちは，自己や他者・社会との関係について肯定的に評価する気づきを生じることが多い，ということがわかった。

第五に，気づきのうちで「抑圧に対する気づき」が半数あり，女性たちが家族や社会から抑圧を受けていることがわかった。「抑圧に対する気づき」が多いと行動変容も生じる可能性が高いといえる。

第六に，無意識のなかにある前提を顕在化させ意識化された前提にする「顕在化の気づき」の作用があることが明らかになった。しかし，今回の研究では，Cさんの事例のみに「顕在化の気づき」が表れ，今後さらなる事例研究が必要である。

意識変容のプロセスについては次のとおりである。第一に，意識変容のプロセスは三つのカテゴリーに分かれ，合計9つのタイプが抽出できた。9タイプにはいずれも「自己に関する気づき」が生じており，「自己に関する気づき」が変容過程では重要だといえよう。

第二に，研究中にみられた意識変容のプロセスは，らせん状に発展することがわかった。第三に，「確認の気づき」は，メジローが提示している意識変容の四つの学習過程のうち，第四の学習過程を発展させるものであることが明ら

かになった。第四に，タイプ6のプロセスに抑圧の気づきが多くみられた。第五に，「前進する意識変容のプロセス」と「停滞する意識変容のプロセス」が確認できた。

　以上のように，本書では気づきの類型化と意識変容のプロセスの分析をとおして，女性の学習者の意識変容を捉えることができた。今後の課題としては，研究対象者を増やし，多様な類型の分析や，らせん状に発展するプロセスの詳細な検討が必要である。

第4章 気づきからみた意識変容の学習のプロセス

　気づきが生じることによって意識変容が起こるため，気づきは意識変容のための重要な因子であるが，これまでは気づきを具体的に表した研究は見当たらず，抽象的な概念にとどまっていた。そこで第4章では，気づきの類型化を組み込んだ意識変容のプロセスの分析を試みた。本章では，「発見の気づき」「確認の気づき」「顕在化の気づき」に着目し，メジローの意識変容の理論と，ショーンの省察理論を参照して，クラントンが提唱する〈意識変容の学習のプロセス〉のモデルに新たな知見を加える。さらに，それをふまえた新しいモデル，すなわち「気づきからみた意識変容の学習のプロセス」のモデルを構築する。

第1節　「気づきからみた意識変容の学習のプロセス」モデルを構築するための検討課題

　本節では，クラントンが示した〈意識変容の学習のプロセス〉をもとに，第1章で提示したメジローやショーンの理論などをふまえて，新しいモデルの構築を検討する。

1．クラントンの〈意識変容の学習のプロセス〉モデルをめぐって

　はじめに（1）でクラントンの〈意識変容の学習のプロセス〉を示す。次に（2）〜（5）でクラントンによるモデルを精緻化するに当たって，注目する4点を示すこととする。

（1）クラントンの〈意識変容の学習のプロセス〉モデル

　クラントンは，メジローの意識変容理論をもとに実践研究を行い，ユングの心理タイプにも着目し，以下のような〈意識変容の学習のプロセス〉の一般的なモデルを提示した。この図は第1章で提示した図3-1-1（p.141）の矢印部分に〈a〉〈b〉〈c〉を付記したものである。

　クラントンの〈意識変容の学習のプロセス〉のモデル（図3-1-1参照）に

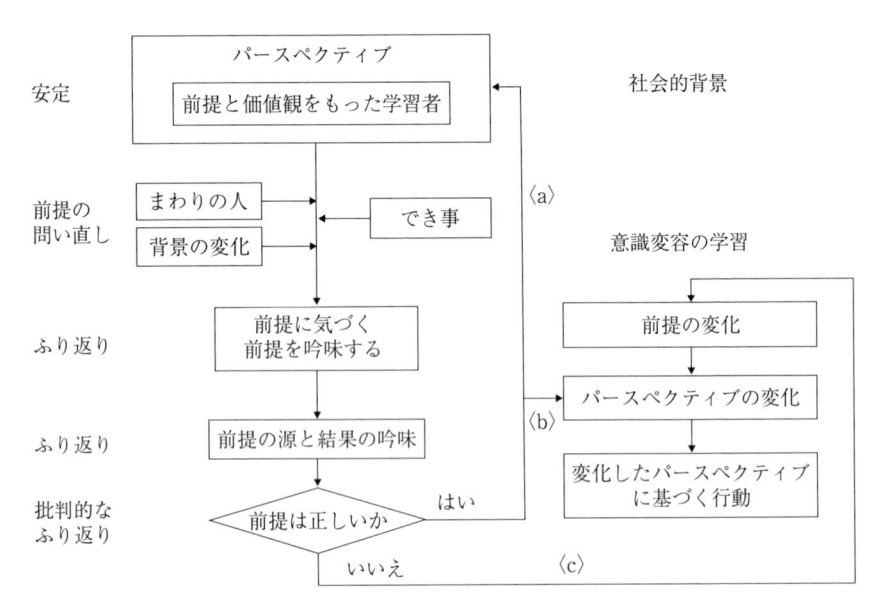

```
         ┌─────────────────────┐
         │  パースペクティブ    │
安定     │ ┌─────────────────┐ │         社会的背景
         │ │前提と価値観をもった学習者│ │←──┐
         │ └─────────────────┘ │   │
         └─────────────────────┘   │
                                   │
前提の   ┌──────┐    ┌──────┐      │⟨a⟩
問い直し │まわりの人│→  │でき事│    │      意識変容の学習
         │背景の変化│←  └──────┘    │
         └──────┘                   │      ┌──────────┐
                ↓                   │      │ 前提の変化 │
ふり返り   ┌──────────┐              │      └──────────┘
           │前提に気づく│              │            ↓
           │前提を吟味する│            │      ┌──────────────┐
           └──────────┘              ├──→  │パースペクティブの変化│
                ↓                   │⟨b⟩    └──────────────┘
ふり返り   ┌──────────┐              │            ↓
           │前提の源と結果の吟味│      │      ┌──────────────┐
           └──────────┘              │      │ 変化したパースペクティブ │
                ↓           はい     │      │   に基づく行動   │
批判的な    ◇─────────◇ ─────────────┘      └──────────────┘
ふり返り    │前提は正しいか│
            ◇─────────◇
                  │いいえ     ⟨c⟩
```

図3-4-1　クラントンの〈意識変容の学習のプロセス〉
出所：Cranton（1992＝1999：206）

よると，学習者は，「混乱が生じるようなジレンマ」のとき，批判的なふり返りを行い，前提や価値観を問い直し，さらにその前提を吟味し，前提の正しさを問い直す。吟味の結果，前提が正しいとの結論が出たときは，もとの前提に戻る（図3-4-1の⟨a⟩）。クラントンは，これを意識変容とは捉えない。だが，前提が「正しい」と判断しても途中で矢印⟨b⟩に進み，パースペクティブが変容する場合があると，図矢印⟨b⟩を記入している。しかし，第三部第1章，第1節6の注6（p.241）で述べたように，クラントンはこの矢印⟨b⟩を否定していた。他方で，前提が正しくないと判断した場合⟨c⟩に進み，パースペクティブが変容し，行動にまで進むと捉えている（詳細は第三部第1章第1節6を参照）。

（2）「批判的ふり返り」による意識変容と「批判的ふり返り」によらない意識変容

　メジローは意識変容を，批判的ふり返り（critical reflection）により，意味パースペクティブ（meaning perspective）が変化し，パースペクティブ変容

(perspective transformation) が生じるものと述べている (Mezirow 1990：1-20)。しかし，田中雅文は，社会形成に取り組む組織的なボランティア活動について，批判性が前面に表出しないふり返りの存在を具体的に示している（田中 2011：130-131）。本書の分析のなかでもデータに基づき田中が主張するように，ジェンダー問題の学習者の意識変容は，批判的なふり返りにおいてのみ生じるのではなく，批判的ふり返りによらない意識変容の過程も存在すると考える。

（3）「混乱が生じるようなジレンマ」のなかだけではなく「日常生活」のなかでも生じる意識変容

クラントンはメジローの理論をふまえ，人生の危機的な状況である「混乱が生じるようなジレンマ」のなかで，学習者が前提を批判的にふり返ることにより，それまでの前提が覆され，意識変容が生じると述べている。これに対し筆者は，成人の学習者の場合，意味パースペクティブの変化や意識変容は，「混乱が生じるようなジレンマ」のなかでしか生じないとは考えない。とくに女性問題学習者の場合は，日常の学習機会や生活のなかで，前提を覆すほどではない気づきが生じ，意識変容が起こることが重要だと考える。テイラーも，「混乱が生じるようなジレンマ」のときに意識変容を促すことや「批判的ふり返り」について批判している（Taylor 1997：34-59）。

（4）行動におよばない意識変容

クラントンは「意識変容の学習は，行動の変化を含むものでなければならない」と，学習による行動への変化を重視する点にある（Cranton 1992＝1999：242）。クラントンのモデルは，行動変容に至るものだけを意識変容と捉えて作成されている。気づきの類型化により，気づきには「意識レベル」の変容にかかわるものと，「行動レベル」の変容にかかわるものがあることが，明らかになった。本書では，気づきに焦点を当て分析した結果，行動に及ばずとも意識レベルの変容をも意識変容と捉える。つまり，これらは行動の変化に至らない意識変容の学習の意味を明示化したといえよう。

2．意識変容の学習のプロセスと気づきの関係
（1） 3種類の気づきの関係

　第4章で,「発見の気づき」は,「意識化された前提を覆す」タイプの気づきであり，行動にまでは直接結びつかない「意識レベル」の気づきと，行動にまで結びつく「行動のレベル」に至る気づきに分けられることが明らかになった。

　「確認の気づき」は,「意識化された前提を再肯定し強める」タイプの気づきであり,「意識レベル」の気づきと「行動レベル」の気づきがあることが明らかになった。

　さらにライフストーリーの語りの分析を深めると「意識化されていない前提を顕在化させる気づき」が存在することが明らかになった。それを本書では「顕在化の気づき」と名づけた。「顕在化の気づき」は，無意識のなかにある前提を表出させる働きをもつ気づきである。

　この3種類の気づきの関係は次のように示される。「意識化されていない前提」は「顕在化の気づき」の作用によって顕在化し,「意識化された前提」となる。学習によりその「意識化された前提」をふり返り「発見の気づき」または「確認の気づき」が生じ意識変容が進むのである。

1）「発見の気づき」の特性

　「発見の気づき」は，前提を覆し意識変容を促す気づきである。クラントンの図3-4-1の〈c〉に進む気づきであり，クラントンの述べる〈意識変容の学習のプロセス〉にかかわる気づきである。クラントンのプロセスでは「気づき」と称されているのが「発見の気づき」である。

2）「確認の気づき」の特性

　クラントンは，前提が正しいとの結論が出たときは，パースペクティブ変容とは捉えていないが，メジローは前提の再肯定（行動は不変）をもパースペクティブ変容であると捉えている。筆者もメジローの主張に同意する。それは,「確認の気づき」は前提を再肯定し強める作用があり，前提が根づき強化された場合はパースペクティブ変容であると捉えられるからである。

　学習者は，それまでにもっている前提を批判的にふり返り，それを覆すので

はなく前提の正しさを再確認し，再び前提を肯定し強めることがある。前提を再肯定し強めることも意識変容と捉えるならば，クラントンの図3-4-1（p.220）の〈a〉で，もとの前提に戻る矢印をパースペクティブ変容と考えることが可能ではないか。「確認の気づき」は再確認するときに作用し，前提をさらに，量的にも質的にも強く根づかせる。

三輪建二も同様にクラントンの図3-1-1（p.141参照）に対して，「図では右の矢印に進むことが意識変容の学習となっており，もとに戻る矢印は意識変容の学習には組み入れられていない。さらに発展させて，もとの位置に戻る矢印であっても意識変容は生じているという立場にたちたいと考えている」（三輪 2007：139）と語っている。多くの場合，このように意識レベルの気づきを繰り返しながら，行動レベルの変容に至ると考えられる。

3）「顕在化の気づき」の特性

〈意識変容の学習のプロセス〉に関するクラントンの研究は，無意識については言及していない。しかし，ショーンは，実践者の省察的学習の方法を論証し，そのなかで「行為のなかの省察」における知（暗黙知）の形成について言及している（Schön 1983：52）。クラントンが研究課題と述べる，無意識の状態からの意識変容について，ショーンが，暗黙知としている概念を〈意識変容の学習のプロセス〉に組み込むと，無意識（暗黙知）のなかにある前提を顕在化させるときに「顕在化の気づき」が作用すると考える。

4）3種類の気づきによる意識変容の学習のプロセスのパターン

「発見の気づき」「確認の気づき」「顕在化の気づき」が生じる意識変容の学習のプロセスとは，どのようなプロセスなのであろうか。まず意識変容のプロセスを整理し，以下の3パターンに分類しておく。

(a) 意識化された前提が変化するプロセス（発見の気づきが作用する）
(b) 意識化された前提を再肯定し強めるプロセス（確認の気づきが作用する）
(c) 意識化されていない前提を顕在化させるプロセス（顕在化の気づきが作用する）

モデルの精緻化を行うにあたっては，上記の3パターンに関して事例分析を

表3-4-1　意識変容の学習のプロセスと気づきの関係

意識変容の学習のプロセス	気づきの種類
(a) 意識化された前提が変化するプロセス	発見の気づき（ア），（イ）
(b) 意識化された前提を再肯定し強めるプロセス	確認の気づき（ア），（イ）
(c-1) 意識化されていない前提を顕在化させるプロセス	顕在化の気づき ↓ 発見の気づき（ア）（イ）
(c-2) 意識化されていない前提を顕在化させるプロセス	顕在化の気づき ↓ 確認の気づき（ア）（イ）

注：（ア）は意識レベル，（イ）は行動レベル

行う。(a) のプロセスは，「発見の気づき」がかかわる意識変容のプロセスである。「確認の気づき」は (b)，「顕在化の気づき」は (c) のプロセスにかかわると考える。

これらの対応関係を整理すると，表3-4-1のように表される。

第2節　3種類の気づきと「意識変容の学習のプロセス」の関係についての事例分析

今回の調査では，12名中10名に「確認の気づき」がみられた。①意識変容のプロセス (b) パターンと確認の気づき（ア）のみのプロセスは3名，②意識変容のプロセス (b) パターンと確認の気づき（イ）のみのプロセスは2名，③意識変容のプロセス (b) パターンと確認の気づき（ア）と（イ）のみのプロセスは4名，④意識変容のプロセス (a)，(b)，(c-2) パターンと確認の気づき（ア），（イ），顕在化の気づきのプロセスは，Cさん1名のみであった。表3-4-2では，調査対象者と「気づきからみた意識変容の学習のプロセス」と「確認の気づき」「顕在化の気づき」の関係を示している。

以下の (1) では，①意識変容のプロセス (b) パターンと確認の気づき（ア）のプロセスのAさんの事例，②意識変容のプロセス (b) パターンと確認の気づき（イ）のみのプロセスのJさんの事例，③意識変容のプロセス (b) パターンと確認の気づき（ア）と（イ）のプロセスHさんの事例，④意

表3-4-2 調査対象者と「意識変容の学習のプロセス」と「確認の気づき」「顕在化の気づき」の関係

調査対象者	〈意識変容の学習のプロセス〉			確認の気づき		顕在化の気づき
	(a)	(b)	(c-2)	(ア)	(イ)	
A		○		○		
B		○		○		
C	○	○	○	○	○	○
D		○		○		
E		○		○	○	
F		○		○	○	
G					○	
H		○		○	○	
I						
J		○			○	
K						
L		○		○	○	

識変容のプロセス(a)(b)(c-2)パターンと確認の気づき(ア)(イ)、顕在化の気づきのプロセスのCさんの事例を示す。(1)では、「確認の気づき」の部分のみを抽出し示す。なお、「発見の気づき」の語りは斜体、「確認の気づき」の語りはゴシック、「顕在化の気づき」の語りは下線で示した。

(1)「確認の気づき」とプロセス(b)パターン

以下に9人の事例のうち「確認の気づき(ア)」「確認の気づき(イ)」タイプと(b)パターンの典型例を示す。

1)「確認の気づき(ア)」タイプの事例：Aさん

地域の福祉ボランティアリーダーを務める活動的なAさんは、良妻賢母の考えを支持する夫の暴言に悩んでいたこともあり、講座受講に意義があったという。講座では、受講中に父親の死に直面している。父親は地域活動の実践者だった。講座で自分自身をふり返り、地域で活動するのは父親の影響だということに気づく。そして講座での感想文に、「(A1-自己認識, 確認・意識レベル

第4章 気づきからみた意識変容の学習のプロセス　225

型）私という人間はこの世に一人しかいないということを確認しました」と書き，個人インタビューでは，「（Ａ２-他者認識，発見・意識レベル型）一人しかいないということを確認したことは，逆にいろいろな人がいるということを知ったのです」と語っている。

「周囲に対して感じる引け目・負い目は，自分の側で生じさせている。自分のなかのもう一人の自分が課しているのだということを認識し，この世に生を受けた証を前向きに受け止めて，（Ａ７-自己認識，確認・意識レベル型）**真摯に生きていこうと再確認できたことが（講座を受講した）最大の収穫だった**」と語る。

Ａさんは，講座での学習で，自分という人間はこの世界に一人しかいないという前提を確認し，インタビューでは，真摯に生きていくという信念である前提を再確認しているため，(b) パターンの変容であり，この段階では意識レベルにとどまっているため（ア）の「意識化された前提を再肯定し強めるものの意識レベルにとどまる」タイプの確認の気づきである。

２）「確認の気づき（イ）」タイプの事例：Ｊさん

２回目のインタビューでは「（＊Ｊ７-経済的自立，確認・行動レベル型）**やっぱり，経済的自立というのが私の最終的な目標だったんだなーと思い起こしました。女性の自立には経済的自立が欠かせないと常々感じています**」と，再度経済的自立の必要性を語り，意識変容が起こっている。その後，「（Ｊ８-自己認識，確認・行動レベル型）**このインタビューのお話があり，自分を見つめ直し，やりたいことに挑戦していこうというきっかけをいただきました。個人インタビューのあと，記述することによって客観的に自分を見つめ直すことができた**」と述べ，グループインタビューでは「（Ｊ９-共有，発見・意識レベル型）過去に共有した情報を仲間と掘り下げることによって，前向きな気持ちになります」と，述べている。Ｊさんは，講座最終回に，英語の勉強を続けたいと，筆者に話していた。この調査をきっかけに，以前から望んでいた翻訳家になるため，英語翻訳講座の受講を始めた。

Ｊさんの前提は「経済的自立の必要性」であり，意識化された前提を再肯定

し強め行動レベルに至る「確認の気づき（イ）」タイプである。

　以上の事例から「意識変容の学習のプロセス」3パターンが明らかになった。意識変容を促す気づきの一つである「確認の気づき」には，さらに意識を強め，学習のプロセスを促進する作用があるといえる。
　12人の事例では，いずれも「混乱が生じるようなジレンマ」のなかでの意識変容ではなく，講座，家族関係，活動などの「日常生活」のなかでの女性問題学習によって気づきが生じている。意識変容後のCさんは，性別役割分業を肯定していた時期の，主婦や母親としての経験を逆に能力と認め，それを生かして，子育て支援活動や市民活動を行っている。主婦役割，母親役割は，仕事や活動の能力に還元することができる事例といえよう。
　（1）「確認の気づき」（ア）と（イ），(b) パターン：Hさん
　Hさんは家事や仕事に忙しい母親を見て育ったが，大学や職場でも，男女差別はほとんど感じなかったという。だが大学卒業後ブラジルに研修留学し，日系人の裕福な家庭にホームステイしたときに，文化のちがいと女性の地位の低さを感じた。表面的にはすごく女性にはやさしい夫が，妻には家計を任せないことを聞き，初めて男女差別に気づく。実はHさん自身も結婚後，子育てをしながら，精神的に満たされないものを感じていた。子どもを預けて働きたいと夫に相談すると，簡単に了解してくれた。それにもかかわらず，その後も子育てに専念したのは仕事を続けていく自信がなかったからだ。そのとき，「夫が反対していれば，子育てに専念する理由になった」と述べ，夫に責任転嫁することで，行動を正当化しようとしていた自分をふり返り，講座では次のように気づきが生じている。
　講座を受講したときに，子育てを終えたほかの受講者が「子どものため，家族のためによい妻，よい母，よい主婦を一生懸命にやってきたんだけれど，子どもが巣立って，私ってなんだったんだろう，私はこの後どうすればいいのだろう」と切実に語ったことを聞いて，Hさんは「（H1-影響，確認・意識レベル型）子育てを終えたほかの学習者から「私はこの後どうすればいいのだろ

う」という言葉を聞いて,子どもとか夫や家族が理由ではないんだと改めて思って,やっぱり,やりたいことがあったら自分で自分のことは考えて,やっていかないといけないんだ,と思いました」と,ほかの学習者の発言を聞き,自分自身の問題として捉えて,「確認の気づき」が生じている。

　Hさんの,講座受講前の精神的自立に関する前提は,「自分の生き方に関して,夫や家族を理由にしていてはいけない」である。「改めて思って」といっているように,前提が正しかったと確認している。その後で,「やっぱり」という言葉からわかるように,自分のことは自分で考えて決めるという前提を確認している。講座では,ほかの学習者からの発言で自らの前提を確認し,さらにその前提を強めているといえよう[19]。意識化された前提を再肯定し強めるものの意識レベルにとどまる「確認の気づき（ア）」によって前提をふり返り根づかせている。Hさんのパターンは,「意識化された前提を再肯定し強めるプロセス」(b) パターンである。

　講座での意識変容のあと,Hさんは働くためには専門性が必要だと気づく。結婚前は大学での学びを生かして,児童福祉施設で幼児教育関係の仕事にたずさわっていた。仕事では,幼児教育の専門的な資格保有者が,それぞれのクラスを担当できた。女性差別を感じたことは,ほとんどなかった。Hさんは講座受講前,夫から働く了解を得たときに,「今,私は何で勝負できるの？」と自分自身を問い直し,専門性の必要を感じている。

　講座修了後,子育て支援のボランティア活動をしていたが,「（H２-経済的自立,確認・行動レベル型）一昨年ぐらいから,（働くには）やっぱり何か自分の**武器がないと,専門性や資格がないといけないと思いました**。それで去年から,（結婚前と同じ）児童福祉施設で講師として働いています」と行動に移している。Hさんは専門性や資格の大切さに気づいており,このような具体的な気づきは行動につながりやすいといえる。現在は,「（H３-自己認識,発見・行動レベル型）不安定に揺れ動いていた自分は少し落ち着き,ゆっくり歩き出しているのかなと思います。（H４-自己認識,確認・行動レベル型）今後はさらに力強くスピードを上げ,確実に進んでいかなければならないと思います。**行き先,道順**

はある程度みえているので，今の私は行動することが重要なのだと改めて思います」と「確認の気づき」が生じている。

Hさんは幼児教育の専門性を生かし，週2回の親子講座の指導を始めた。講座後の経済的自立に関する前提は「（女性が）働くには専門性が必要」である。女性が職業をもちにくい現代社会で，女性の経済的自立には，専門性が必要であることを確認している。

Hさんは職を得るという行動に進んでいるので，意識化された前提を再肯定し強め行動レベルに至る「確認の気づき（イ）」が生じている。意識変容の学習のプロセスのパターンは，「意識化された前提を再肯定し強めるプロセス」(b) パターンである。専門性や資格といった具体的な「確認の気づき」も行動レベルの変容につながりやすい。しかしながら，これらの気づきは，「混乱が生じるようなジレンマ」の状態から生じた，前提を覆すような気づきではない。

（3）「発見の気づき」（ア）（イ），「確認の気づき」（ア）（イ），「顕在化の気づき」と (a) (b) (c-2) パターン：Cさん

完全に役割分業をしていた両親のもとで育ち，中学・高校と良妻賢母を育てる女子高で学んだCさんにとって，男性はある種一段上にいる人という気持ちをもっていたという。大学は共学で，「（C1-家族関係，確認・意識レベル型）**卒論は『戦後の親子関係』だったんですよね。やっぱり，ずっとそういうのに興味があったんだなーと，今（インタビュー調査で）思えばね**」と，大学時代をふり返っており，当時から親子関係に関心があったことが，気づきから浮き彫りにされている。「今思えばね」という言葉でわかるように，インタビューを受けることによって，潜在意識が顕在化されたと考えられるので，この気づきは，意識化されていない前提を顕在化する「顕在化の気づき」である。意識変容の学習のプロセスは「意識化されていない前提を顕在化させるプロセス」(c-2) パターンである。

Cさんは，結婚後も専業主婦として二人の子どもを育て，男性は外で働き，女性は家事という考えで暮らしていた。だが，そんなCさんの考え方に変化が

起こったのは，アメリカでの駐在生活である。アメリカの中流家庭では，ほとんどの主婦が働いていたことから，「女性の仕事と家庭」に関心があったという。

　就職もせずに大学で知り合った主人と結婚し，専業主婦として二人の子どもを育てたので，男性は外で働き女性は家のことをする，という考え方で暮らしてきました。子どもたちも成長しその後巣立ち，一人の時間が多くなると，主婦の仕事って何だろうと真剣に悩んだことがあります。家族の調整役，便利屋，食事係，運転手…。『いなければ家族も困るだろうな！　これが私の仕事かな，しょうがないか！』と諦めてもいました。

　講座での学習中に「主婦の仕事をお金に換算してもよいのだと学び，感じながらも，なかなかそういう意識になるには難しいと感じました。（C2-経済的自立，発見・意識レベル型）*女性の生き方，自立などを勉強しながら，娘には理解のあるご主人とめぐり合えて，彼女が仕事を続けられたらいいと思いました*」と語っている。Cさんは，学習により，女性の自立を学び，「発見の気づき」が生じている。これは意識レベルであるため，「発見の気づき（ア）」タイプである。意識変容の学習のプロセスは「意識化された前提が変化するプロセス」(a) パターンである。

　（C3-家族関係，確認・意識レベル型）「**息子にはお料理の上手な家事・育児をしっかりやってくれるお嬢さんがいいな**と都合のいい考えをしたのを覚えています。（C4-家族関係，確認・意識レベル）　その後，世の中も変わり私もいろいろ見聞を広めましたが，**残念ながら母親としては今でも根本的には，同じ考え方だなと思います**」と述べている。母親の立場になった場合，娘に対しては講座での学習で意識が変容したが，息子に対して意識は変わっていないのがうかがえる。この二つの確認の気づきは，意識化された前提を再肯定し強めるものの意識レベルにとどまる「確認の気づき（ア）」である。意識変容の学習のプロセスは「意識化された前提を再肯定し強めるプロセス」(b) パターンである。

主婦に関心があったので（講座では）アンペイドワークのグループに入りました。講座で赤ちゃんを抱きながら先生の講義を聞いている人を見て，すごく驚きました。それなら，こういう講座に来ているお母さん方のお子さんを預かろうと思いました。

　講座受講以前からカウンセリングの学習をしていたが，講座で赤ちゃんを連れて受講している人を見て，「（＊Ｃ5-社会認識，発見・行動レベル型）*乳児を連れてくる熱心な女性を見ていると，働くお母さんの手助けだけでなく，育児専業のお母さんの息抜きの預かり所があってもよいなと感じた*」と気づき，修了後，子育て支援ボランティアをする。

　Ｃさんの講座前の性別役割分業に関する前提は，「男は仕事，女は家庭」である。講座で女性の自立を学び，「講座に来ているお母さんたちのお子さんを預かろう」という，前提が変化する気づきが生じている。赤ちゃんを連れてでも講座で学びたいという女性がいることを知り，自分の能力は「子育ての経験で得たもの」と気づく。講座修了後に立ち上げた子育て支援活動のメンバーになり行動を起している。その後，Ｃさんは，社会福祉協議会で非常勤の職を得，Ａ市の男女共同参画センターが募集した『市民・ＮＰＯがつくる男女共同参画事業』に応募し，連続講座[20]を開講するなどの活動を続けている。

　Ｃさんは，その後も学習を繰り返しながら行動しているので，意識変容は進んでいると考えられる。このときの気づきは前提が変化する行動レベルの「発見の気づき（イ）」である。意識変容の学習のプロセスは「意識化された前提が変化するプロセス」（a）パターンである。

　「講座は保育サービスもついていましたけど，こういう講座で子どもを預かるという子育て支援サークルを立ち上げたんです。（Ｃ6-自己認識，確認・行動レベル型）私ができることといったら，主婦でやってきたこと，子育てでやってきたことぐらいだから，それを使ってといったら，そういうお子さんをみるということだったのかな，と思いますね」と述べている。

　Ｃさんの講座前後の意識化されていない前提は「主婦役割を生かしてできること」である。それは「主婦でやってきたこと，子育てでやってきたことぐら

いだから，それを使ってといったらお子さんをみることだったのかと思いますね」との語りから推測できる。

インタビューを受けたときにＣさんは初めて，主婦役割，母親役割の経験が能力であり活動につながっていることに気づく。この気づきは，前提を覆した気づきでも，再肯定する気づきでもない。無意識つまり意識化されていない前提を顕在化する「顕在化の気づき」である。無意識のなかにあった主婦・母親として培った能力を生かすことが，「顕在化の気づき」によって顕在化している。意識変容のプロセスの学習のパターンは，「意識化されていない前提を顕在化させるプロセス」（c-2）パターンである。

第3節 「気づきからみた意識変容の学習のプロセス」モデル

(1) モデルの概要

以上の結果に基づき，「気づきからみた意識変容の学習のプロセス」モデルを作成したのが図3-4-2である。以下に，この図について説明する。

1. 「意識化された前提をもった学習者」の意識変容の学習は，二つに分かれて進む。(a)は，クラントンによる変容過程とほぼ同じであり，(b)は，「確認の気づき」の作用により，もとの前提を再肯定し強めるものである。どちらも「混乱が生じるようなジレンマ」の場面ばかりではなく，「日常生活」の場面でも気づきが生じる。

2. 「意識化されていない前提をもった学習者」の意識変容の学習においては，「顕在化の気づき」の作用で前提が顕在化する(c)のプロセスが生じる。このプロセスも「混乱が生じるようなジレンマ」ばかりではなく，「日常生活」の場面における批判的ではないふり返りによっても気づきが生じる。

3. 1の場合は前提についてふり返り，「はい（正しい）」と判断したときは「確認の気づき」の作用で前提が再肯定され根づく。2の場合でも，意識化されていない前提が「顕在化の気づき」のより意識化された前提となり，つぎに「確認の気づき」により前提を再肯定し根づかせる。このように前

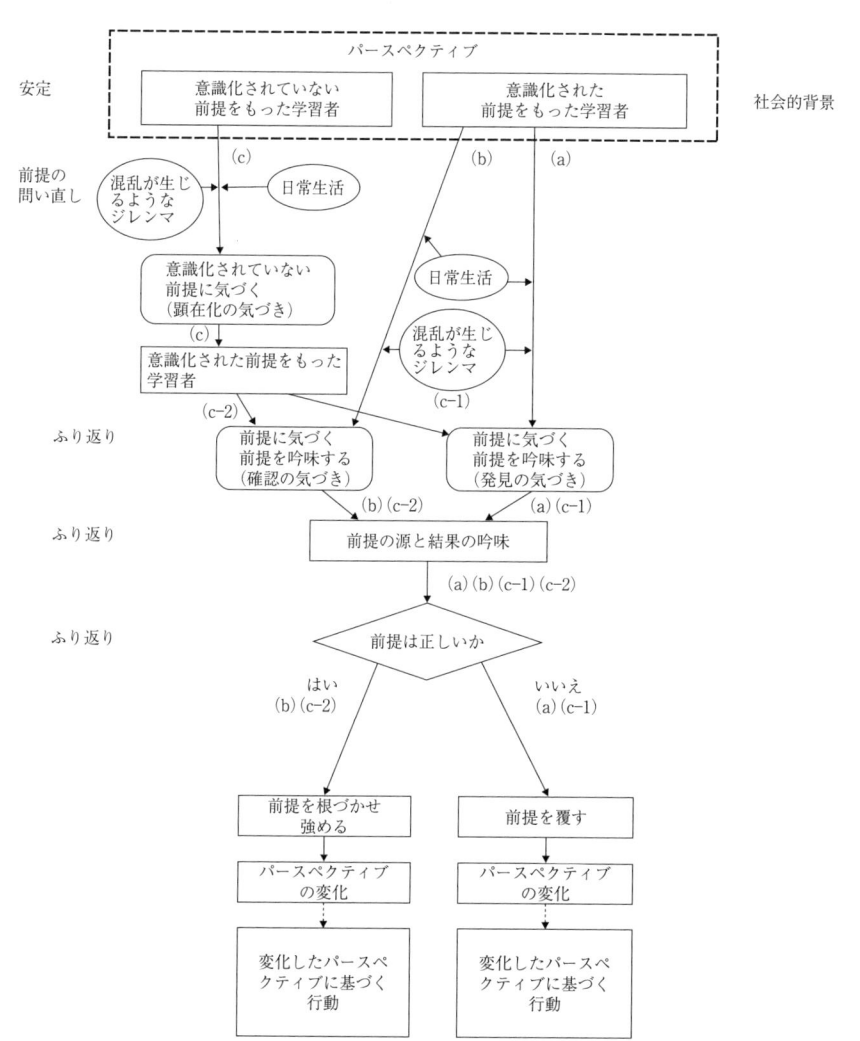

図3-4-2 「気づきからみた意識変容の学習のプロセス」モデル

提が再肯定されて根づくことは，前述のメジローや三輪も述べているように，以前のパースペクティブが変化したと考える。つまり，クラントンの図3-4-1においてもとの前提に戻る矢印〈a〉の部分の途中にある矢印〈b〉に進むのである。これは構築した新モデルの，(b) と (c-2) の矢

第4章 気づきからみた意識変容の学習のプロセス 233

印に相当する。だが「いいえ」と判断した時は，前提が変化し，パースペクティブも変化する。クラントンの図3-4-1にある矢印〈c〉の部分に相当する。新モデルでは，(a) と (c-1) の矢印に相当する。クラントンは，意識変容が行動を含むものと捉えている。しかし，本書では，意識変容は必ずしも行動を伴わなくてもよいと捉えるため，行動へ進む矢印は点線で示した。

(2) モデルの例：Cさんの事例

つぎに，本章第1節の2 (1) の1) 〜 3) を意識変容の学習のプロセスの (a) (b) (c-2) パターンが表れているCさんの事例をもとに，具体的に説明する。説明は，ライフストーリーの時系列にそって行うことにする。なお，太字は気づきの部分，下線は「意識変容の学習のプロセス」(a) (b) (c-2) パターンの部分を示している。

完全に役割分業をしていた両親のもとで育ち，中学・高校と良妻賢母を育てる女子高で学んだCさんにとって，男性はある種一段上にいる人という気持ちをもっていたという。大学は共学で，「(C1-家族関係，確認・意識レベル型) **卒論は『戦後の親子関係』だったんですよね。やっぱり，ずっとそういうのに興味があったんだと，今（インタビュー調査で）思えばね**」と，大学時代をふり返っており，当時から親子関係に関心があったことが，気づきから浮き彫りにされている。「今思えばね」という言葉でわかるように，インタビューを受けることによって，潜在意識が顕在化されたと考えられる。

　この気づきは，意識化されていない前提を顕在化させる「顕在化の気づき」である。意識変容の学習のプロセスは (c) パターンである。(意識化されていない前提をもった学習者) であるCさんの意識変容は，「顕在化の気づき＝親子関係に興味がある」が発生したあと，(前提の源と結果を吟味) し，「確認の気づき＝やっぱり，ずっとそういうのに興味があったんだと，今思えばね」の作用で (前提は正しいか→はい) と確認しているので (c-2) に進む。

「(C2-経済的自立，発見・意識レベル型) **女性の生き方，自立などを勉強しながら，娘には理解のあるご主人とめぐり合えて，彼女が仕事を続けられた**

らいいと思いました」と語る。生育家庭や学校においても良妻賢母の教育を受け，しかもそれを自分でも意識して受け入れていたＣさんは，学習により，良妻賢母ではなくむしろ女性の自立を尊重する価値観を獲得したことから，「発見の気づき」が生じたとみることができる。

　これは意識レベルであるため，「発見の気づき（ア）」タイプである。意識変容の学習のプロセスは（a）パターンである。（意識化された前提＝良妻賢母観）をもったＣさんは，学習により，「発見の気づき＝娘には理解のあるご主人とめぐり合えて，彼女が仕事を続けられたらいい」が発生したあと，（前提の源と結果を吟味）し，（前提は正しいか→いいえ）と判断しているため（a）に進む。

　「（Ｃ３-家族関係，確認・意識レベル型）**息子にはお料理の上手な家事・育児をしっかりやってくれるお嬢さんがいいな**，と都合のいい考えをしたのを覚えています。（Ｃ４-家族関係，確認・意識レベル）その後，世の中も変わり私もいろいろ見聞を広めましたが，**残念ながら母親としては今でも，根本的には同じ考え方だなと思います**」と述べている。母親の立場になった場合，娘に対しては，講座での学習で意識が変容したが，息子に対して意識は変わっていないのがうかがえる。

　この二つの確認の気づきは，意識化された前提を再肯定し強めるものの，意識レベルにとどまる「確認の気づき（ア）」である。意識変容の学習のプロセスは（b）パターンである。（意識化された前提＝良妻賢母観）をもったＣさんは，学習により，「確認の気づき＝息子にはお料理上手な家事・育児をしっかりやってくれるお嬢さんがいいな。残念ながら母親としては今でも，根本的には同じ考え方だなと思います」が発生したあと，（前提の源と結果を吟味）し，（前提は正しいか→はい）と判断しており（b）に進む。

　講座受講以前から，カウンセリングの学習をしていたが，講座で赤ちゃんを連れて受講している人を見て，「（＊Ｃ５-社会認識，発見・行動レベル型）**乳児を連れてくる熱心な女性を見ていると，働くお母さんの手助けだけでなく，育児専業のお母さんの息抜きの預かり所があってもいいなと感じた**」と気づき，修了後に子育て支

援ボランティアをする。

　Cさんの講座前の性別役割分業に関する前提は，「男は仕事，女は家庭」である。講座で女性の自立を学び，**講座に来ているお母さんたちのお子さんを預かろう**」という，前提が変化する気づきが生じている。赤ちゃんを連れてでも講座で学びたいという女性がいることを知り，自分の能力は「子育ての経験で得たもの」と気づく。講座修了後に立ち上げた子育て支援活動のメンバーになり，行動を起している。その後，Cさんは，社会福祉協議会で非常勤の職を得，A市の男女共同参画センターが募集した『市民・NPOがつくる男女共同参画事業』に応募し，連続講座を開講するなどの活動を続けている。Cさんは，その後も学習を繰り返しながら行動しているので，意識変容は進んでいると考えられる。

　このときの気づきは，前提が変化する行動レベルの「発見の気づき（イ）」である。意識変容の学習のプロセスは（a）パターンである。（意識化された前提＝働くお母さんの手助けをする）をもったCさんは，学習により，「発見の気づき＝育児専業のお母さんの息抜きの預かり所があってもよい，講座に来ているお母さんたちのお子さんを預かろう」が発生したあと，（前提の源と結果を吟味）し，（前提は正しいか→いいえ）と判断しており（a）に進む。

　「講座は保育サービスもついていましたけど，こういう講座で，子どもを預かるという子育て支援サークルを立ち上げたんです。（C6-自己認識，確認・行動レベル型）私ができることといったら，主婦でやってきたこと，子育てでやってきたことぐらいだから，それを使ってといったら，そういうお子さんをみるということだったのかな，と思いますね」と述べている。

　Cさんの講座前後の意識化されていない前提は，「主婦役割を生かしてできること」である。それは「主婦でやってきたこと，子育てでやってきたことぐらいだから，それを使ってといったらお子さんをみることだったのかと思いますね」との語りから推測できる。

　インタビューを受けたときに，Cさんは初めて，主婦役割，母親役割の経験が能力であり活動につながっていることに気づく。この気づきは，前提を覆し

た気づきでも，再肯定する気づきでもない。無意識つまり意識化されていない前提を顕在化させる「顕在化の気づき」である。

　無意識のなかにあった主婦・母親として培った能力を生かすことが，「顕在化の気づき」によって顕在化させている。意識変容のプロセスの学習のパターンは，意識化されていない前提を顕在化し意識変容するプロセス（c）パターンである。（意識化されていない前提をもった学習者）であるCさんの意識変容は，「顕在化の気づき＝そういうお子さんをみるということだったのかな，と思いますね」が発生したあと，（前提の源と結果を吟味）し，「確認の気づき＝私が出来ることといったら，主婦でやってきたこと，子育てでやってきたことぐらいだから」により（前提は正しいか→はい）と判断し，それを認めているので（c-2）進む。

　上記では，Cさんの事例から，新モデル「気づきからみた意識変容の学習のプロセス」のパターンを説明した。今回の調査では，調査対象者全員に，意識レベルの意識変容がみられ，クラントンのモデルに表現されている前提に戻る矢印〈a〉の部分の事例は提示していない。ゆえに新しく構築したモデルでは，その矢印（前提は正しいか→はい→意識化された前提をもった学習者）は記入していない。それは，「前提は正しいか」に対して「はい」と答えた場合は，「確認の気づき」が作用しており，「確認の気づき」は前提を根づかせ強め，パースペクティブが変化する，と考えるためである。

　「顕在化の気づき」については，今回の研究で明らかになったのは，Cさんの事例（c-2）のみであった。（c-1）については見いだされなかったが，論理上はプロセスが存在すると考えられるため，今後のさらなる研究が必要である。

第4節　まとめ

1．クラントンの〈意識変容の学習のプロセス〉に関する新たな知見

　クラントンの〈意識変容の学習のプロセス〉モデルから「気づきからみた意識変容の学習のプロセス」モデルを作成した。本書における分析結果は，クラ

ントンによる〈意識変容の学習のプロセス〉モデルに対して，下記の5点について修正を迫るものである。

　第一に，Hさんの事例から，「確認の気づき」を繰り返すことにより前提が徐々に強められ，行動に結びつく可能性がある。とくに気づきが具体的であることによって，それが顕著になるものと思われる。

　第二に，「顕在化の気づき」が無意識のなかの前提を顕在化させ，その後，意識化された前提に「確認の気づき」や「発見の気づき」が作用し意識変容に進むことが明らかになった。

　第三に，行動が伴わない場合でも意識変容した事例を見いだした。Cさん，Lさんの事例でのインタビュー時に生じた「確認の気づき（ア）」のタイプは，意識化された前提を再肯定し強めるものの，意識レベルにとどまるもので行動には至っていない。しかし，意識は強められている。つまり，他者の前提や価値観を学んだうえで選び直したあとに，もとの前提を再肯定し，強めた場合は意識変容とみなすことが妥当である。これはメジローのいうパースペクティブ変容の一種にあたり，すでに述べたように意識変容の一つと考えてよい。

　第1節の2（p.223）で記したように，三輪（2007：139）も同様にクラントンの図3-1-1に対して，「図では右の矢印に進むことが意識変容の学習となっており，もとに戻る矢印は意識変容の学習には組み入れられていない。さらに発展させて，もとの位置に戻る矢印であっても意識変容は生じているという立場にたちたいと考えている」と述べている。多くの場合，意識レベルの気づきを繰り返しながら，行動レベルの変容に至ると考えられる。

　第四に，「日常生活」の場面でも意識変容が生じることである。メジローやクラントンによれば，「混乱が生じるようなジレンマ」のなかで，前提を批判的にふり返ったあとに，前提がまったく逆の考えに変化し，覆されて意識変容が生じる[21]。しかし本章で取り上げた10の事例は，「混乱が生じるようなジレンマ」の状況ではない。講座受講，インタビュー調査時や日常生活のある時点でのふり返りでも，気づきが生じ意識変容が起こっている。これらのことは，劇的に環境が変化するときに生じる「混乱が生じるようなジレンマ」の状況で

はなく，ごく普通の生活のなかでも学習者の気づきとそれに伴う意識変容が生じることを示している。

　第五に，女性問題学習者の意識変容は，「混乱が生じるようなジレンマ」や「日常生活」の場面において「批判的ふり返り」により生じる。しかし，本書で「日常生活」において批判的ふり返りによらない意識変容の過程も存在することが証明できた。

2．女性の学びと「意識変容のプロセス」

　上記ではクラントンの〈意識変容の学習のプロセス〉モデルから「気づきからみた意識変容の学習のプロセス」モデルの作成にあたって新たな5点の知見を得た。さらに下記のことも明らかになった。

　学習者には，講座での学習に加えて，講座修了後からインタビュー時までの6年間の学習で，それぞれ意識変容がみられた。たとえば，Hさんは「自分の生き方に関して，夫や家族を理由にしてはいけない」という価値観（意識化された前提）を，講座での学習によって強め，その後のさらなる学習によって自立をめざし，専門性を生かす仕事をするという行動レベルの意識変容を起こしている。

　専業主婦というアイデンティティに劣等感をもっていたLさんは，講座で多くのことを学び講座修了後には自分探しのために，講座修了後に子育て支援活動という行動レベルの意識変容を起こしている。インタビュー当時は，活動を休止している自分自身に悩んでいたが，それは一時的な状況と考えられる。〈意識変容の学習のプロセス〉は，Lさんの事例のように，ときには立ち止まりながら，らせん状に進むプロセスと考えられる。成人学習のプロセスは実態の把握，課題の設定，暗黙知や実践知の明確化，意識変容の学習自己決定学習，ふり返りと新たな実態の把握・学習課題の設定などのポイントがお互いに重なりあいながら（ときには順番を入れ替えながら），らせん的な学習プロセスになるのである（三輪　2009：166）。

　Cさんは，講座での学習により前提（性別役割分業観）を変化させた。その

後も学習を続けることによって，子育て支援活動や非常勤の職を得るという行動変容に至る。主婦役割や母親役割という性別役割分業で得た能力を，自立のために生かしており，主婦や母親としての経験が，専門性の一つになった例である。性別役割分業のなかで培った能力を，女性問題を学ぶことで，逆に自立のために生かすことができた。

以上の例から，女性問題学習者の意識変容のプロセスは多様[22]であるが，講座で学ぶだけでなく，その後も学習を重ねることによって意識変容が促され，らせん状に進みながらエンパワーメントをめざして進んでいく様子をみることができた。

3．「気づきからみた意識変容の学習のプロセス」の3パターン

以下の3パターンの意識変容の学習のプロセスの実態を明らかにすることができた。

(a) 意識化された前提が変化するプロセス
(b) 意識化された前提を再肯定し強めるプロセス
(c) 意識化されていない前提を顕在化させるプロセス

3パターンのうち，「発見の気づき」が関係するのは (a) パターン，「確認の気づき」が関係するのは (b) パターン，「顕在化の気づき」が関係するのが (c) パターンである。Cさん以外の9名は (b) パターンであり，意識化された前提を再肯定し強めるものの意識レベルにとどまる「確認の気づき (ア)」と，意識化された前提を再肯定し強め行動レベルに至る「確認の気づき (イ)」が作用している。Cさんには (a) (b) (c) パターンが表れている。(c) パターンには，意識化されていない前提を顕在化させる「顕在化の気づき」が作用している。だが，今回の研究ではCさんの事例のみに表れ，(c-2) パターンであった。(c-1) パターンは論理上存在するが，今回の研究では表れていない。今後の課題としてさらなる「顕在化の気づき」に関する研究が求められる。

注

1）19世紀，ドイツでおとなの学びについて構築されたというアンドラゴジーは，子どもの教育（ペタゴジー）に対する造語である。ドイツ語のアンドラゴキーク（成人教育）をアメリカのリンデマンがアンドラゴジーと英訳した（坂口2009：18-23）。
2）メジローは最近では意味パースペクティブ（meaning perspective）のかわりに frame of reference（準拠枠）の語を用いているが，本書では前者を使用する。
3）メジローとクラントンの理論については原文の transformative learning の訳として「意識変容の学習」の語を使用する。
4）クラントンは「意識変容の学習のプロセス」のモデルに関して，キーンが述べる無意識の力については何もふれず，学習者の反応はモデルに組み入れていないと述べる（Cranton, 1992＝1999：209）。
5）暗黙知（tacit knowing）とは，自分自身で語ることのできない知識のことでマイケル・ポラニーが提示した用語である（Polanyi 1966＝1980：13-47）。
6）筆者は1999年11月23日に来日したクラントンの講演会（於日本女子会館）に出席し，クラントンにインタビューすることができた。その際に，筆者はクラントンの意識変容の学習のプロセスについての質問をした。その内容は次のとおりである。「前提をもった学習者が学習により，もっていた前提が正しいと判断した場合に，クラントンの図ではもとのパースペクティブへ戻る矢印とパースペクティブの変化に進む矢印が印されている。しかし，パースペクティブへ進む矢印が理解できない」。クラントンはこの質問に対し，「その矢印は間違いである」と回答してくれた。クラントンはパースペクティブは広がるが，変化はしないと答えている。これについては，研究者のなかでも学習者が前提は正しいと認めてもパースペクティブは変化するのではないかとの見解もあり，第三部第4章では，この問題についての検討も行う。
7）筆者の実施した調査でも，女性のジェンダー問題の学習者達の気づきや意識変容のプロセスは，一人ひとり異なることが明らかになっており，意識変容の多様性に関するクラントンの考察の重要性が追認された。
8）「パトリシア・クラントン著，入江直子・豊田千代子・三輪建二訳『おとなの学びを拓く』鳳書房，1992＝1999，205」ではメジローの原文の「disorienting dilemma」を「混乱を引き起こすようなジレンマ」としているが，筆者は「混乱が生じるようなジレンマ」と訳した。
9）ユングは人のパーソナリティを次のように分類している。まず「外向」と「内向」という二つの「一般的な構えのタイプ」を定義し，さらに「思考」「感情」「感覚」「直感」という4つの機能を用いて「外向的思考タイプ」「外向的感情タイプ」「外向的感覚タイプ」「外向的直感タイプ」「内向的思考タイプ」，「内向的感情タイプ」「内向的感覚タイプ」「内向的直感タイプ」の8つのタイプに分類し

ている（Jung　1967＝1987：354-439）。
10) 三輪建二は,『おとなの学びを創る』の解説で「メジローの理論になくてクラントンが重視しているものに，ユングの心理的タイプ論を下敷きにした『一人ひとりの違い』という考え方がある…（略）…第六章では，一人ひとりの心理的タイプに対応したきめのこまかい能力開発プロセスが必要であると主張している。『私が心理的タイプ論を選択したのは…（略）…，人間の特性の複雑さを軽視していないからである』というクラントンの立場は，メジローの理論からの発展をめざしているとするのは考えすぎであろうか」と述べている（Cranton　1996＝2004：311）。筆者も同氏の意見を支持する。
11) キーンは『疑う旅』のなかで，無意識について次のように語っている。「無意識は本能の力，自然に生じる想像や空想，力強い夢のなかに強烈に表面化してくる。私はこの理性ではない世界の力強い学習者となった。想像，感覚，直観，夢や身体の感覚などが事実以上の知や価値あるそして信頼できる知を導いた」（Kean　1987：89）。
12) ワークショップは，同市，前年度の女性問題講座の学習支援者である藤村久美子氏が行った方法を参考にしている。受講者の一部が今回の講座の運営委員となり，企画運営にたずさわった。
13) コーディネーターとして参加した運営委員会の資料をもとにしている。
14) この頃から各地域で子育て支援のグループ活動が盛んになってきており，各地で行政が活動支援する動きもみられてきている（岩崎・中野　2002：62-63）。
15) 筆者が連絡可能な受講生数人に連絡し，さらにそのなかの受講生からほかの受講者の連絡先を入手した。この方法で12名に調査を依頼することができた。
16) 資料は対象者に講座開始前に書いてもらっているプロフィール（自己紹介や動機），講座中の講義やワークショップの講座最終回の3回分の感想文など。
17) ライフストーリーからの意識変容や行動変容は9名の学習者から確認できている。ここでの行動変容は「インタビュー調査により，行動変容が起こった」ということに限定する。たとえば，Aさんのように講座やインタビュー以前，以後までに行動変容が多く生じた事例は含んでいない。
18) 「講座」の気づきは，3通りの調査中に学習者が講座をふり返り，「講座」で気づいたことを提示している。
19) クラントンも，他者との関係における意識変容の必要性を述べている（Cranton・Carusetta　2004：12-17）。
20) 連続講座は「主婦だって，2007年問題。定年は男性だけ？」のテーマで，妻として母として過ごしてきた中年女性たちが，生き生きと自分らしく過ごすことを目的としている。
21) 筆者も「混乱が生じるようなジレンマ」の場面で，意識が大きく変容することには同意する。

22）男女がともに暮らしやすい社会の実現のためのジェンダーに関する学習は男性にも必要である。男性を中心にした「意識変容のプロセス」に関する研究は（山澤　2002a：21-34）『成人教育における「男性問題」学習者の意識変容』があり，「意識変容の学習のプロセス」のモデル化が試みられているが，気づきによる分析はされていない。今後さらなる研究が求められる。

結　論

第1節　分析結果の総括

1．「意識変容を促す女性の学び」の歴史（研究目的1）

　第二部（研究目的1）では，下記のことが明らかになった。具体的には，下記のとおりである。

　第1章では，第2～5章までの分析のための枠組みを提示した。第1節では主要な用語を定義した。第2節では，戦後から現在まで，一貫して日本の女性問題に性別役割分業観が大きくかかわり，とくに主婦の意識と生活に対して大きな影響を与えてきたことを確認した。

　第2～5章では，主婦に焦点を当てた「意識変容を促す女性の学び」の歴史を，戦後から2000年代まで4期に分けて考察した。その結果，第1期から第4期に進むに連れて意識変容の学習は，意識レベルから行動レベルへと進展してきたことが明らかになった。しかし一方で，意識変容の学習に関する各事例から確認されたことは，女性たちが性別役割分業観という抑圧から，簡単に解放されるものではないということである。第4期においても女性問題講座が開講されていることからもわかるように，第1期から第3期まで続いた抑圧が，決してなくなったわけではないのである。この抑圧から女性たちが解放されるためには，今後も意識変容の学習が重要であると考える。

2．「意識変容を促す女性の学び」のプロセスの分析（研究目的2）

　第二部で行った歴史的な検討の結果，現代においても女性における意識変容の学習の必要性が高いことが明らかになった。しかし，女性の意識変容の学習を具体的に分析した研究は少なく，とりわけライフストーリーを用いた詳細な分析が見当たらない。そこで，第三部では，ライフストーリーを用いた意識変容の分析を行うこととし，とくに「気づき」に焦点を当てて事例分析を行うこ

とにより,「意識変容を促す女性の学び」のプロセスを考察した。三つの課題（研究目的2-1～3）を設定して分析した結果は，以下のとおりである。

（1）ライフストーリーの調査方法について

第3章（研究目的2-1）では，ライフストーリーを総合的に用いることが意識変容の分析に有効である，ということが明らかになった。具体的には，以下の4点が明らかになった。第一に，ライフストーリーを把握するための3種類の調査方法——すなわち個人インタビュー，記述〔学習者がライフストーリーを書く〕，グループインタビュー——のそれぞれにおいて気づきが確認された。第二に，とりわけ「個人インタビュー→記述〔学習者がライフストーリーを書く〕→グループインタビュー」という順序で行うことが，学習者に気づきを促すために有効であることが確認された。第三に，このような3種類の方法を用いることが，単一あるいは2種類の方法に限定する場合よりも変容過程の実態がより明確に把握できることがわかった。第4に，調査後にふり返ってもらうことによって，新たな気づきが生じたことがわかり，さらには調査の妥当性を確認することもできた。

（2）気づきの類型化と意識変容のプロセスの分析について

第4章（研究目的2-2）では，気づきに焦点を当て，気づきの類型化と意識変容のプロセスの分析を試みた。気づきの類型化に関しては，22の類型が見いだされた。その内容は，以下のとおりである。対象からみた類型は，自己に関する気づき（自己認識型・家族関係型・経済的自立型・社会関連型），他者に関する気づき（他者認識型・影響型・共有型），社会に関する気づき（社会認識型）が明らかになった。段階からみた類型では，「発見の気づき」と「確認の気づき」があり，それぞれ「意識レベルの気づき」と「行動のレベルの気づき」，「プラス評価の気づき」と「マイナス評価の気づき」に分類できることが明らかになった。

さらに意識変容を詳細に分析した結果，意識化されていない前提を顕在化する「顕在化の気づき」の存在が明らかになった。そして，「顕在化の気づき（第一段階）」によって潜在的な意識が顕在化し，それによって意識化された前

提に「発見の気づき（第二段階）」や「確認の気づき（第二段階）」が作用して意識変容に進むことも明らかになった。

「抑圧に対する気づき」があることも明らかになり，気づきの半数以上が「抑圧に対する気づき」であった。これは，戦後の改革期から現在まで，女性たちがなお抑圧を受け続けていることを示唆しており，今後も抑圧からの解放の学習が必要であることを示すものである。

（3）意識変容のプロセスに関する知見

以上をふまえて，意識変容のプロセスを検討し次の知見を得た。

第一に，三つのカテゴリーに分かれ合計9タイプが抽出できた。9タイプにはいずれも「自己に関する気づき」が生じており，「自己に関する気づき」が変容過程では重要だといえよう。

第二に，調査中にみられた意識変容のプロセスは，らせん状に進むことがわかった。とくに，行動レベルの「確認の気づき」が生じると意識変容が「らせん状に発展するプロセス」となり，意識変容が起こりやすくなることがうかがえた。

第三に，メジローが示した意識変容の四つの過程のうち，第四過程を発展させる学習過程であることが明らかになった。

第四に，タイプ6のプロセス（自己に関する気づき→社会に関する気づき→自己に関する気づき）に「抑圧に対する気づき」が多くみられた。

第五に，「前進する意識変容のプロセス」と「停滞する意識変容のプロセス」が確認できた。

（4）クラントンの〈意識変容の学習のプロセス〉モデルとの相違点

第5章（研究目的2-3）では，「発見の気づき」「確認の気づき」「顕在の気づき」という3種類の気づきに焦点化した分析を通して，クラントンが提唱する〈意識変容の学習のプロセス〉のモデルをもとに新しいモデルの構築を試みた。

クラントンの〈意識変容の学習のプロセス〉モデルと本研究で作成した「気づきからみた意識変容の学習のプロセス」モデルの相違は次の3点である。

第一に，「気づきからみた意識変容の学習のプロセス」は，次の３パターンに分類でき，それらを図３−４−２に示した。
　(a) 意識化された前提が変化するプロセス（発見の気づきが作用する）
　(b) 意識化された前提を再肯定し強めるプロセス（確認の気づきが作用する）
　(c) 意識化されていない前提を顕在化させるプロセス（顕在化の気づきが作用する）
　第二に，女性のジェンダー問題の学習者たちに関しては，「混乱が生じるようなジレンマ」のなかの「批判的ふり返り」により意識変容するだけでなく，「日常生活」のなかでの「批判的ふり返り」や「批判的ふり返り」によらない場合においても意識変容が生じることが，事例分析により検証された。
　第三に，筆者はクラントンの来日の際にインタビューし，クラントンの図３−１−１の矢印〈b〉に進む変容過程はないことを確認したものの，本研究の分析によれば「確認の気づき」が生じると矢印〈b〉に進むことが明らかになった。
　以上のように，ライフストーリー法を用い，気づきに焦点を当てた事例分析を行うことによって，「意識変容を促す女性の学び」のプロセスが明らかになることを見いだすことができた。同時に女性たちのかかえる問題が多様であることも確認できた。

3．まとめ

　以上に述べた本研究の成果をまとめると以下のとおりである。研究目的１では，意識変容にかかわる国内の女性政策と女性教育政策の動向を概観した。それをもとに戦後から現在まで，日本の女性問題に性別役割分業観が大きくかかわり，とくに主婦の意識と生活に対して大きな影響を与えてきたことを確認した。
　それをふまえて，主婦に焦点を当てた「意識変容を促す女性の学び」の歴史を，戦後から2000年まで４期に分けて考察した。その結果，男性中心の社会における学習から，男性の学習者の参加も促した男女共同参画社会に向けた学習

へと，発展してきたことがいえる。一方で，意識変容の学習に関する各事例から確認されたことは，女性たちが性別役割分業観という抑圧から，簡単に解放されるものではないということである。

研究目的2の（研究目的2-1）では，ライフストーリーの総合的な活用が意識変容を分析するのに有効であることを検証した。

（研究目的2-2）では，気づきに焦点を当て，気づきの類型化と意識変容のプロセスの分析を試みた。気づきの類型化に関しては，22の類型が見いだされた。段階からみた類型では，「発見の気づき」と「確認の気づき」があり，それぞれ「意識レベルの気づき」と「行動のレベルの気づき」，「プラス評価の気づき」と「マイナス評価の気づき」に分類できた。さらに意識変容を詳細に分析した結果，意識化されていない前提を顕在化する「顕在化の気づき」の存在がわかった。さらに，「抑圧に対する気づき」があることも示せた。

以上をふまえて意識変容のプロセスを分析し，次の知見を得た。

第一に，9タイプの意識変容のプロセスが抽出できた。

第二に，「確認の気づき」が生じると意識変容が促進されやすいことがうかがえた。

第三に，気づきが生じた結果として「意識変容が促進されるプロセス」と，以前に気づきが生じて意識変容が促進されたものの，その後気づきが生じず意識変容のプロセスがとどまっているという「停滞する意識変容のプロセス」が存在することが確認できた。

（研究目的2-3）では，「発見の気づき」「確認の気づき」「顕在の気づき」という3種類の気づきに焦点化した分析をとおして，「気づきからみた意識変容の学習のプロセス」モデルの構築を試みた。女性のジェンダー問題の学習者たちに関しては，「混乱が生じるようなジレンマ」のなかの「批判的ふり返り」により意識変容するだけでなく，「日常生活」のなかでの「批判的ふり返り」や「批判的ふり返り」によらない場合においても意識変容が生じることが，事例分析により認められた。

以上のように，ライフストーリー法を用い，気づきに焦点を当てた事例分析

を行うことによって，学習の意識変容の過程が明らかになった。

第2節　本研究の政策的含意

　1999年の男女共同参画社会基本法の施行前後には，女性の社会参画や意識変容を促すためのジェンダー問題講座が，各地の女性センターや社会教育施設で開講されていた。自治体レベルでの制度構想や真の女性の声の反映など，「共同参画」を生かす女性の力量形成が社会教育に求められたためである（中藤 2005：221）。

　しかし，ジェンダー・バッシングや，社会・経済の悪化などが行政に影響を与え，講座の数は年々減少傾向にある。男女共同参画社会基本法が施行され，10年以上経過したが，男女共同参画社会の形成にはまだ多くの時間を費やさねばならないであろう。そのためには，上記で述べたように，女性に対する意識変容の学習が必要である。本研究の調査対象者は，12名全員が学びによって意識変容が生じ，さらに行動変容にまで及ぶという成果を上げている。講座数の減少傾向に歯止めをかけるとともに，行政主導でない学習機会も拡大し，意識変容の学習が普及していくことが望まれる。

　米田佐代子は，「『女性問題学習』はもう終わったのではなく『ジェンダー』の視点に立っての新しい学習が求められている」と主張する（米田　1999：11）。村田晶子は女性問題学習の課題について，「改めて女性の人間としての尊厳の回復に寄与する学習のありかたを明らかにし，社会共通のものになるような道筋を明らかにすることではないであろうか」と指摘する（村田　2003：18）。

　これらの論点も含みながら男女がともに人間の尊厳を分かち合い，支えあう豊かな社会を形成するため，今後も，意識変容を促すジェンダーに関する学習を推進することが不可欠なのである。そのためには，本研究の分析をふまえると，女性の学習機会では，プラス評価の多い行動レベルの「発見の気づき」を促すことはもとより，「確認の気づき」や「顕在化の気づき」を促すことが重要であると考える。なぜなら，「顕在化の気づき（第一段階）」によって潜在的な意識が顕在化し，それによって意識化された前提に「発見の気づき（第二段

階)」や「確認の気づき（第二段階)」が作用して意識変容に進むことが明らかになったこと，そして，行動レベルの「確認の気づき」が生じた場合は，意識変容がらせん状に発展することが実証されたからである。

今後は，ジェンダーに関する学習講座に「確認の気づき」や「顕在化の気づき」を促すプログラム作成や，それらの「気づき」を促す学習支援者の力量形成が必要であると考える。

第3節　今後の研究課題

以上のように，本研究では通史研究，気づきの類型化と意識変容のプロセスの分析をとおして，女性の学習者の意識変容を捉えることができた。残された研究課題は以下のとおりである。

第一に，通史研究のさらなる充実である。「意識変容を促す女性の学び」の通史研究は始まったばかりである。本研究の事例収集による分析は，決して十分とはいえない。本研究の対象者は，サラリーマン家庭の主婦であるが，対象とする地域を広げ，専業主婦に限らず働く女性や男性など多様なジェンダーを学ぶ学習者の事例収集も必要である。本研究では，2000年代以降の事例の検討には及んでいない。今後は2000年以降の女性問題学習の通史研究も必要である。

第二に，ライフストーリーの方法論を発展させることである。たとえば，個人インタビュー，記述，グループインタビューの3種類のうちどれかを欠如させる，あるいは調査の順序を変えるなど，ほかの代替的な方法論との比較分析を行うことによって，今回の研究方法の効果をさらに確認していくこと，期間，グループインタビューの人数や回数を重ねることで内容を深めることも必要である。そして自己否定的な気づきが生じた学習者に対する対応策の検討も課題である。

第三に，気づきという概念を用いた意識変容の分析を発展させることも重要な課題である。これからは，多くの事例調査を用いて気づきの分析を行なわなければならない。事例の増加に伴い，気づきの新たな類型の発見も期待できる。今回の研究では意識変容を促す気づきとして，「確認の気づき」「顕在化の気づ

き」が重要だということがわかった。だが，それらの気づきについても，さらに多くの事例収集と分析が求められる。公的な学習機会に限らず，日常生活のなかの多様な問題や場面に関しても，学習者に「発見の気づき」のみならず「確認の気づき」や「顕在化の気づき」を促すプログラム作成や支援が必要であろう。

　第四に，意識変容のプロセスに関しても，さらなる事例収集により，新たなプロセス分析も可能になる。そして，らせん状に発展するプロセスの詳細な検討も必要である。モデルの構築にあたっては，このモデルはあくまでも仮説であり，女性の多様な意識変容を捉えるための，さらに精緻なモデルを開発する必要がある。

　第五に，ふり返りの方法論の研究が必要である。それは，学習者のみならず，学習支援者についてもいえることである。澤本和子は，大学教師のふり返り（自己リフレクション）の意義と具体的な方法論を提示し，ふり返りの重要性を説いている（澤本　2009：405-415）。成人教育においても，学習支援者や学習者のふり返りに関する方法論の検討が重要であると考える。

　第六に，学習支援者と学習者の間に生じるズレの分析も重要である。吉崎静夫は，学校教育の授業計画と授業実態において，「教師が認知するズレ」「授業内容によるズレ」「マネージメントによるズレ」の代替策を示した意思決定モデルを作成している（吉崎　1988：55-58）。成人教育においても同様なことがいえる。このような先行研究を踏まえ，学習支援者と学習者との間に生じるズレを常に認知し，それを修正する代替策のための研究が必要である。

　以上，女性問題という側面から研究課題を提示したが，意識変容が生じるためには，今後は社会構造の変革や男性の意識変容の研究も必要であると考える。

引用文献

相沢文絵・佐直昭芳　1990,「ともに学ぶ講座と保育室の役割」『月刊社会教育2』国土社，pp.26-32。

天田邦子　1994,「女性の生涯学習と女性問題学習」『上田女子短期大学　紀要　第17号』上田女子短期大学，pp.23-39。

天野正子　1979,『第三期の女性　―ライフサイクルと学習―』学文社。

安藤耕己　2004,「成人の学習におけるライフ・ヒストリー法―学習の意味を人生に即してみる」『成人の学習　日本の社会教育　第48集』日本社会教育学会編』東洋館出版社，pp.45-56。

荒井容子　1988,「学習観の形成と社会教育実践」日本社会教育学会『日本社会教育学会紀要　平成元年度　No.25』pp.29-38。

浅野道子　1982,「婦人問題行政の展開と社会教育」『婦人問題と社会教育』東洋館出版社。

A市B区生涯学級運営委員会　2001,『あかしあ』。

坂東眞理子　2004,『男女共同参画社会へ』勁草書房。

Beauvoir, S. 1949, *Le Deuxieme sexe*, Librairie Gallimard（=1966　生島遼一訳『第二の性』新潮文庫）.

Bertaux, D. 1997, *Les Recits De Vie*, Editions Nathan（=2003　小林多寿子訳『ライフストーリー　エスノ社会学的パースペクティブ』ミネルヴァ書房）.

Brookfield, S. 1985, *Self-Directed Learning: From Theory to Practice*, The Jossey-Bass.

Brooks, A. K. 2002, "Transformation" *Women as Learners: The Significance of Gender in Adult Learning*, Jossey-Bass.

千葉悦子　1996,「成人女性の学習過程分析の方法と視座」福島大学行政社会学会『行政社会論集』pp.200-227。

千野陽一　1970,「戦後婦人教育の展開」羽仁説子・小川利夫編『婦人の学習・教育現代婦人問題講座5』亜紀書房。

中藤洋子　1990,「生涯学習政策と女性の学習―80年代女性戦略の展開から―」『月刊社会教育　第34巻2号』国土社，pp.14-21。

中藤洋子　2001,「社会教育史研究の現状と課題　―ジェンダーの視点から―」日本社会教育学編『ジェンダーと社会教育』東洋館出版社，pp.76-88。

Clarkson, P. 1989, *Gestalt Counselling in Action*, Sage Publications（=1999クラークソン・ペトリューシカ著，日保田裕子訳1999『ゲシュタルト・カウンセリング』川島書店）.

Cranton, P. 1992, *Working with Adult Learners*, Wall & Emerson.

Cranton, P. 1992, *Working with Adult Learners*, Wall & Emerson（＝1999　入江直子・豊田千代子・三輪建二訳『おとなの学びを拓く』鳳書房）．

Cranton, P. 1996, *Professional Development as Transformative Learning: New Perspectives for Teachers of Adults*, Jossey-Bass（＝2004　入江直子・三輪建二訳『おとなの学びを創る』鳳書房）．

Cranton, P. 2000, "Individual Differences and Transformative Learning" Mezirow, Jack & Associates *Learning as Transformation*, Jossey-Bass．

Cranton, P. and Carusetta, E. 2004, "Perspectives on Authenticity in Teaching" *Adult Education Quarterly*, vol.55 No.1．

江田忠　1962,「婦人の学習を考え直す―学習することの意味―」『月刊社会教育　第6巻7号』国土社．

Fontana, A. and Frey, J. H. 2000, *Handbook of qualitative research*, Sage Publications（＝2006　大谷尚訳「インタビュー：構造化された質問から交渉結果としてのテクストへ」平山満義監訳，大谷尚・伊藤勇編訳『質的研究ハンドブック3巻』北大路書房，p.50）．

Freire, P. 1970a, *Pedagogia do Oprimido*（＝1979　小沢有作・楠原彰・柿沼秀雄・伊藤周訳『被抑圧者の教育学』亜紀書房）．

Freire, P. 1970b, *Cultural Action for Freedom*（＝1984　柿沼秀雄訳，大沼敏郎補論『自由のための文化行動』亜紀書房）．

Friedan, B. 1977, *The Feminine Mystique*（＝2004　三浦冨美子訳『新しい女性の創造』大和書房）．

藤村久美子　1996,『女性学の授業改革』（未発表論文）．

婦人問題辞典刊行委員会編　1980,「婦人参政権の実現」『婦人問題辞典』学習の友社．

藤原房子　1984,「中高年女性の創造した活動」『社会教育　第39巻11号』(財)全日本社会教育連合会．

藤原英夫・塩ハマ子編　1996,「家庭教育学級の開設と運営」『戦後家庭教育文献双書　第8巻』クレス出版，pp.5-199．

藤原千賀　2004,「婦人学級・自主グループと女性の主体形成に関する一考察」『早稲田大学大学院教育学研究科紀要　別冊12号―1』pp.149-159．

深井耀子　1982,「婦人の自己形成と婦人問題学習」室俊司編『婦人問題と社会教育　日本の社会教育　第26集』東洋館出版社，pp.26-36．

福尾武彦　1958,「小集団活動の歴史的役割」『月刊社会教育　第2巻1号』国土社．

舩橋惠子　1995,「家族の変容」柏木惠子・高橋惠子編著『発達心理学とフェミニズム』ミネルヴァ書房．

舩橋惠子　2009,「3歳児神話」神原文子・杉井潤子・竹田美知編著『よくわかる

現代家族』ミネルヴァ書房。
古橋源六郎　1999,「男女共同参画社会基本法について」(財) 横浜市女性協会編集『女性施設ジャーナル　5』学陽書房, pp.37-51。
Gadotti, M. 1989, *Convite a Leitura de Paulo Freire*（*Sao Paulo, editora scipione*），(＝1993　里美実・野元弘幸訳『パウロ・フレイレを読む』亜紀書房).
Gordon, B. S. 著, 平岡磨紀子構成・文　1995,『1945年のクリスマス』柏書房。
日比野由利　2007,「中絶の語りからみた女性の自己変容とケアの可能性」日本母性衛生学会『母性衛生　vol.48 No.2』pp.231-238。
日高幸男　1983,「戦後婦人教育行政施策変換の系譜について」日本女子大学女子教育研究所編『婦人と社会教育』国土社。
平井潔　1959,「婦人の自主性を作るいとぐちをどこに求めるか」『月刊社会教育　第3巻9号』国土社, pp.32-35。
廣瀬隆人・澤田実・林義樹・小野三津子　2000,『生涯学習支援のための参加型学習のすすめ方』ぎょうせい。
一番ヶ瀬康子　1993, 日本女子大学女子教育研究所編『生活学を学ぶ　ウィメンズ・ライフロング・カレッジの実践』ドメス出版, pp.2-3。
家島美代子　1995,「東京ウィメンズプラザ開設！」(財) 横浜市女性協会『女性施設ジャーナル1』学陽書房。
池田和嘉子　2004,「エンパワーメントをめざす女性の学習」日本社会教育学会編『成人の学習　日本の社会教育　第48集』東洋館出版社, pp.116-128。
池内昭一　2004,「新しい婦人学級の手引き」『現代日本女子教育文献集7』日本図書センター, pp.171-179。
今井泰子　1992,「〈主婦〉の誕生　主婦概念の変遷―日本の場合」日本女性学会学会誌編集委員会編『女性学　創刊号』新水社。
井上健治　1986,『新教育社会学辞典』東洋館出版社。
井上輝子編　2002,『岩波　女性学事典』岩波書店。
Ibsen, H. J. 1878, *Et Dukkehjem*（＝1956　杉山誠訳「人形の家」内村直也訳者代表『イプセン名作集』白水社）。
入江宏　1986,「婦人教育史（思想史）」『我が国の社会教育史シリーズⅡ（婦人教育・青少年教育編）』国立社会教育研修所。
入江直子　1992,「自分をみつめ、"共同"の関係を育てる―中野区女性会館における学習者の主体形成―」社会教育基礎理論研究会編『叢書生涯学習Ⅹ　生活世界の対話的創造』雄松堂出版, pp.223-269。
入江直子　2012,「女性問題学習」社会教育・生涯学習辞典編集委員会編『社会教育・生涯学習辞典』朝倉書店。
入江直子　2006,「日本の女性たちは何を切り拓き、獲得してきたのか」『We learn Vol.639』(財) 日本女性学習財団。

石垣綾子 1955,「主婦という第二職業論」『婦人公論』上野千鶴子編 1982,『主婦論争を読むⅠ 全記録』勁草書房, p.5。
伊藤雅子 1981,「主婦が働くとき―女性問題講座―」『社会教育 第41巻5号』(財)全日本社会教育連合会。
伊藤雅子 1973,「おとなの女が学ぶということ」国立市公民館市民大学セミナー『主婦とおんな』未来社。
伊藤雅子 2001,『子どもからの自立』岩波書店。
岩崎久美子・中野洋恵 2002,『私らしい生き方を求めて 女性と生涯学習』玉川大学出版部。
Jung, C. G. 1967, *Psychologische Typen*, Rascher Verlag (=1987 林道義訳『タイプ論』みすず書房).
亀田温子 1990,「女性学と教育・学習」『女性の生涯学習』(財)全日本社会教育連合会。
亀田温子 2009,「ジェンダーが教育に問いかけたこと」『ジェンダーと教育』日本図書センター。
菅支那 1996,「大学婦人協会創設の頃」千野陽一編 『現代日本女性の主体形成 第1巻 激動の10年―1940年代』ドメス出版。
神田道子 1977,「婦人の教育の視覚から―婦人の生涯教育論の再構築―」日本社会教育学会『日本社会教育学会紀要 13 昭和52年度』pp.15-20。
神田道子 1980,「婦人問題と教育機会 ―社会教育における女性の学習―」『教育学研究 47』日本教育学会。
神田道子・女性教育問題研究会編 1981,『学習する女性の時代』日本放送出版協会。
神田道子・木村敬子・野口眞代 1982,「女性のライフサイクルの変化と学習課題」室俊司編『婦人問題と社会教育』東洋館出版社, pp.12-25。
神田道子・木村敬子・野口眞代編 1992,『新・現代女性の意識と生活』日本放送出版協会。
神田道子・女性の学習情報をつなぐ会編 1987,『テキスト現代女性読本』三省堂。
神田道子 1990,「女性問題学習と女性学プログラム」『月刊社会教育 第34巻2号』国土社, pp.6-13。
神田道子・菊池靖子 1996,「女性問題と自己変革―A市民館における女性問題学習参加者について―」女性学研究会編『女性がつくる家族 女性学研究 第4号』勁草書房, pp.148-171。
神田道子 2002,「女性たちはどう学び,何を得てきたか」『月刊 We learn vol.600』(財)日本女性学習財団。
金子幸子 1999,『近代日本女性論の系譜』不二出版。
神﨑智子 2009,『戦後日本女性政策史』明石書店。

鹿嶋敬　2003,『男女共同参画の時代』岩波書店。
川崎市教育委員会・日本女子大学女子教育研究所編　1990,『ウィメンズ・ライフロング・カレッジ'89　ライフォロジー（生活学）』川崎市教育委員会。
川崎市教育委員会・日本女子大学女子教育研究所編　1991,『ウィメンズ・ライフロング・カレッジ'90　ライフォロジーの展開』川崎市教育委員会。
川崎市教育委員会・日本女子大学女子教育研究所編　1992,『ウィメンズ・ライフロング・カレッジ'91　ライフォロジー（生活学）の探究』川崎市教育委員会。
Kean, R. 1987, "The Dubting Journey: a Learning Process of Self-Transformation" Boud, David and Griffin, Virginia (Ed.) *Appreciating Adults Learning: From the Learner's Perspective*, Kogan Page.
木村泰子　1988,「初めて夜間婦人学級を開設」原輝恵・野々村惠子編『学びつつ生きる女性』国土社。
Knowles, M. S. 1980, "What Is Andragogy?" *The Modern Practice of Adult Education*, Cambridge.
小林多寿子　2003,「語られたタクジ・ヤマシタ　―日系アメリカ人一世のライフストーリー再構築―」『日本女子大学紀要　人間社会部第14号』pp.1-20。
小池源吾・志々田まなみ　2004,「成人の学習と意識変容」『広島大学大学院教育学科紀要第三部　第53号』広島大学大学院, pp.11-19。
国立女性教育会館　2006,『男女共同参画統計データブック―日本の女性と男性―』ぎょうせい。
国立教育研究所　1974,『日本近代教育百年史　第八巻　社会教育2』国立教育研究所。
小山静子　1991,『良妻賢母という規範』勁草書房。
熊谷真弓・小林繁・三輪建二・村田晶子・柳沢昌一・山田正行編　1992,『叢書生涯学習Ⅳ　社会教育実践の現在（2）』雄松堂出版, pp.159-289。
国広陽子　2001,『主婦とジェンダー』尚学社。
国立市公民館市民大学セミナー　1973,『主婦とおんな』未来社。
倉持伸江　2004,「ふり返りに注目した学習支援者の力量形成」日本社会教育学会編『成人の学習　日本の社会教育　第48集』東洋館出版社。
真橋美智子　1992,「共生の地域づくり」川崎市教育委員会・日本女子大学女子教育研究所・『ウィメンズ・ライフロング・カレッジ'91　ライフォロジー（生活学）の探究』川崎市教育委員会。
真橋美智子　2002,『「子育て」の教育論』ドメス出版。
真橋美智子　2007,「家族と家庭教育の歴史」『家族の発達支援と家庭教育』大学図書出版。
目黒依子　1980a,『主婦ブルース』筑摩書房。
目黒依子　1980b,『女役割―性支配の分析―』垣内出版。

Merriam, S. B. and Caffarella, R. S. 1999, *Learning in Adulthood: A Comprehensive Guide*, John Wiley & Sons（＝2005　立田慶裕・三輪建二監訳『成人期の学習理論と実践』鳳書房）.

Mezirow, J. 1981, "A Critical Theory of Adult Learning and Education" *Adult Education*, vol.32, No.1.

Mezirow, J. and Associates 1990, *Fostering Critical Reflection in Adultfood*, Jossey-Bass.

Mezirow, J. 1996, "Contemporary Paradigms of Learning" *Adult Education Quarterly*, vol.46, No.3.

Mezirow, J. 1997, "Transformative Learning:Theory to Practice" Cranton, Patricia and Brock University（Ed.）, *Transformtive Learning in Action: Insights from Practice*, Jossey-Bass.

Mezirow, J. 1998, "On Critical Reflection" *Adult Education Quarterly*, vol. 48,No.3, pp.185-186.

南澤由香里　2006,「ギデンズのアイデンティティ変容理論と生涯学習」赤尾勝己編『現代のエスプリ　生涯学習社会の諸相　その理論・制度・実践』至文堂, pp.82-95。

三井為友　1958,「共同学習の基礎理論」『月刊社会教育　第2巻12号』国土社。

三井為友・飯田ひさ代　1959,「稲取婦人学級のあゆみ」『月刊社会教育　第3巻11号』国土社。

三井為友　1960,「婦人の活動はここまできている」『月刊社会教育　第4巻8号』国土社。

三井為友　1961,「婦人学級の方向」『月刊社会教育　第5巻1号』国土社。

三井為友・横山宏　1962,「婦人団体・婦人学級・そして自主グループ」『月刊社会教育　第6巻7号』国土社。

三井為友　1963,「婦人学級の可能性を評価する」『月刊社会教育　第7巻12号』国土社。

三井為友・田辺信一　1967,「戦後婦人教育史」『婦人の学習—日本の社会教育　第10集』東洋館出版社, pp.44-115。

三井為友編集・解説　1976,『日本婦人問題資料集成　第四巻＝教育』ドメス出版。

三井為友　2004,「ともに学ぶ婦人のために」『現代日本女子教育文献集6』日本図書センター。

宮原誠一　1960,「学習サークルの道」『月刊社会教育　第4巻8号』国土社。

宮坂広作　1990,『生涯学習の理論』明石書店。

三輪建二　1997,「成人の自己決定学習と意識変容の学習」『上智教育学論集』31号。

三輪建二　2006,「生涯学習における学習者像と学習支援」『生涯学習と自己実現』（財）放送大学教育振興会。

三輪建二　2009,『おとなの学びを育む』鳳書房。
文部省社会教育局　1967,『昭和41年度　家庭教育学級の現状』。
文部省社会教育局　1968,『昭和42年度　家庭教育学級の現状』。
文部省生涯学習局婦人教育課　1997,「男女共同参画2000年プランと文部省の取り組み」『社会教育　第52号8号』(財)全日本社会教育連合会。
村田晶子　2003,「女性問題学習の成果と課題」『月刊社会教育　3』国土社。
村田晶子　2006,『女性問題学習の研究』未来社。
室俊司　1967,「家庭婦人の社会認識とその変容過程」『婦人の学習―日本の社会教育　第10集』東洋館出版社, pp.184-193。
室俊司　1982,「生涯学習論と婦人問題」『婦人問題と社会教育　日本の社会教育　第26集』東洋館出版社, pp 2-11。
内閣府仕事と生活の調和推進室　『仕事と生活の調和（ワーク・ライフ・バランス）実現のために』内閣府。
中野哲二　1967,「農村の変貌と婦人の学習上の諸問題」『婦人の学習―日本の社会教育　第10集』東洋館出版社, pp.156-171。
難波淳子　2000,「中年期の日本人女性の自己の発達に関する一考察―語られたライフヒストリーの分析から―」『社会心理学研究　第15巻第3号』, pp.164-177。
日本女子大学女子教育研究所　1987,『女子の高等教育』ぎょうせい, p.10。
日本女子大学女子教育研究所　1993,『生活学を学ぶ　ウィメンズ・ライフロング・カレッジの実践』ドメス出版。
日本女子社会教育会　1999,『男女共同参画社会に向けた学習ガイド―社会教育にジェンダーの視点を』。
日本女子社会教育会　2000,『社会教育指導者のエンパワーメントに向けて―「男女共同参画社会に向けた学習ガイド」実践編―』。
日本社会教育学会　1967,『婦人の学習　日本の社会教育　第10集』東洋館出版社。
西川万丈　2005,「学習プログラム」『生涯学習研究e事典』http://ejiten.javea.or.jp。
西倉実季　2003,「『普通でない顔』を生きること―顔にあざのある女性たちのライフストーリー」桜井厚編『ライフストーリーとジェンダー』せりか書房, pp.65-85。
西村由美子　1982,「戦後婦人教育政策の成立―婦人教育課設置の意義をめぐって―」室俊司編『婦人問題と社会教育』東洋館出版社。
西村由美子　1988,「婦人問題の学習過程」社会教育基礎理論研究会編『叢書生涯学習Ⅲ　社会教育実践の現在（1）』雄松堂出版。
西山和美　1993,「受講生からの感謝状」日本女子大学女子教育研究所編『生活学を学ぶ　ウィメンズ・ライフロング・カレッジの実践』ドメス出版。
野口眞代・荒井俊子　1979,「社会教育に学ぶ女性の意識の実証的研究―家庭内役割と個の自覚をめぐる問題―」日本社会教育学会『日本社会教育学会紀要　15

昭和54年度』pp.21-29。
野々村恵子・上村千賀子 2004,「女性の学びとエンパワーメント」日本社会教育学会編『現代的人権と社会教育の価値』東洋館出版社。
Oakley, A. 1974a, *Housewife*, Allen Lane（＝1986　岡島茅花訳『主婦の誕生』三省堂）.
Oakley, A. 1974b"*The Sociology of Housework*" Martin Robertson & Company（＝1980　佐藤和恵・渡辺潤訳『家事の社会学』松籟社）.
落合恵美子　1989,『近代家族とフェミニズム』勁草書房。
大西珠枝　1998,「『ジェンダー』に関する学習―男女共同参画社会の実現に向けて」（社）全国公民館連合会『月刊公民館　第496号』第一法規出版。
大野曜　1990,「婦人教育施設における学習活動」『女性の生涯学習』（財）全日本社会教育連合会。
大沢真理　2000,「女性政策をどうとらえるか」大沢真理編集代表『21世紀の女性政策と男女共同参画社会基本法』ぎょうせい。
大沢真理　2002,『男女共同参画社会をつくる』日本放送出版協会。
Polanyi, M. 1966, *The Tacit Dimension*, Routledge & Kegan Paul（＝1980　佐藤敬三訳・伊東俊太郎序『暗黙知の次元　言語から非言語へ』紀伊國屋書店）.
貞閑晴子　1961,「大都市商店街の婦人学級」『月刊社会教育　5巻1号』国土社,pp.36-41。
斎藤茂男　1982,『妻たちの思秋期』共同通信社。
坂口緑　2008,『テキスト生涯学習』学文社。
迫田哲郎　1986,「婦人教育史」『我が国の社会教育史シリーズⅡ（婦人教育・青少年教育編）』国立社会教育研修所。
桜井厚編　2003,『ライフストーリーとジェンダー』せりか書房。
桜井厚　2005,「ライフストーリーから見た社会」山田富秋編著『ライフストーリーの社会学』北樹出版。
佐藤一子　2004,「NPOの教育力と協働・参画型社会の構築」佐藤一子編『NPOの教育力』東京大学出版会。
佐藤和夫　1985,「ライフサイクルの変貌」『おんなのライフサイクルと幸せ』学習の友社。
佐藤恵子　1997,「女性学教育の内容と方法に関する一考察―『女性論』受講者の意識変容の分析を通して―」『弘前学院大学・短期大学紀要』第33号　pp.43-56。
澤本和子　1999,「教師の成長とネットワーク」藤岡完治・澤本和子編『授業で成長する教師』ぎょうせい。
澤本和子　2009,「教育学科専門科目『授業研究論1・2』開発事例研究―教師の自己リフレクションを用いた授業研究指導の省察―」日本教育工学会『日本教育工学会論文誌32（4）』pp.405-415。
Schön, D. A. 1983, *The Reflective Practitioner: How Professionals Think in Action*,

Basic Books.
Schön, D. A. 1983, *The Reflective Practitioner: How Professionals Think in Action*, Basic Books（＝2007　柳沢昌一・三輪建二監訳『省察的実践とは何か』鳳書房）.
生活科学調査会編　2004,「婦人学級これからの経営」真橋美智子編『現代日本女子教育文献集8』日本図書センター。
関口礼子　1975,「ライフサイクルと女性の生き方」吉田昇・神田道子編『現代女性の意識と生活』日本放送協会。
柴田彩千子　2008,『テキスト生涯学習』学文社。
重松敬一　1960,「婦人学級いままでとこれから」『月刊社会教育　4巻8号』国土社。
重松敬一　2004,「婦人教育　講座日本の社会教育Ⅳ」『現代日本女子教育文献集9』日本図書センター。
志熊敦子　1990,「女性の教育・学習のあゆみ」『女性の生涯学習』（財）全日本社会教育連合会。
志熊敦子　1995,「座談会　女性施設の100年史」（財）横浜市女性協会『女性施設ジャーナル　vol. 1』学陽書房。
志熊敦子　1999,「座談会　女性施設の100年史」（財）横浜市女性協会『女性施設ジャーナル　vol. 5』学陽書房。
志熊敦子　2000,「婦人・女性施設の役割と課題」『女性教養　No.571』（財）日本女子社会教育会。
Simkin, J. S.　岡野嘉宏・多田徹佑訳　1978,『ゲシュタルト・セラピー　ミニ・レクチャー』社会産業教育研究所。
篠塚英子　1993,「お茶くみとアタッシュケース」原ひろ子・大沢真理編『変容する男性社会』新曜社。
塩ハマ子　1985,「稲取町婦人学級」『社会教育　第40巻5号』（財）全日本社会教育連合会。
SKIP　2001,『ママたちのモーニングコンサート―私らしく輝きたい―』雲母書房。
双風舎編集部編　2006,『バックラッシュ！』双風舎。
Stevens, J. O. 1971, *Awareness*, Real People Press（＝1982　岡野嘉宏・多田徹佑・リード恵津津訳『気づき―ゲシュタルト・セラピーの実習指導書―』社会産業教育研究所出版部）.
末包房子　1994,『専業主婦が消える』同友館。
鈴木優子　2002,「女性の学習支援の動向」岩崎久美子・中野洋恵編『私らしい生きかたを求めて　女性と生涯学習』玉川大学出版部。
田村喜代　1968,「Ⅱ　昭和42年度家庭教育振興策」文部省社会教育局『昭和42年度家庭教育学級の現状』pp. 7-98。
田中雅文　1999,「生涯学習を支援するNPOの生態」日本生涯教育学会『日本生涯教育学会論集　20』。

田中雅文　2003,『現代生涯学習の展開』学文社。

田中雅文　2011,『ボランティア活動とおとなの学び　自己と社会の循環的発展』学文社。

田中美智子　1970,「結婚をめぐって」一番ヶ瀬康子・小山隆編『家庭と社会　現代婦人問題講座　4』亜紀書房。

Taylor, E. W. 1997, "Building Upon the Theoretical Debate: A Critical Review of the Empirical Studies of Mezirow's Transformative Learning Theory" *Adult Education Quarterly*, Vol. 48, No. 1, pp. 34-59.

Taylor, E. W. 2008, *Third Update on Adult Learning Theory: New Directions for Adult and Continuing education*, No.119, edited by Sharan B. Merriam, Wiley Periodicals, Inc., A Wiley Company（=2010　岩崎久美子訳「意識変容の学習理論」シャラン・B・メリアム編,　立田慶裕・岩崎久美子・金藤ふゆ子・荻野亮吾訳『成人学習理論の新しい動向』福村出版）。

The Group for Collaborative Inquiry 1993, "The Democratization of Knowledge" *Adult Education Quarterly*, Vol.44, No. 1, pp.43-51.

戸田まり・笹谷春美　1992,「男女平等プログラムの開発に関する一考察—総合科目『婦人論』受講による意識変容—」『北海道教育大学紀要　(第1部C)　第42巻第2号』, pp.79-86。

常葉-布施美穂　2004,「変容的学習—J・メジローの理論をめぐって」赤尾克己編『生涯学習理論を学ぶ人のために』世界思想社。

東京都婦人学級史研究会　2000,『東京都の婦人学級30年　パートⅡ』。

豊田千代子　1991,「自己決定学習と成人性の発達」社会教育基礎理論研究会『叢書生涯学習Ⅷ　学習・教育の認識論』雄松堂出版, pp.145-177。

『東京新聞』2011年1月25日付。

辻智子　2001,「社会教育施設・女性館関連施設の現状と課題」日本社会教育学会編『ジェンダーと社会教育　日本の社会教育　第45集』東洋館出版社。

上松由紀子　2003,「共に働く時代の支援策」森典子・上松由紀子・秋山憲治編『男女共生の社会学』学文社。

上野千鶴子　1994,『近代家族の成立と終焉』岩波書店。

上野千鶴子　1999,「男女共同参画社会基本法のめざすもの」(財)横浜市女性協会編集『女性施設ジャーナル⑤』学陽書房。

梅澤伸嘉　1997,『実践グループインタビュー』ダイヤモンド社。

わいふ編集部編　1993,『変わる主婦・変わらない主婦』グループわいふ。

渡辺行子　1973,「Ⅶ　私たちは, いま」国立市公民館市民大学セミナー『主婦とおんな』未来社。

渡邊洋子　2002,『生涯学習時代の成人教育学』明石書店。

山本和代　1982,「婦人教育の今日的意義」『婦人問題と社会教育』東洋館出版社。

山本和代　1983,「日本における婦人の生涯教育の課題」日本女子大学女子教育研究所『婦人と社会教育』国土社。
山本和代　1986,「婦人教育史」『我が国の社会教育史シリーズⅡ（婦人教育・青少年教育編）』国立社会教育研修所。
山本和代　1993,「人の輪と和のなかで」『生活学を学ぶ　ウィメンズ・ライフロング・カレッジの実践』ドメス出版。
山本慶裕　1997,「生涯学習と男女共同参画」『社会教育　第52巻8号』(財)全日本社会教育連合会。
山澤和子　2001,「参加型学習に関する一考察」坂口緑・柴田彩千子・山澤和子「市民主体の学習プログラムにおける組織と個人―地球市民アカデミアのケース・スタディをとおして―」日本生涯教育学会『日本生涯教育学会論集　22』。
山澤和子　2002a,「成人教育における『男性問題』学習者の意識変容」日本女子大学大学院『人間社会研究科紀要第8号』。
山澤和子　2002b,「NPOの学習形態に関する一考察―WE 21ジャパンの事例を通して―」日本生涯教育学会『日本生涯教育学会論集　23』。
山澤和子　2003,「男女共同参画NPO（SKIP）」東京大学大学院教育学研究科　生涯教育計画コース『NPOの教育力と社会教育の公共性をめぐる総合的研究』。
山澤和子　2007a,「女性問題と話し合い学習」日本生涯教育学会『生涯学習研究e事典』http://ejiten.javea.or.jp。
山澤和子　2007b,「女性の意識変容の促進におけるライフストーリーの有効性―『気づき』に視点をあてて―」日本生涯教育学会『日本生涯教育学会　論集28』。
山手茂　1969,「現代の婦人問題」田中寿美子・日高六郎編『婦人政策・婦人運動　現代婦人問題講座1』。
矢澤澄子監修　1997,(財)横浜市女性協会編集『女性問題キーワード111』ドメス出版。
矢澤澄子・国広陽子・天童睦子　2003,『都市環境と子育て―少子化・ジェンダー・シティズンシップ―』勁草書房。
与儀睦美　2000,「私が担当した『婦人講座』―葛飾区―」東京都婦人学級史研究会『東京都の婦人学級30年　パートⅡ』。
横山宏　1987,「『自分史』を綴るということの意義，そして綴り方」横山宏編『成人の学習としての自分史』国土社。
米田禮子　1990,「女性学講座『フェミニズム文化論』を実践して」『月刊社会教育34巻3号』国土社, pp.27-33。
米田佐代子　1999,「女性問題学習の新しい課題―『ジェンダーの視点』をめぐって―」『月刊社会教育　43巻2号』国土社。
吉崎静夫　1988,「授業における教師の意思決定モデルの開発」日本教育工学会『日本教育工学雑誌12（2）』pp.51-59。

資　料　　　　　女性の学習関連の年表

年	国連などの政策	日本の女性政策	女性（婦人）教育関係
1945	・国際連合発足，国連憲章採択	・改正選挙法公布（婦人参政権）	
1946	・国連女性の地位委員会の設置	・第22回総選挙で初の婦人参政権行使　39名の婦人代議士の誕生 ・日本国憲法公布（男女平等明文化）	
1947		・日本国憲法施行 ・改正民法公布（家父長制廃止） ・労働省発足，婦人少年局設置	・教育基本法の公布・施行（男女共学） ・学校教育法の公布 ・家庭科の実施 ・社会学級（両親学級）
1948	・世界人権宣言採択	・優生保護法公布・施行	
1949			・第一回「婦人週間」4月 ・婦人団体協議会結成 ・日本女子大学　桜楓学園の開講
1951			・婦選会館の開館 ・全国婦人教育事務担当者研究協議会
1952	・女性の政治的諸権利に関する条約の採択		・全国婦人教育指導者会議
1954			・**文部省が実験社会学級を静岡県稲取市に開講**（〜1956年）
1955			・初のカルチャーセンター（産経学園）開講
1956		・売春防止法公布	・主婦会館の開館
1957	・既婚女性の国籍に関する条約の採択		・**滋賀県の婦人学級の開講**（1957年頃）

年			
1958		・売春防止法施行	・東京都目黒区婦人学級の開講
1959			・東京都足立区婦人学級の開講（1959年頃）
1961		・所得税法改正（配偶者控除制度新設）	・「文部省家庭教育と専門研究」会発足
1962	・婚姻の同意，結婚の最低年齢および婚姻登録に関する条約の採択		
1964			・家庭教育学級の開設
1967	・女性に対する差別撤廃宣言採択		
1971			・国立市公民館市民大学セミナーの開講（1971～1972年）
1974			・東京都世田谷区の夜間婦人学級の開講
1975	・国際婦人年および第1回世界女性会議（メキシコシティ） ・「世界行動計画」採択	・「国際婦人年にあたり婦人の社会的地位向上をはかる決議」採択 ・総理府に婦人問題企画推進本部設置，総理府婦人問題担当室業務開始 ・「特定職種育児休業法」成立女性教師・看護婦・保母など	・第1回婦人教育施設研究協議会，開催
1976	・国連婦人の10年（1976～1985年）	・「特定職種育児休業法」施行 ・民法改正，施行（婚氏続称制度）	
1977		・「国内行動計画」策定（1977年～1986年）	・国立婦人教育会館開館
1978			・初の国際女性学会東京会議，国立婦人教育会館で開催。ベティ・フリーダン招聘

年			
1979	・女性に対するあらゆる形態の差別撤廃条約の採択		・東京都婦人情報センター,日比谷図書館に開設
1980	・国連婦人の10年中間年世界会議(第2回世界女性会議　コペンハーゲン) ・「国連婦人の10年後半期行動プログラム」採択	・「女性差別撤廃条約」署名 ・「民法」および「家事審判法」改正(配偶者相続分引き上げ) ・国連婦人の10年中間年全国会議 ・高橋展子,女性初大使(デンマーク)に就任	・**国立婦人教育会館,第1回「女性学講座」開催**(1989年を除き,以後1995年まで毎年開講)
1981	・「ＩＬＯ第156条約(家族的責任を有する男女労働者の機会および待遇の均等に関する条約)」採択 ・「女子差別撤廃条約」発効	・1980年改正「民法」および「家事審判法」(配偶者相続分引き上げ)施行 ・「国内行動計画」後期重点目標決定(婦人問題企画推進本部)	
1984		・「国籍法」および「戸籍法」の改正(国籍の父母両系主義採用) ・労働省婦人少年局が婦人局に改称	
1985	・国連女性の10年の成果を検討し,評価をするための第3回世界女性会議(ナイロビ) ・「ナイロビ将来戦略」採択	・1984年改正「国籍法」および「戸籍法」(国籍の父母両系主義採用)施行 ・「男女雇用機会均等法」公布 ・「国民年金法」改正(専業主婦の基礎年金保障) ・「女子差別撤廃条約」批准	・**京都府京都市の「女性学講座」開講**
1986		・「男女雇用機会均等法」施行 ・改正「国民年金法」(女性の年金権確立)施行 ・「労働基準法」改正(女	

		子保護規定一部廃止，母性保護規定の拡充） ・1985 年改正「国民年金法」 （専業主婦の基礎年金保障）施行	
1987		・「西暦2000年に向けての新国内行動計画」策定 ・所得税法改正（配偶者特別控除制度新設）施行	
1988			・文部省「社会教育局」を「生涯学習局」へ改組・拡充 ・文部省「婦人教育課」を設置 ・**東京都葛飾区の婦人学級開講**
1989	・児童の権利に関する条約採択		・文部省新学習指導要領告示（高校家庭科男女必修化および中学校の技術・家庭科の男女同一の教育課程） ・文部省「婦人の生涯学習促進事業—ウィメンズライフログ・カレッジ」開始 ・短大を含めた大学進学率，女子が男子を初めて上回る ・**日本女子大学と川崎市のウィメンズライフロング・カレッジの開講**（1989〜1991年）
1990	・「ナイロビ将来戦略の第1回見直しと評価に伴う勧告および結論」採択		・**日本女子大学と川崎市のウィメンズライフロング・カレッジ（2年目）** ・**東京都足立区女性総合センターの「男性改造講座」開講**

1991		・「西暦2000年に向けての新国内行動計画（第一次改定）」策定 ・「育児休業法」公布 ・「婦人問題企画推進本部機構に関する検討会」の設置	・日本女子大学と川崎市のウィメンズライフロング・カレッジ（3年目）
1992	・環境と開発に関する国連会議（リオデジャネイロ） ・第1回アジア女性会議開催	・「育児休業法」施行 ・河野洋平官房長官，初の婦人問題担当大臣に就任	
1993	・世界人権会議「ウィーン宣言」採択 ・「女性に対する暴力の撤廃に関する宣言」採択	・「パートタイム労働法」公布，施行 ・土井たか子初の女性衆議院議長に就任	・中学校での家庭科の男女必修完全実施
1994	・国際家族年 ・国際人口・開発会議「カイロ宣言および行動計画」採択 ・アジア・太平洋における女性の地位向上のためのジャカルタ宣言採択 ・ILO175号条約（パートタイム労働に関する条約）採択	・男女共同参画推進本部，男女共同参画審議会，総理府男女共同参画室設置 ・児童の権利に関する条約批准	・高等学校での家庭科の男女必修完全実施 ・「ＳＫＩＰ」設立
1995	・第4回世界女性会議（北京）「北京宣言および行動綱領」採択	・「育児・介護休業法」成立（介護休業に関する部分を1999年度から実施） ・ILO156号条約（家族的責任条約）批准	
1996	・子どもの商業的搾取に反対する世界会議（ストックホルム）	・男女共同参画審議会答申「男女共同参画ビジョン―21世紀の新たな価値の創造―」 ・「男女共同参画2000年プ	

		ラン」策定 ・優勢保護法を一部改正し，母性保護法公布・施行	
1997		・「男女雇用機会均等法」改正（募集，採用，配置，昇進の差別禁止，セクハラ防止務） ・労働省「婦人局」が「女性局」，都道府県「婦人少年室」が「女性少年室」に変わるなどの労働省の組織名称変更 ・「介護保険法」公布 ・男女共同参画審議会設置法および男女共同参画審議会令公布	・宮崎県の青年男女の共同参画セミナー開講 （1997～1998年）
1998		・男女共同参画審議会答申「男女共同参画基本法―男女共同参画社会形成への基礎的条件づくり―」 ・「労働基準法」改正（深夜，休日，時間外労働における女性就業規制撤廃） ・特定非営利活動促進法（NPO法）施行	・文部省婦人教育課が男女共同参画学習課に改称 ・「WE21ジャパン」設立
1999	・第43回国連女性の地位委員会で「女性差別撤廃条約の選択議定書」採択	・1997年改正「男女雇用機会均等法」施行 ・1998年改正「労働基準法」施行 ・**男女共同参画社会基本法の公布，施行**	
2000	・国連特別総会「女性2000年会議」開催（ニューヨーク）「政治宣言および成果文書」採択 ・ILO母性保護条約の改定案採択	・「介護保険法」施行 ・男女共同参画審議会答申「女性の暴力に関する基本的方策について」 ・男女共同参画審議会答申「男女共同参画基本計画策定にあたっての基本的	・A市女性学級「私が私であるために」講座開講

		な考え方」 ・「男女共同参画基本計画」策定 ・「児童虐待防止法」公布・施行 ・「ストーカー規制法」公布,施行	
2001	・国際ボランティア年	・内閣府に男女共同参画会議および男女共同参画局設置 ・「配偶者における暴力防止および被害者の保護に関する法律(DV防止法)」公布,施行 ・男女共同参画週間(6月23日～29日) ・児童買春,ポルノ禁止法	
2002		・(改正)育児,介護休業法施行	
2003	・第29会期国連女子差別撤廃委員会(日本政府報告に対する最終コメント―間接差別,女性に対する暴力,人身取引,マイノリティ女性,婚外子差別の問題を指摘)	・内閣府「チャレンジ支援策」決定 ・男女共同参画会議苦情処理,監視専門調査会「男女共同参画に関わる情報の収集,整理,提供に関する調査検討結果について」 ・「次世代育成支援対策推進法」公布,施行 ・「少子化社会対策基本法」公布,施行	
2004		・「配偶者における暴力防止および被害者の保護に関する法律(DV防止法)」一部改正(元配偶者への拡大,暴力概念の拡大など)公布,施行 ・「刑法の一部を改正する法律」(性犯罪について	

		法定刑引き上げ，集団強姦などの新設）公布 ・人身取引対策に関する関係省連絡会議において「人身取引対策行動計画」策定	
2005	・国連女性の地位委員会49会期（北京＋10）宣言と決議を採択	・「次世代育成支援対策推進法改正」公布・施行 ・「男女共同参画基本計画（第2次）」策定	
2006		・男女雇用機会均等法改正	
2007			
2008			
2009			
2010	・国連婦人の地位委員会（北京＋15）	・「男女共同参画基本計画（第3次）」策定	

出所：『女性教育／学習ハンドブック』(1999：256-261)『男女共同参画統計データブック―日本の女性と男性―』(2006：214-215)と本論文により筆者が作成

注：「婦人教育関係」の欄のゴシック字体は，本書で取り上げた講座

あとがき

　本書は，筆者が日本女子大学大学院人間社会研究科に提出し，2012年に博士（教育）の学位を授与された学位論文「女性における意識変容の学習の研究」をもとに加筆修正を行ったものである。

　筆者は高校卒業後，企業に就職し23歳で結婚して専業主婦となり，20代の後半に，夫の転勤のため1981〜1983年の約1年半イラクの首都バグダッドで，1987〜1991年の4年半パキスタンの首都イスラマバードで生活した。両国ともイスラム教の国で男女差別や貧富の差が激しいが，その中でも女性の地位は低く，女子が教育を受けられない現実を目の当たりにしたが，女性の地位が低いのは中東だけではなく日本も同じであったと気づかされた。

　帰国後，二人の娘たちが大学生，高校生と成長し，「これから何をしたらよいのか」と空虚感を感じるようになったとき，それまでの経験をふまえて体系的に大学で学びたいという気持ちが強く湧き上ってきた。そして，ひたすら図書館に通い本を読みあさり受験に向かった。それが筆者の学びの再スタートである。42歳のとき，東洋英和女学院大学のキャンパスに通うこととなった。夕食の後片付けがすむと机に向かい宿題や予習をし，翌日の授業を思いめぐらせながら，朝が来るのが待ち遠しくベッドに入った。学ぶことがこんなにも心ときめくことだと知り，まさに青春そのものだった。

　東洋英和女学院大学で初めて山本和代先生から生涯教育を，藤村－ファンズロー久美子先生から女性学を，金子幸子先生から女子教育を学んだことで女性の生涯学習に関心をもつようになった。山本先生から優しさを秘めた厳しいご指導をいただき，それがのちの博士論文完成のためのがんばりの原点となったのだと大変感謝している。金子先生は卒業後も気にかけてくださり何度も執筆のチャンスをくださった。学ぶ喜びを知り，研究を深めたいと日本女子大学大学院博士課程前期へと進み田中雅文先生にご指導を受ける。大学院在学中の1999年に，社会教育施設で女性問題講座の講師をされていた藤村先生から参加

のお誘いを受けた。2000年に前期課程修了後，同講座のコーディネーターを担当したことが博士論文の基盤となった。

前期課程修了後，体調不良などで5年間のブランクの末，やっと博士論文を書く決意をし，日本女子大学大学院博士課程後期に再入学したときはすでに53歳になっていた。この5年の間も田中先生が暖かくご指導，励ましつづけてくださったおかげで，研究をあきらめずに後期課程に進むことができたのである。

博士課程後期を終え，すぐに非常勤講師として大学や専門学校で教え，1年後の58歳で日本女子大学の助教の職を得たことは，恵まれたスタートであった。それは年齢にかかわらず受け入れてくださった教育学科の先生方のお心の暖かさと広さのおかげであると，今でも大変感謝している。こうして教員として学生たちに教えながら，本格的に博士論文に取り組むこととなり，学び始めてから18年後の60歳で博士論文が完成し，日本女子大学から教育学博士の学位を戴くことができた。

博士論文のテーマの根底にあるのは，「女性の学び」である。父が交通事故により身障者となり，大学へ進学しなかった筆者の気持ちは，教育を受けたいというイラクやパキスタンの女性たちの心の声と重なり，さらに主婦になっても学び続けたいという日本の女性たちの願いとも重なった。思えば，筆者が人権教育に関心をもつようになったのは，父が身障者であったからであり，今でも父に感謝している。このような経緯で，学びによる女性の成長過程を「学びと意識変容」という観点から分析し，女性の学びの重要性と学びによる成長の可能性を追求することを研究のテーマとした。

還暦近くなって博士論文を書くという学びは，体力や孤独との長い闘いの日々だったが，毎日Ａ４用紙１枚は書き続けるという枷を自分に与えていると「努力の積み重ねが実力に代わる」ことに気づいた。あたかも「夕鶴」のおつうが羽を１本１本抜き，機を織り美しい布地を織ったように，命という羽を縮めて論文という錦織物を作成するような毎日だった。以上が，山澤和子の生涯学習「学びと意識変容」のライフストーリーである。

この論文は，「自分らしく生きたい」という願いをもった女性問題講座の受

講生12名の協力なしでは完成しえなかった。12名はインタビューに大変真摯に答えてくださり，それぞれのライフストーリーからは，学びに対する熱意が伝わってくる。12名には心の底から感謝と敬意の気持ちを表したい。講座から15年経過し，Aさんは東京大学大学院研究生，Bさんは書道教師，Cさんはミシンカフェ開催，Dさんはバレエ教師，Eさんは英語講師，Fさんはパリ在住，Gさんは食と農の活動，Hさんは子育て支援活動，Iさんは趣味のバレエを続けながらパート就労，英語が好きなJさんは子育て後の自分探し中，Kさんは食アドバイザーの資格を生かし就職活動中，Lさんはパン教室講師，とそれぞれの道を着実に歩み続けている。これからも12名の学びを応援していきたい。

学位論文は日本女子大学の田中雅文先生，真橋美智子先生，澤本和子先生，お茶の水女子大学の三輪建二先生，東洋英和女学院大学の藤村－ファンズロー久美子先生に審査に携わっていただいた。諸先生方に深く感謝を申し上げる。田中先生は博士論文の指導教授として，1998年日本女子大学大学院入学以来から助教として働く現在も温かくご指導いただいている。本書を出版できるのは田中先生の長年にわたるご指導，ご支援のおかげと感謝の念がたえない。女子教育ご専門の真橋先生からは「60歳までに博士論文を書き上げなさい」と温かく激励され，その言葉が強い原動力となり必死の思いで書き上げた。「リフレクション」がご専門の澤本先生には，論文指導とともに「教育者としてあり方」を教えていただいた。三輪先生からは博士課程前期の修士論文作成の頃から長年にわたり，論文の根幹であるカナダの成人教育者クラントンの「意識変容」理論についてご指導いただき論文完成へとつながった。藤村先生からは，20年前の大学の授業では珍しかった意識変容を促す参加型学習の手法を当時から教えていただき，現在も糧となっている。

本書は下記の論文を大幅に加筆・修正したものにもとづいて構成したものである（すべて筆者の単著，【　】は，本書での位置）。

① 「ＮＰＯの学習形態に関する一考察―ＷＥ21ジャパンの事例を通して―」日本生涯教育学会編『日本生涯教育学会論集』23集，2002年，pp. 167-174【本書第二部第5章第3節の一部】

② 「女性の意識変容の促進におけるライフストーリーの有効性―『気づき』に視点をあてて―」日本生涯教育学会編『日本生涯教育学会論集』28集，2007年，pp. 129－138【本書第三部第2章の一部】
③ 「『気づき』からみた女性の学習と意識変容」日本学習社会学会編『日本学習社会学会年報』第4号，2008年，pp. 69－76【本書第三部第3章の一部】
④ 「ジェンダー学習における気づきと意識変容のプロセス―P．クラントンの『意識変容のプロセス』の検討―」国際ジェンダー学会編『国際ジェンダー学会誌』第7号，2009年，pp. 65－91【本書第三部第4章の一部】

出版にあたっては，国広陽子先生，藤原千賀先生からも社会学やジェンダーの視点からご指導をいただき筆者の貴重な学びとなった。国広先生は休暇中でさえも時間を見つけてご指導くださり，その優しいお人柄と緻密なご指導に心からお礼を申し上げたい。藤原先生には，ジェンダーおよび社会教育の視点から温かく丁寧なご助言をいただき深く感謝申し上げている。

いつも温かく見守ってくれ，陰で支えてくださった上松由紀子さん，励まし癒してくれ校正も協力してくださった藤田清子さん，丁寧な校正作業などで大変お世話になった長利文子さんと座間敬子さん，疲れたときにさり気なく寄り添ってくれオアシスであった友にお礼の言葉を贈りたい。そのほか多くの方々にご協力，ご助言，ご支援ただき博士論文や本書は完成にたどり着くことができた。それぞれのお名前をあげることはできないが，お世話になった皆さまに心から深い感謝の言葉を申し上げる。

刊行にあたり学文社の二村和樹氏は，初めての単著出版で作業にとまどう筆者を温かくお導き励ましくださった。お人柄とご尽力にお礼を申し上げたい。

最後に，一時は3人の大学生（妻と娘二人）をかかえ，20年間も妻の学びを支え続け，笑顔で協力してくれた夫・山澤東，パソコンの苦手な私のために作業を手伝い，そばで応援してくれた二人の娘，亡くなった父の分まで学位授与出版を喜んでくれる92歳の母，いつも心の安らぎであり今は天国にいる愛犬プリンにもお礼を伝えたい。

学び直しから21年目の2015年9月

山　澤　和　子

索　引

■あ行■

アイデンティティ変容理論　6
アンドラゴジー（Andoragogy）　131, 132
アンペイドワーク　84
暗黙知　136
育児・介護休業法　121
育児休暇取得率　1
育児休業法　92
育児不安　91
意識化（conscientization）　132, 133
意識化された前提　147, 195
意識化されていない前提　147, 195
意識化理論　7
意識変容の学習　138, 139, 140
　　　——のプロセス　140, 141, 142, 148
意識変容の判断基準　148
意識変容のプロセス　148
意識変容理論　137
意識変容を促す女性の学び　3, 10, 53
稲取婦人学級　70
意味パースペクティブ（meaning perspective）　133
WE21ジャパン　110, 111
ウィメンズ・ライフロング・カレッジ　97
承り学習　66
ウーマン・リブ運動　3
運営委員　158
運営委員会　151
NPO　54, 110
NPO法　54, 110
NPO法人　111
M字曲線　83, 117
エンパワーメント　6, 93, 108, 112, 115
大阪府総合女性センター（ドーンセンター）　109
男は仕事，女は家庭　54, 59, 77, 116, 149

■か行■

介護　91
改正民法　61
学社連携　97, 98
　　　——講座　102
学習支援者　5, 6, 149
確認の気づき　87, 185
　　　——とプロセスの関係　214
　　　——の特性　222
家事　57, 84, 91
家庭科　61
家庭教育学級　79, 80
家父長制　1, 62
空の巣症候群　87
気づき　147, 168, 176
気づきからみた意識変容の学習のプロセス　11, 219
　　　——の3パターン　240
　　　——モデル　219, 232
気づきからみたライフストーリーの類型　188
気づきと意識変容のプロセスの関係　213
気づきの類型　200
　　　——と意識変容のプロセスのタイプ　10, 184
気づきの類型化　184
ギデンズ（Giddens, A.）　6
教育基本法　61
共同学習　66, 68
クラークソン（Clarkson, P.）　147
クラントン（Cranton, P.）　3, 131, 136
　　　——の〈意識変容の学習のプロセ

ス〉モデル　219
経済的自立　31, 35, 46, 90, 92, 149, 162, 173
顕在化の気づき　186, 194
　　――の特性　223
行為の中の省察（reflection-in-action）135
行動綱領　108, 110
行動におよばない意識変容　221
高度経済成長期　77, 116
コーディネーター　149, 151
国際婦人年　90, 93, 117
国立女性教育会館（NWEC）　55
国立婦人教育会館　90, 93, 94
子育て支援活動　158
子育て支援グループの活動　32
子どもからの自立　83, 85, 88
コンシャスネス・レイジング　3
混乱が生じるようなジレンマ（disorienting dilemma）　135, 143, 220, 221

■さ行■
The Group for Collaborative Inquiry　154
参加型学習　158
三歳児神話　91
ジェンダー　4, 13, 16, 44, 115, 176
　　――意識　16
　　――講座　17
　　――に敏感な視点　106
　　――の視点　106
自己決定型学習（self-directed learning）　131, 137, 138
自己決定権　90
自己決定性　132, 137
自己実現　93
自己に関する気づき　185
自主グループ　32, 85
静岡県稲取町　63
次世代育成支援対策推進法　121

シムキン（Simkin, J. S.）　147
社会学級　65
社会教育　2, 3, 5, 62, 97, 104, 116
社会に関する気づき　185
主婦　29, 56, 57, 59, 60, 83, 84, 94
生涯学習　97
省察的実践の理論　135
小集団　67
　　――学習　66
商店主婦　72
ショーン（Schön, D. A.）　131, 135
女性　55
　　――の再チャレンジ支援策　121
　　――の10年　93
　　――の地位向上　75, 83
　　――のチャレンジ支援策　121
　　――の学びと「意識変容のプロセス」　239
女性学　94, 95, 114
　　――講座　94
女性学級　55, 117
女性教育政策　92
女性差別撤廃条約　90, 91
女性政策　90, 121
女性センター　55, 93, 94
女性問題　2, 121
　　――学習　5, 56, 173
　　――講座　6
SKIP　110, 113
スティーブンス（Stevens, J. O.）　148
生活学　97
生活課題　78
　　――学習　66
成人教育　108, 131, 137
性別役割分業観　1, 2, 3, 57, 59, 92
世界女性会議　90, 106, 108
専業主婦　21, 29, 50, 54, 77, 91, 113, 114, 155
戦後の婦人教育政策　62
戦後の婦人政策　61

前進する意識変容のプロセス　216
前提　141, 146
総合職　114

■た行■
第三期の女性　103
第二派フェミニズム　4, 90
タイプ別（による）意識変容のプロセス　199, 201
　　　　——の事例　200
他者に関する気づき　185
ダニエル・ベルトー（Bertaux, D.）　145, 164
多様化　93
男女共同参画社会　118
　　　　——の形成　107
　　　　——の形成の促進を図る活動　110
男女共同参画社会基本法　105, 107
男女共同参画学習課　55
男女共同参画室　109
男女共同参画審議会　105, 107
男女共同参画推進本部　108
男女共同参画センター　109
男女共同参画ビジョン　106
男女雇用機会均等法　91, 107, 114, 115
男女平等　61, 63
　　　　——教育　106
　　　　——な社会　1
男性学　110, 118
男性問題講座　110, 118
男尊女卑　16, 27, 98
地域参加活動　93
調査の概要　150
通史研究　5
停滞する意識変容のプロセス　216
東京ウィメンズプラザ　109
特定種育児休業法　92
特定非営利活動促進法　54, 110
共働き　82

■な行■
成瀬仁蔵　97
日常生活　221
日本国憲法　1, 109
日本のフェミニズム　90
ノールズ（Knowles, M.）　3, 131

■は行■
パースペクティブ　141
パースペクティブ変容（perspective transformation）　7, 133
パート就労　83
配偶者控除制度　77, 91
配偶者特別控除制度　91
バックラッシュ　121
発見の気づき　185
　　　　——の特性　222
「発見の気づき」「確認の気づき」と「顕在化の気づき」の関係　195
話し合い学習　63, 66, 67, 68, 116
母親学級　62
非構造化インタビュー　157, 158
批判的なふり返り（critical reflection）　133, 142, 220
フォンタナとフレイ　158, 167
婦人　55
婦人会館　65, 94
婦人学級　55, 62, 65, 66, 74, 80, 116
婦人問題学習　5
婦人教育施設　94
婦人参政権　61
婦人少年局　62
婦人問題　58
　　　　——学習　56
　　　　——企画推進本部　90, 91
不定愁訴　104
ふり返り（reflection）　142
ブルックス（Brooks-G, J.）　8, 154
ブルックフィールド（Brookfield）　131

——のSDL理論　132
フレイレ（Freire, P.）　3, 131, 132, 198
ベアテ・シロタ・ゴードン　1
ペイドワーク　84
北京会議　106, 108, 110, 115
北京行動綱領　106
ペダゴジー（Pedagogy）　131
保育つき婦人学級　77, 116
放送大学　37
ボランティア学習　78
ボランティア活動　93, 114

■ま行■
無意識　196
　　　——の前提　196
無償労働　32
メジロー（Mezirow, J.）　3, 131, 133
文部省委嘱実験社会学級　63, 70
文部省社会教育局　78, 92

■や行■
有償ボランティア　32
　　　——活動　32
有償労働　32
抑圧に対する気づき　186, 193

　　　——とプロセスの関係　215

■ら行■
ライフォロジー（生活学）　98
　　　——の探究　101
　　　——の展開　100
ライフサイクル　83, 88, 103
ライフスタイル　32, 83
ライフストーリー　8, 13, 15, 129, 145, 146, 164, 166
　　　——研究　8
　　　——調査方法　163
ライフストーリー法　13, 129, 157
　　　——に関する学習者の意見や感想　180
らせん状に発展するプロセス　214
リサイクルショップ事業　111
リフレクション　7
良妻賢母　15, 58
類型別にみた気づきの事例　188

■わ行■
ワーク・ライフ・バランス　121
ワークショップ　153, 156
私が私であるように　18

[著者紹介]

山澤　和子（やまさわ　かずこ）
　1952年生まれ　日本女子大学人間社会学部教育学科助教，博士（教育学）
　1998年　東洋英和女学院大学人文学部人間科学科卒業
　2000年　日本女子大学人間社会研究科教育学専攻博士課程前期修了
　2009年　日本女子大学人間社会研究科教育学専攻博士課程後期修了
　2010年4月より現職　日本女子大学人間社会学部教育学科助教

　主な論文・著書：「参加型学習に関する一考察」『日本生涯教育学会論集22「市民全体の学習プログラムにおける組織と個人〜地球市民アカデミアのケース・スタディをとおして〜」』（共著，日本生涯教育学会，2001年）。「NPOの学習形態に関する一考察〜WE21ジャパンの事例を通して〜」『日本生涯教育学会論集23』（単著，日本生涯教育学会，2002年）。「女性の意識変容におけるライフストーリーの有効性〜『気づき』に視点をあてて」『日本生涯教育学会論集28』（単著，日本生涯教育学会，2007年）。「『気づき』から見た女性の学習と意識変容」『日本学習社会学会年報第4号』（単著，日本学習社会学会，2008年）。「ジェンダー学習における気づきと意識変容〜P.クラントンの意識変容のプロセスの検討〜」『国際ジェンダー学会誌第7号』（単著，国際ジェンダー学会，2009年）。「婦人学級これからの経営」『現代日本女子教育文献集』解説』（共著，日本図書センター，2005年）など。

女性の学びと意識変容

2015年10月15日　第1版第1刷発行

　　　　　　　　　　　　　　　　　著者　山澤　和子

発行者　田中千津子　　〒153-0064　東京都目黒区下目黒3-6-1
　　　　　　　　　　　　電話　03（3715）1501（代）
発行所　株式会社学文社　FAX　03（3715）2012
　　　　　　　　　　　　http://www.gakubunsha.com

ⓒ Kazuko YAMASAWA 2015　　　　　　　　印刷　亜細亜印刷
乱丁・落丁の場合は本社でお取替します。
定価は売上カード，カバーに表示。

ISBN 978-4-7620-2567-9